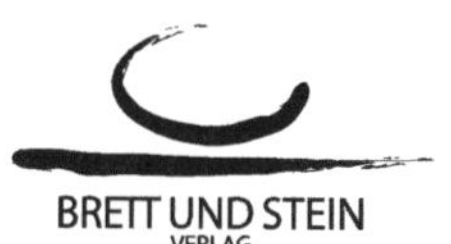
BRETT UND STEIN
VERLAG

DIE KUNST DES ANGRIFFS

Strategie und Taktik im Go

KATO MASAO
9-DAN

Titel der japanischen Originalausgabe:
Ishi no Semekata Koroshikata.
© Nihon Kiin

Titel der englischen Ausgabe:
Kato's Attack and Kill.

Bibliografische Information der Deutschen Nationalbibliothek
Die Deutsche Nationalbibliothek verzeichnet diese Publikation in der Deutschen Nationalbibliografie; detaillierte bibliografische Daten sind im Internet über http://dnb.d-nb.de abrufbar.

Den japanischen Gepflogenheiten und der in Ostasien üblichen Reihenfolge entsprechend, wird bei Personennamen stets der Familienname dem persönlichen Namen vorangestellt.

ISBN 978-3-940563-06-4

Umschlaggestaltung: HAMMERGEIGEROT
nach einem Holzschnitt von Yoshitoshi Tsukioka (1839 - 1892). Slg. Dickfeld
Übersetzung aus dem Englischen: Gunnar Dickfeld
Druck: Books on Demand GmbH, Norderstedt

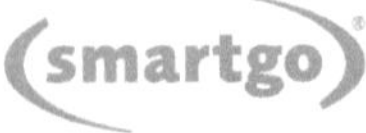

Die Diagramme in diesem Buch wurden erstellt mit SmartGo™: http://www.smartgo.com/de

Printed in Germany

Inhalt

Der Autor

Kato Masao wurde am 15. März 1947 in Fukuoka, Japan, geboren. Er studierte Go in der legendären Schule von Kitani Minoru und erlangte 1964 den Rang eines Profispielers. Seit 1978 trägt er den Rang des 9-Dan.

Kato war bekannt und gefürchtet für seine kämpferische und überaus aggressive Spielweise, die ihm den Spitznamen „Der Killer“ einbrachte. Er war einer der größten Spieler der modernen Ära des Turnier-Go. Kato gewann in seiner Karriere 47 Titel, darunter vier Mal den Honinbo, zwei Mal den Meijin und sieben Mal den Judan-Titel. Am Ende weist seine Bilanz als Profi-Spieler das außerordentliche Ergebnis von 1253 Siegen zu 664 Niederlagen aus.

Kato Masao verstarb am 30. Dezember 2004 an den Folgen eines Hirninfarkts.

Vorwort

Große Gruppen jagen und sie dann erlegen – das ist eine der großen Freuden des Go-Spiels. Es ist das Privileg eines jeden Amateurs, der zu seinem Vergnügen Go spielt, seinen eigenen Stil des Angreifens zu entwickeln und so gibt es zahlreiche Beispiele von Spielern, die mit viel Eifer und Energie kleine wertlose Gruppen angreifen und jagen, um dann plötzlich festzustellen, dass der Gegner sie mit einer dicken Wand eingeschlossen hat oder ihre ausgefeilten Attacken ihr Ziel verfehlten und sie am Ende nicht genug Gebiet gesichert haben.

Im aktuellen Boom von Go-Büchern gibt es viele Bücher über Joseki und Tesuji, aber erstaunlicherweise nur wenige, die die Grundprinzipien des richtigen Angreifens erklären. Dies ist ein unzumutbarer Zustand für Spieler, die wissen wollen, wie man richtig angreift. Darum habe ich dieses Buch geschrieben.

Im ersten Kapitel werden die Grundprinzipien und allgemeine Angriffstechniken analysiert. Kapitel 2, dass aus einem Frage-Antwort-Spiel besteht, zeigt die praktische Anwendung dieser Grundprinzipien und Techniken. Im dritten Kapitel stelle ich einige meiner eigenen Partien vor. Sie stammen fast alle aus dem Oteai, dem Einstufungsturnier für Profis, während ich 4- oder 5-Dan war und finden alle nach intensiven Kämpfen ein plötzliches Ende. Wenn Sie diese Spiele nachlegen, dann werden Sie sehr schnell die Essenz eines Spiels von solide aufgebauten Angriffen schätzen lernen.

Das Buch richtet sich an Spieler im oberen Kyu-Bereich und höher, aber ich habe die Erklärungen einfach genug gehalten, dass sie auch für Einsteiger leicht verständlich sind. Ich bin mir sicher, dass Sie beim Lesen und Studieren dieses Buches, auch Ihren „Killerinstinkt" in sich finden.

Sommer 1975, Kato Masao

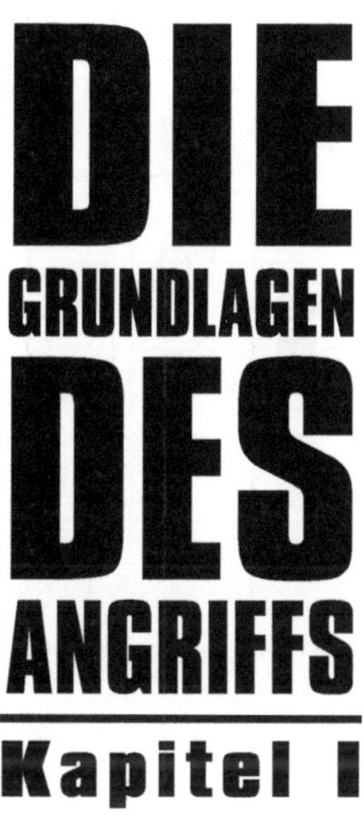

DIE GRUNDLAGEN DES ANGRIFFS

Kapitel I

1. Angriffsziele

Aller Dinge Anfang ist die Frage „Welche Gruppe soll man angreifen oder jagen?“ Natürlich ist es ist recht unbarmherzig, gegnerische Gruppen zu jagen und sie schließlich zu töten. Aber es gibt Gruppen, die sind es wert gefangen zu werden, und andere, die sind es nicht. Daher muss der erste Schritt die Entscheidung sein, welches Zielobjekt einen Angriff lohnt.

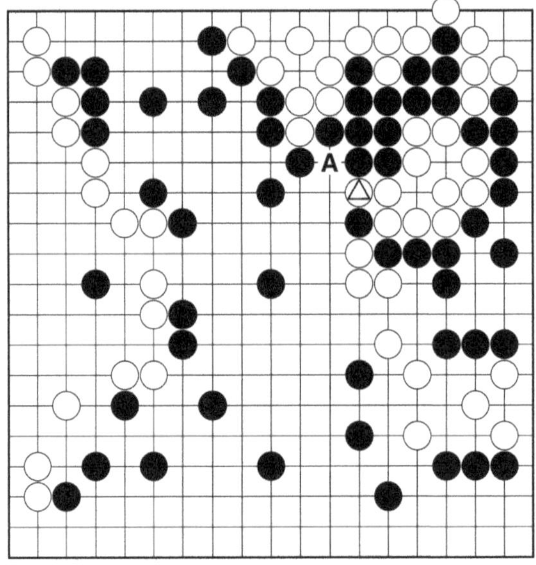

Beispiel 1

Beispiel 1 – Schwarz am Zug
Weiß hat soeben den markierten Stein gespielt. Nun stehen oben dreizehn schwarze Steine auf Atari, sowie ein einzelner Stein unten. Viele würden ohne zu Zögern die Verbindung auf A spielen. Aber es gilt, das gesamte Brett in die Überlegungen einzubeziehen. Nur so lässt sich feststellen, ob das Verbinden mit A richtig ist oder nicht.

Abb. 1 - Fehler
Die Verbindung mit Schwarz 1 ist zweifellos ein großer Zug und weit mehr als zwanzig Punkte wert. Aber die richtige Entscheidung ist es nicht. Weiß schlägt mit 2 einen Stein und bringt auf diese Weise die lang gezogene, sich von der rechten unteren Ecke heraufschlängelnde Gruppe in Sicherheit. Schwarz 1 ist nichts anderes als ein großer Endspielzug.

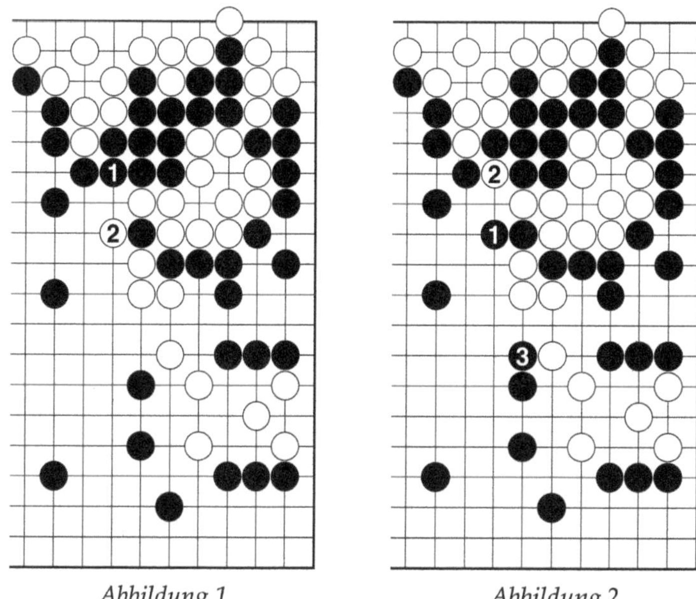

Abbildung 1 *Abbildung 2*

Abb. 2 – Das Große ins Visier nehmen
Schwarz muss entschlossen auf 1 strecken und die große weiße Gruppe ins Visier nehmen. Dieser Zug überlässt zwar Weiß das Schlagen von dreizehn Steinen auf 2, aber Schwarz 3 wird die Partie entscheiden. Der Erfolg, der durch einen gut ausgeführten Angriff und bei nur minimalen Kosten erlangt wird, ist eines der Hauptthemen dieses Buches.

Beispiel 2 – Schwarz am Zug
Beschränken wir uns nun nur auf die untere Seite des Go-Brettes, für welchen Angriff würden Sie sich hier entscheiden? Sie haben die Punkte A, B oder C zur Auswahl – welcher dieser Punkte stellt den stärksten Angriff dar?

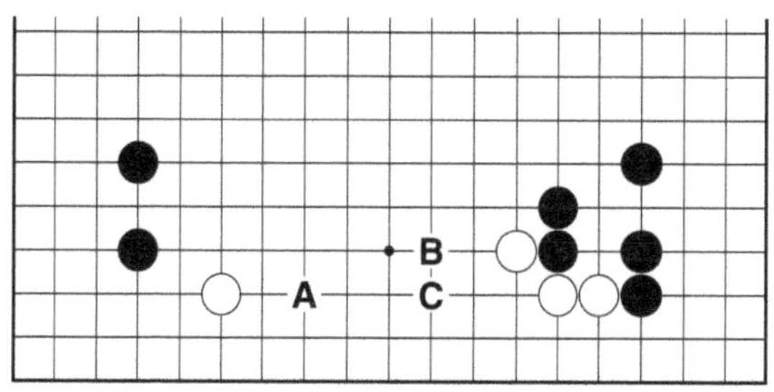

Beispiel 2

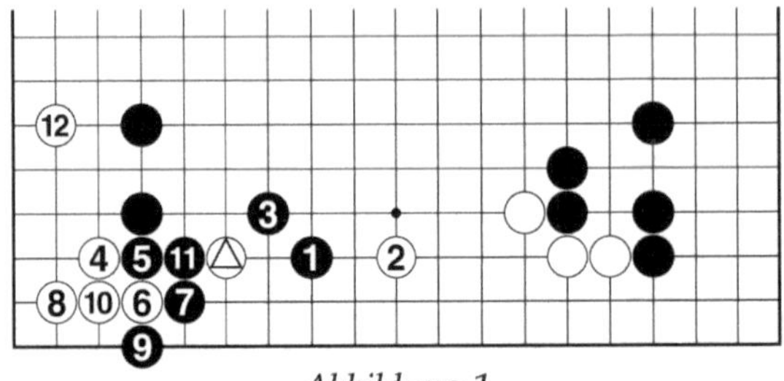

Abbildung 1

Abb. 1 – Fehler

Betrachten wir zuerst das Klemmen mit Schwarz 1. Die korrekte Antwort ist Weiß 2, denn der Zug stabilisiert die rechte Gruppe. Obwohl Schwarz den markierten Stein einfangen kann, verfügt Weiß noch über genügend Spielraum. Er springt auf 3-3 in die Ecke und erhält für den Verlust des einen Steins eine angemessene Kompensation. Im Ergebnis ist es Schwarz gelungen, einen Stein zu fangen, aber Weiß hat auf beiden Seiten eine gute Position bezogen und Schwarz mit einer überkonzentrierten Form zurückgelassen. Aus Sicht von Weiß hat der markierte Stein seine Funktion erfüllt und kann daher geopfert werden.

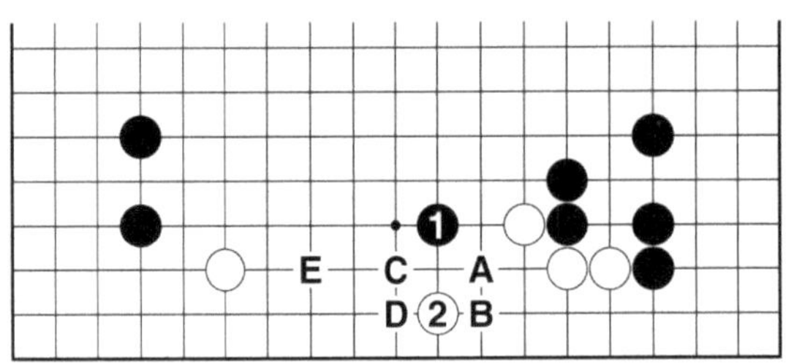

Abbildung 2

Abb. 2 – Fast korrekt

Schwarz 1 ist immer ein vitaler Punkt in diesen Formationen und für gewöhnlich auch die richtige Antwort. Aber hier rutscht Weiß einfach auf 2 davon und der schwarze Angriff geht ins Leere. Wenn Schwarz später auf A spielt, wird Weiß auf B die Verbindung halten und wenn Schwarz C spielt, dann wird Weiß auf D krabbeln. Nach einem Abtausch Schwarz C für Weiß D kann Schwarz fernbleiben oder weiter auf E drücken. Das Ergebnis ist keinesfalls schlecht für Schwarz, aber es geht noch besser.

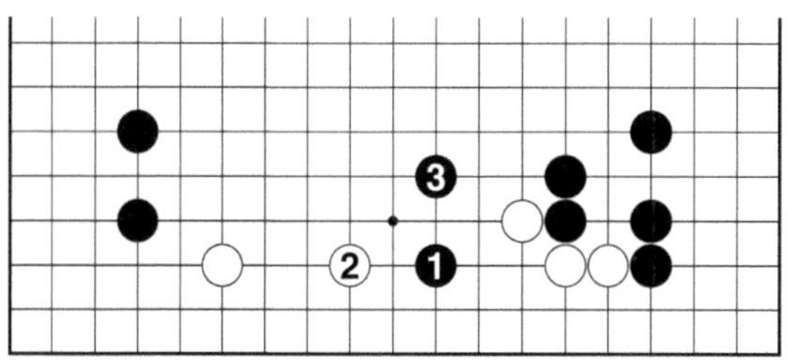

Abbildung 3

Abb. 3 – Korrekt

Die tiefe Invasion mit 1 ist hier vorzuziehen. Wenn Weiß auf 2 eine Basis sichert, dann springt Schwarz mit 3 in die Brettmitte und die Gruppe von drei weißen Steinen auf der rechten Seite steckt in der Klemme. Während Weiß in Abbildung 1 noch ausreichend Platz für einen Sprung in die linke Ecke hatte, ist hier ein Ausweichen in die rechte Ecke nicht mehr möglich.

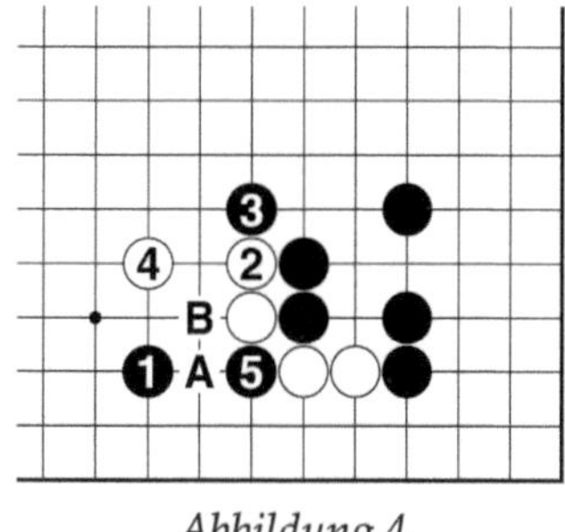

Abbildung 4

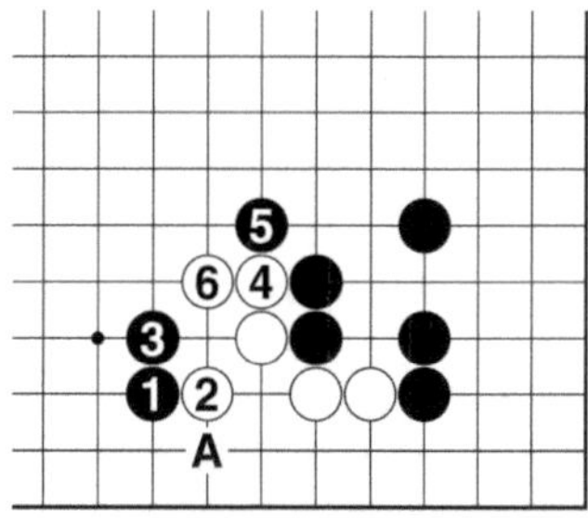

Abbildung 5

Abb. 4 – Großer Profit

Nach Schwarz 1 hat Weiß keine andere Wahl als wegzulaufen. Zieht Weiß mit 2 heraus, ist Schwarz 3 eine kräftige Antwort. Springt Weiß daraufhin mit 4, dann schneidet Schwarz 5 und die weiße Stellung fällt in sich zusammen. Auf Weiß A wird Schwarz nun mit B antworten.

Abb. 5 – Plump

Der weiße Anleger 2 führt zu schlechter Form. Mehr als der Blockade zu entkommen, leistet der Zug nicht. Setzt Weiß mit 4 und 6 fort, dann zerstört ein schwarzes Hane auf A die weiße Form.

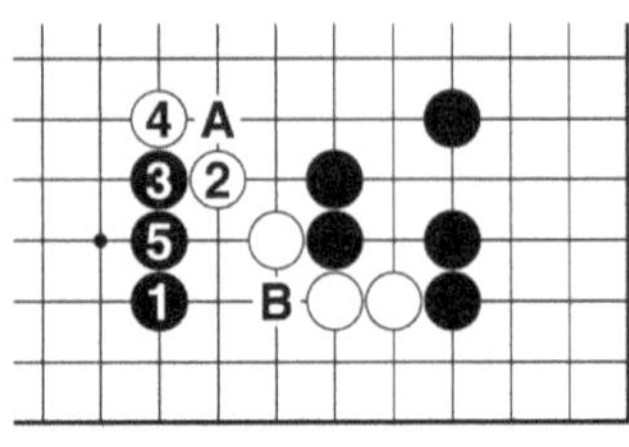

Abbildung 6

Abb. 6 – Zwei Möglichkeiten
Berücksichtigt man all dies, dann ist Weiß 2 wahrscheinlich der beste Zug. Schwarz wird mit 3 anlegen, gefolgt von der stabilen Verbindung auf 5. Schwarz ist nun stark und hat die Wahl zwischen den zwei Schnitten auf A und B. Weiß dagegen kann keine gute Fortsetzung vorweisen. Schwarz 1 in den Abbildungen 4, 5 und 6 sind für sich genommen alles gute und starke Züge.

Die grundlegende Herangehensweise beim Angreifen ist also folgende:

1. Man wähle eine schwere Gruppe als Angriffsziel, die der Gegner nicht hergeben oder sie nicht gegen etwas Gleichwertiges eintauschen kann;
2. Man finde den stärksten Zug.

Schwere Gruppen wachsen nicht auf Bäumen. Was man daher braucht, sind einige gute Techniken, um leichte Gruppen in schwere zu verwandeln.

Beispiel 3 – Schwarz am Zug
Weiß hat sich der Ecke mit dem markierten Stein angenähert und anschließend Tenuki gespielt. Nun ist die Frage, wie man den Stein angreifen soll, denn allein ist er nicht schwer.

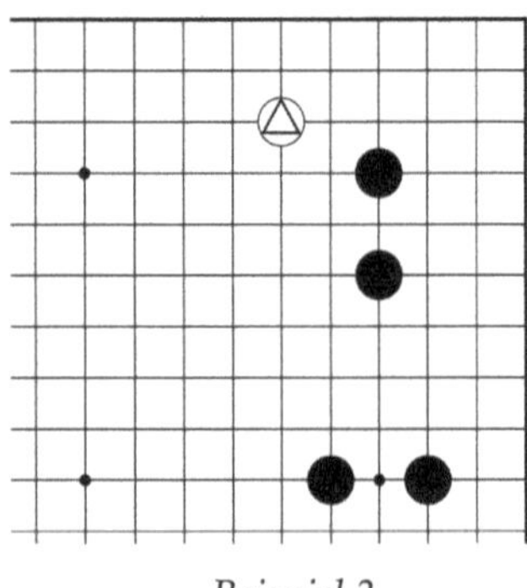
Beispiel 3

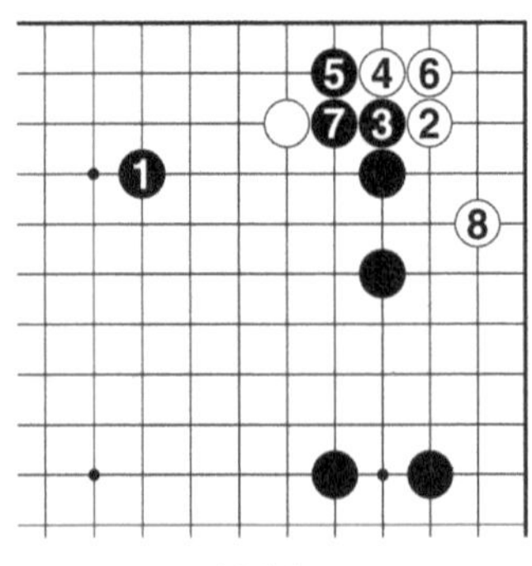
Abbildung 1

Abb. 1 – Tausch
Klemmt Schwarz den weißen Stein mit 1 ein, dann tauscht Weiß den einzelnen Stein gegen die Ecke. Schwarz hat somit keinen Nutzen aus seinem Angriff gezogen. Weiß hätte 2 auch auf 3 spielen können, wie der Leser sicherlich weiß.

Der Grund für den erfolglosen Angriff liegt darin, dass Schwarz einen leichten Stein angreift. Bevor Schwarz angreifen kann, muss er einen Weg finden, den weißen Stein etwas schwerer und schwerfälliger zu machen.

Abb. 2
Nach dem Austausch Schwarz 1 für Weiß 2 ist der Klemmzug 3 die beste Wahl für Schwarz. Es ist der übliche Angriffszug in dieser Stellung. Wenn Weiß einen Stein zu seinem ersten Stein hinzufügt, wird seine Gruppe schwer und gleichzeitig ein gutes Angriffsziel.

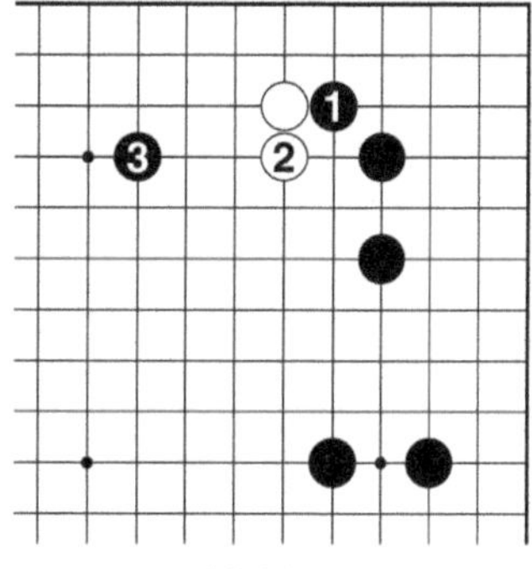
Abbildung 2

Es gibt nicht genügend Platz, um Augen zu machen oder einen groß angelegten Austausch zu spielen. Zudem kann Weiß mit 2 nicht fernbleiben, denn ein schwarzes Hane auf 2 zuzulassen, ist inakzeptabel.

Beispiel 4 – Schwarz am Zug
Schwarz am Zug. Dies ist die Fortsetzung von Beispiel 1 und die Aufgabe lautet, den einzelnen weißen Stein zu attackieren. Zuvor jedoch sollte er in eine schwerfällige Form gezwungen werden.

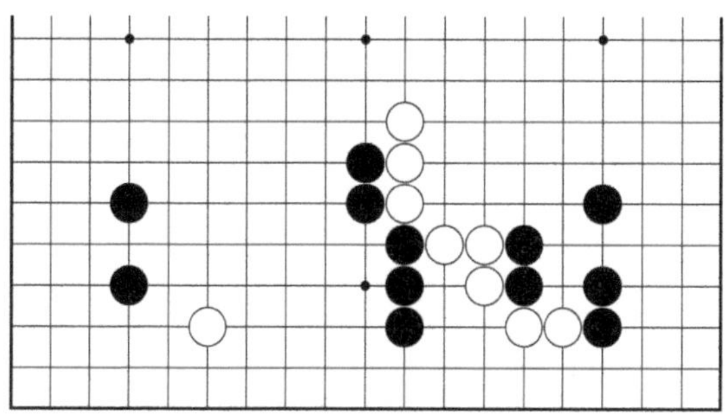
Beispiel 4

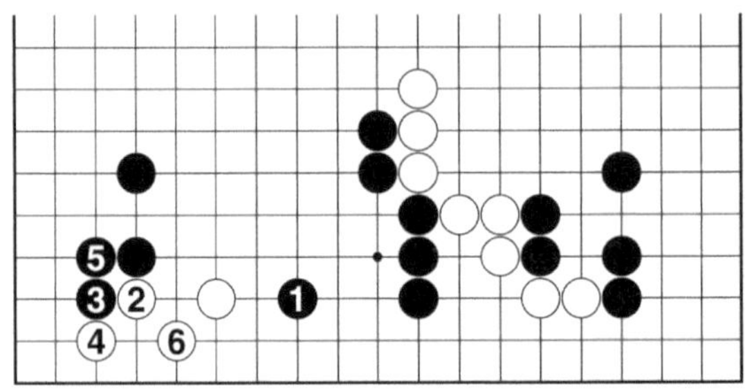

Abbildung 1

Abb. 1 – Lebende Form

Schwarz kann sich mit 1 annähern. Das sieht zwar gefährlich aus, ist aber irgendwie unbefriedigend, denn Weiß bleibt der Sprung auf den 3-3-Punkt in der Ecke und wird so den einzelnen Stein gegen die Ecke tauschen oder den Anleger auf 2 spielen. Nach den Zügen bis 6 lebt Weiß bereits und die schwarze Stärke verliert ihre Wirkung.

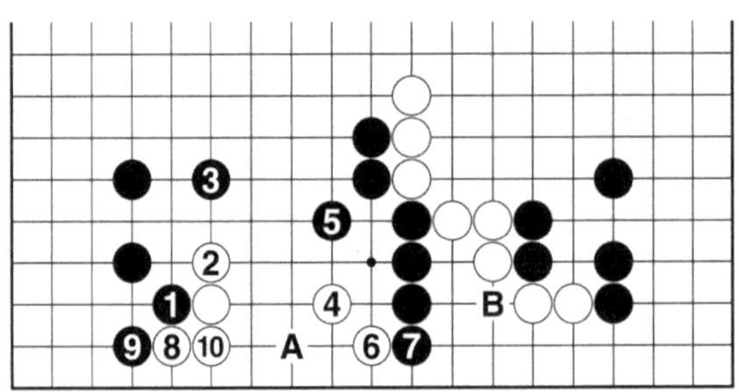

Abbildung 2

Abb. 2 – Positive Wirkung

Zweifellos ist Schwarz 1, der den weißen Stein direkt attackiert, und der nachfolgende Zug 3 die richtige Angriffskombination. Schwarz 1 hindert Weiß, den einzelnen Stein gegen die Ecke einzutauschen, und Schwarz 3 blockt den Fluchtweg in die Brettmitte. Schwarz 5 ist gut, denn er verteidigt und baut gleichzeitig Stärke. Obwohl Weiß nach 10 schon fast lebendig ist, kann Schwarz ihn mit einem Zug auf A ärgern und sich über den Schnitt auf B freuen, der nun möglich geworden ist. Die positiven Effekte des Angriffs sind deutlich zu sehen.

Schwere und klumpige Gruppen ins Visier nehmen und leichte Gruppen in schwere verwandeln – das sind die ersten wesentlichen Schritte eines erfolgreichen Angriffs.

2. Angriffspunkte

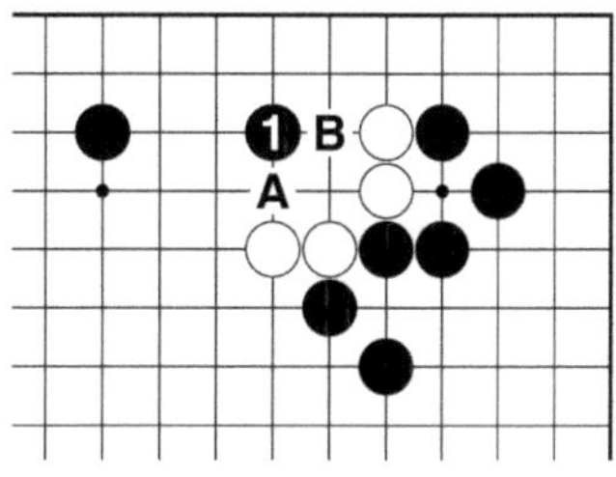

Beispiel 1

Es gibt bestimmte Punkte, die den Gegner unter Druck setzen. Es ist unabdingbar, wenn man ein Angriffsziel gewählt hat, die jeweiligen Schwachpunkte auszumachen und auszunutzen. Sehr häufig hat das Zielobjekt eine sehr konkrete Form, wie im Beispiel 1. Jedermann weiß, dass Schwarz 1 der vitale Punkt ist. Mit einem Schlag ist die weiße Gruppe gezwungen, um ihr Leben zu laufen und selbst wenn ihr die Flucht gelingt, so sind die Auswirkungen auf andere Teile und Regionen des Brettes unkalkulierbar.

Das Beste, das Weiß in dieser Situation unternehmen kann um Augenform zu bilden, ist, die Punkte A und B zu spielen. Aber bei genauem Hinsehen zeigt sich, dass dies aufgrund von Schwarz 1 nur ein unechtes Auge ist und daher wird 1 als „Augenstehlendes Tesuji" bezeichnet. Dieses Tesuji findet Anwendung in vielerlei Form und Ausprägung, sodass es in unserer Betrachtung der vitalen Punkte unbedingt als Erstes genannt werden muss.

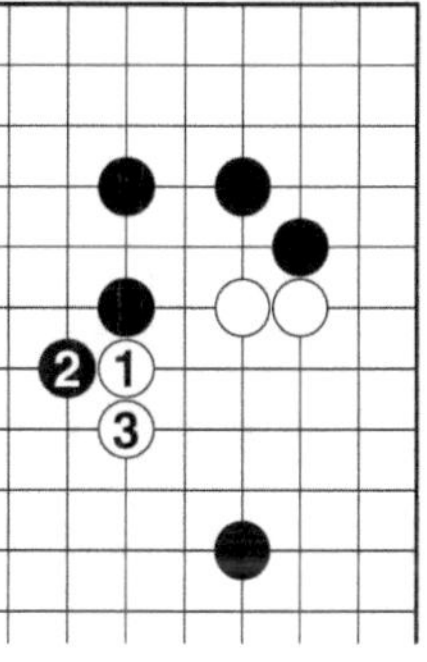

Beispiel 2

Beispiel 2 – Schwarz am Zug
Diese Stellung sieht man häufig in Partien mit sechs oder mehr Vorgabesteinen. Weiß 1 und 3 sollen die weiße Position stärken und die Frage lautet, wie Schwarz seinen Angriff fortsetzen soll. Die Antwort hängt zum großen Teil davon ab, ob er den vitalen Punkt findet.

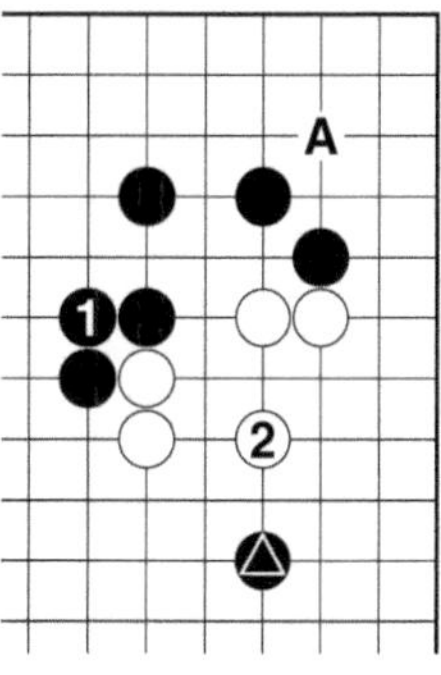

Abbildung 1

Abb. 1 – Weiß wird geschont
Die einfache Verbindung mit 1 erlaubt es Weiß, sich mit 2 zu stabilisieren und der schwarze Angriff ist im Sande verlaufen. Weiß 2 ist der richtige Punkt, der zum einen gute Form macht und zum anderen einen Angriff auf den markierten Stein oder eine Invasion auf A vorbereitet. Schwarz 1 ist also ein Fehler.

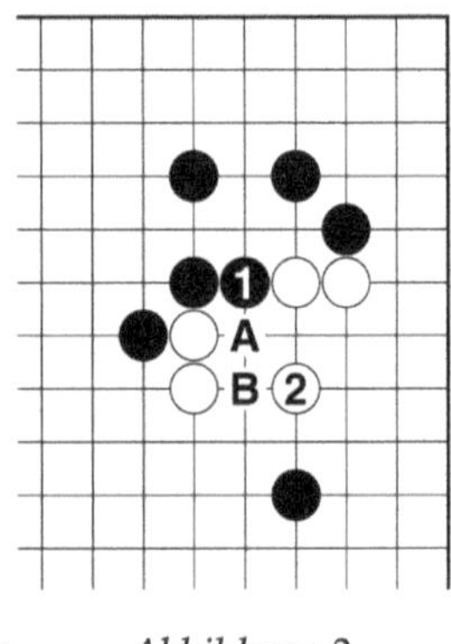

Abbildung 2

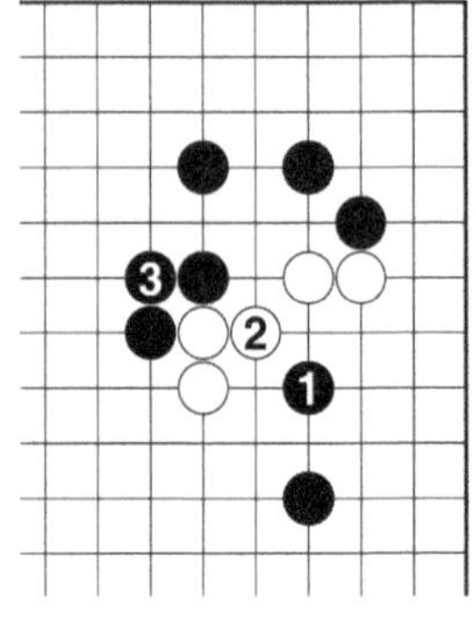

Abbildung 3

Abb. 2 – Ein weiterer Fehler
Schwarz 1 hier sieht im Vergleich zur letzten Abbildung schon deutlich schärfer aus. Weiß wird aber wieder mit 2 verteidigen und der Angriff verpufft. Wenn Schwarz anschließend auf A in die weiße Stellung hineinstößt, dann blockt Weiß einfach auf B.

Aus den Abbildungen 1 und 2 sollte ersichtlich sein, dass Weiß 2 der vitale Punkt ist. Des Gegners Punkt ist auch Ihr Punkt.

Abb. 3 – Schlechte Form für Weiß
Die richtige Antwort ist daher Schwarz 1, denn er zwingt Weiß in unerträglich schlechter Form mit 2 zu verbinden. Nun muss Schwarz nur noch selbst auf 3 verbinden. Die augenlose weiße Gruppe hat jetzt eine gefährliche Reise in die Brettmitte vor sich.

Abb. 4 – Gut für Schwarz
Vielleicht möchte Weiß erst mit 2 eine Antwort erzwingen und dann mit 4 den Schnitt decken. Je nach den äußeren Umständen kann Schwarz nun auf A oder B angreifen. Aber allein lokal betrachtet, ist die Stellung schon gut für Schwarz.

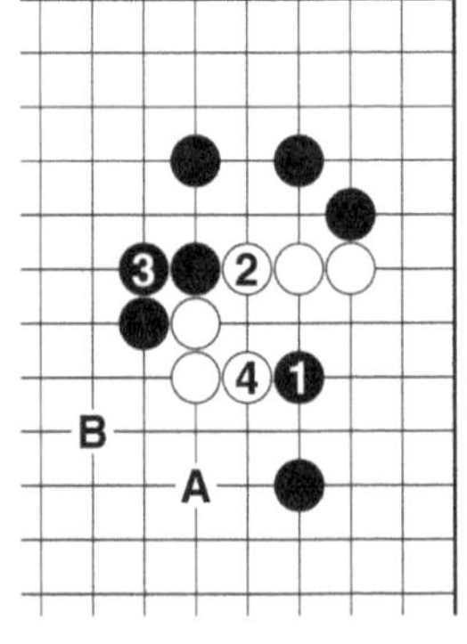

Abbildung 4

Die Beispiele 1 und 2 haben sehr schön die vitalen Punkte für die Anwendung des Augen-stehlenden Tesujis gezeigt. Es gibt noch einen weiteren vitalen Punkt, den Sie vielleicht schon kennen werden: „Die Mitte von drei Steinen".

Beispiel 3

Schwarz 1 ist dieser Punkt. Die Brettposition scheint kompliziert geworden, aber eine genaue Untersuchung zeigt, dass Schwarz 1 exzellent mit den beiden markierten Steinen zusammenarbeitet und die weiße Augenform zunichte macht. Dies ist ein weiterer, sehr wichtiger vitaler Punkt, der immer wieder in Partien auftaucht. Sie können es selbst überprüfen: wie sehr sich Weiß auch dreht und windet, seine Form ist ruiniert und ihm bleibt nur noch die Flucht in die Brettmitte.

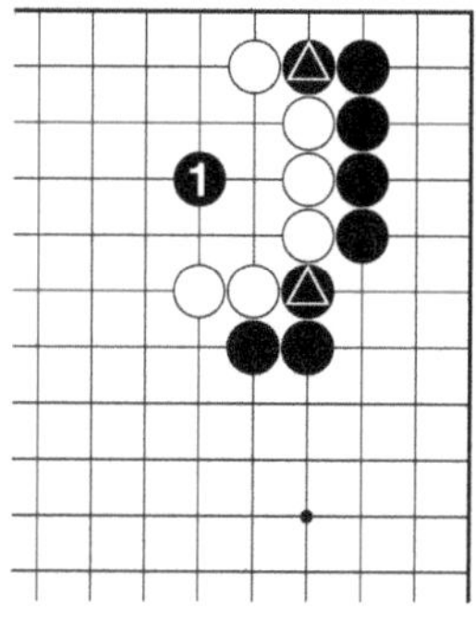

Beispiel 3

Beispiel 4 – Schwarz am Zug

Sie werden nicht allzu viele Beispiele in den Partien professioneller Go-Spieler sehen, in denen ein Spieler auf den vitalen Punkten angreift. Das liegt daran, dass der Gegner sie rechtzeitig verteidigt. Das folgende Beispiel ist keines aus meinen Partien, aber es stammt aus einer Partie, an die ich mich sehr gut erinnere.

Sie sollen die weiße Gruppe in der linken, unteren Ecke angreifen. Wie Sie sicher selbst erkennen, ist ein Zug auf A recht nutzlos.

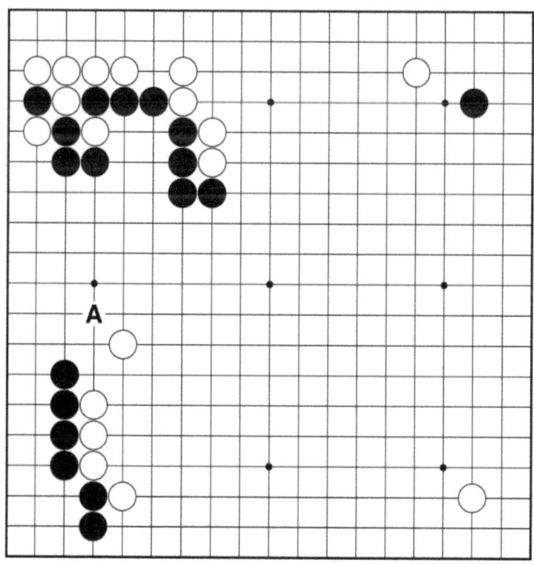

Beispiel 4

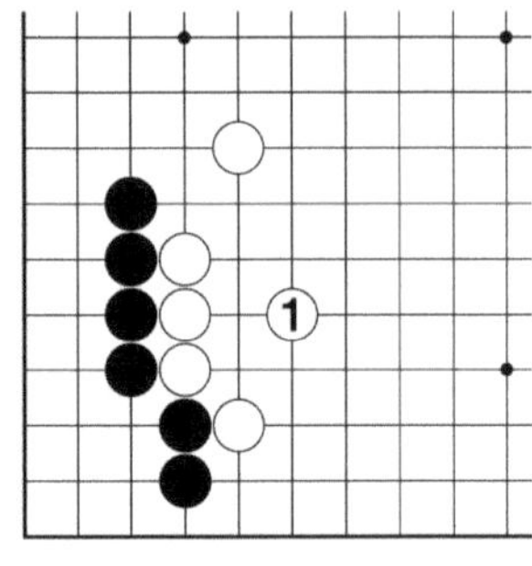

Abbildung 1

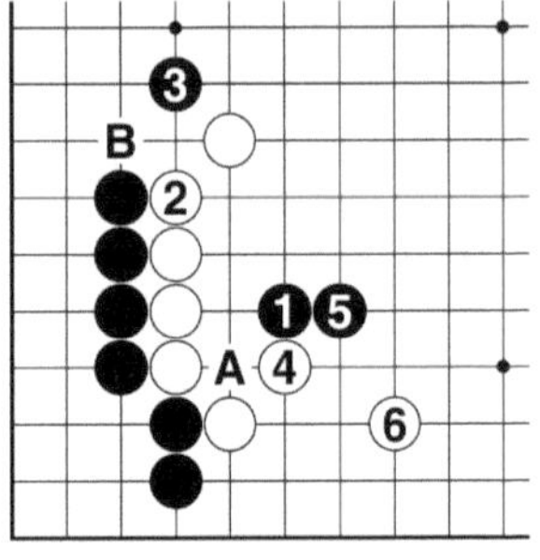

Abbildung 2

Abb. 1 – Form machen
Wenn Schwarz statt eines Angriffs einen großen Punkt spielt, wird Weiß mit 1 gute Form machen, was in der Folge zu einem eher langsamen Spiel führt. Weiß 1 ist der vitale Punkt.

Abb. 2 – Fehlende Vorbereitung
Überlegen Sie sich, was passiert, wenn Schwarz den vitalen Punkt geradeheraus spielt. Nach den Zügen Weiß 2 bis 6 ist unversehens nicht mehr Schwarz der Angreifer, stattdessen sind seine zwei Steine zu einer schweren Belastung geworden. Wenn Schwarz mit 3 schneidet, dann spielt Weiß Hane auf B und der Angriff hat seinen ganzen Reiz verloren.

Abb. 3 – Die tatsächliche Partie
Die richtige Reihenfolge ist daher der Austausch von 1 für 2 und anschließend der Angriff auf 3. Schwarz 1 sieht plump und gemein aus, aber er bewirkt auf einfache Weise die richtige Konstellation, um das Tesuji in der „Mitte von drei Steinen" zu spielen. Nun ist Weiß gezwungen, auf 4 zu verbinden und Schwarz kann seinen Angriff auf die gesamte Gruppe mit 5 fortsetzen.

Schwarz 7 verhindert den weißen Fluchtversuch in die Brettmitte und in der nun folgenden Sequenz bis 13 zieht er Nutzen aus der Stärke

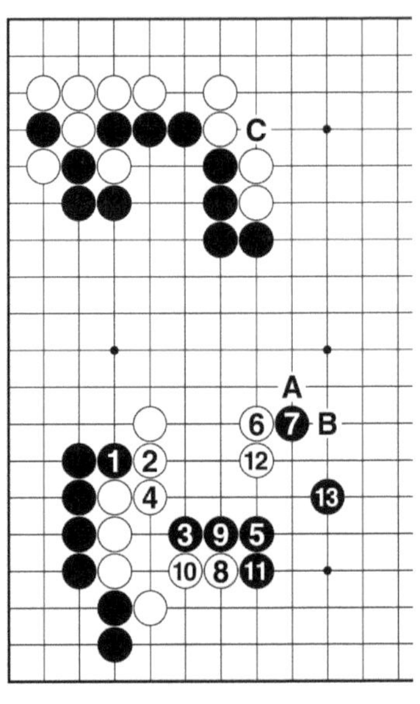

Abbildung 3

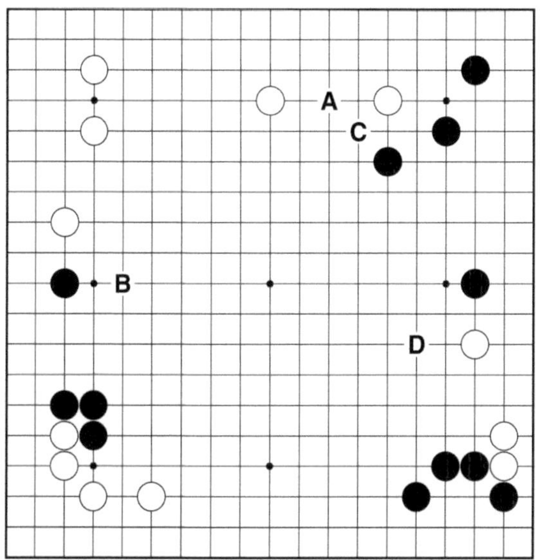

Beispiel 5

der oberen Bretthälfte. Wenn Weiß als nächstes auf A spielt, wird Schwarz den Angriff auf B fortsetzen. Bedenkt man, dass Schwarz auch den Schnitt auf C in Reserve hat, um der Gruppe am oberen Rand Ärger zu bringen, so wird klar, dass Weiß von nun an eine schwierige Zeit bevorsteht.

Beispiel 5 – Schwarz am Zug

Schauen wir uns nun einige Beispiele vitaler Angriffspunkte aus meinen eigenen Partien an. In der ersten Stellung möchte Schwarz die Invasion auf A und den Sprung auf B spielen. Wenn er A spielt, dann wird Weiß mit C antworten und die Folgen sind nicht abzuschätzen. Springt Schwarz auf B, dann wird Weiß auf D spielen und so das Spiel in ruhige und langsame Bahnen leiten. Lenken wir daher unser Augenmerk auf die rechte untere Ecke.

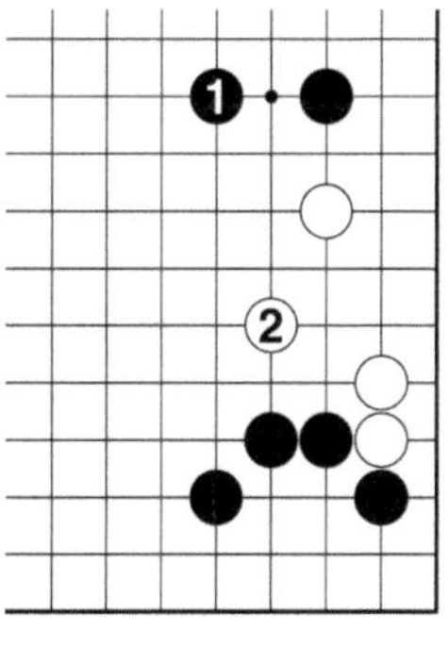

Abbildung 1

Abb. 1 – Unpassend

Der Sprung auf 1 ist ohne Zweifel ein guter Punkt für Schwarz, aber er erlaubt es Weiß, sich mit 2 zu stabilisieren. Der schwarze Angriff ist bereits wieder vorbei.

Abb. 2 – Schwierig

Jene, welche sich in dieser Situation für das Boshi 1 entscheiden würden, müssen bereits eine respektable Spielstärke erreicht haben. Der Stein blockt den weißen Weg in das Zentrum und ist eine übliche Form eines großräumigen Angriffs. Aber er lässt Weiß mit 2 den Kopf herausstrecken und die Aussichten sind sehr unsicher. Die Gefahr besteht, dass Schwarz am Ende die weißen Steine nur in seine eigene Gebietsanlage getrieben hat, ohne eine Kompensation zu erhalten. (Anmerkung: Boshi-Angriffe sind Thema des nächsten Abschnitts.)

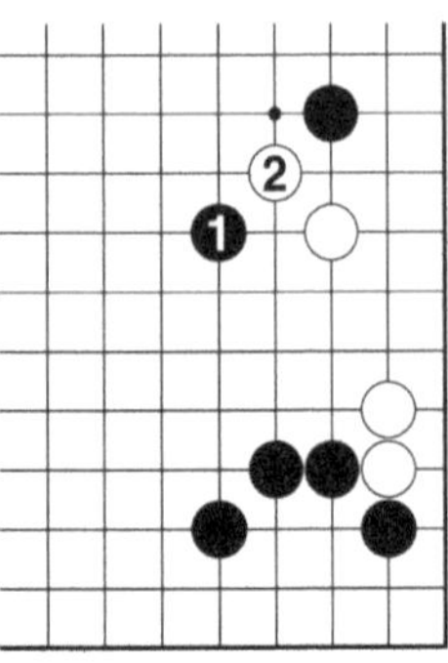

Abbildung 2

Abb. 3 – Sauber

Dieser Zug trifft wieder den vitalen Punkt, indem er diesmal die weiße Basis zerstört. Weiß kann natürlich zwei Steine opfern und mit der Sequenz bis 6 in einer sauberen, leichten und ebenso aktiven Form entkommen.

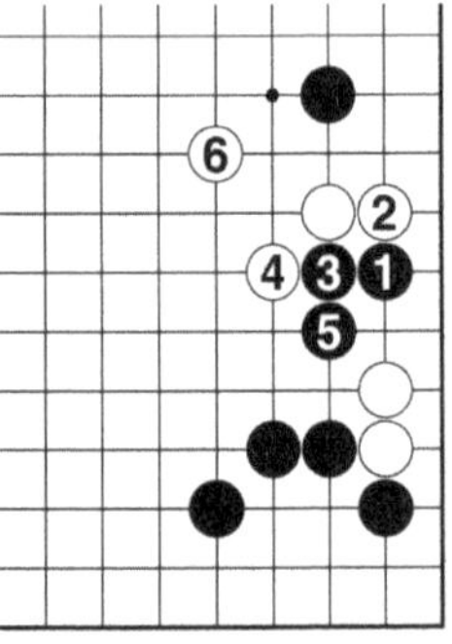

Abbildung 3

Abb. 4 – Großräumiger Angriff

Ich war überzeugt, dass Schwarz 1 der beste vitale Punkt ist. Weiß wird wahrscheinlich mit 2 antworten, Schwarz drückt mit 3, spielt das Nozoki auf 5 und springt schließlich auf 7 heraus. Weiß wird mit 8 ebenfalls herausspringen und Schwarz kann soweit

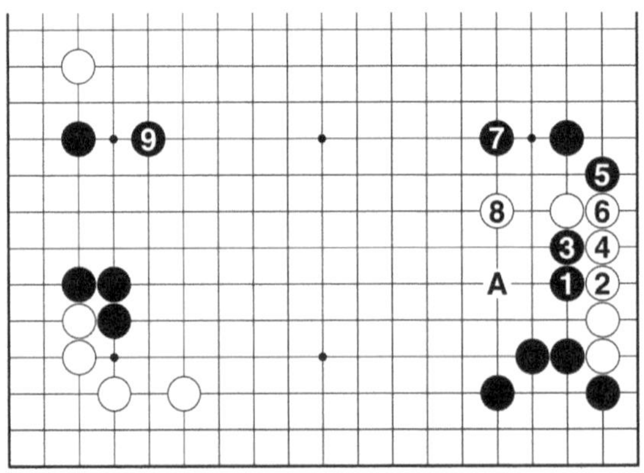

Abbildung 4

zufrieden sein. Zum einen hat er die weiße Basis zerstört und zum anderen den schönen Punkt auf 7 bekommen.

Später hat Schwarz die Möglichkeit, einen großräumigen Angriff mit einem Zug auf A zu beginnen. Mit diesem Plan im Hinterkopf nimmt Schwarz erst einmal den großen Punkt auf 9. Vergleichen Sie das Ergebnis mit Abbildung 1 und betrachten Sie, wie effektiv die Züge 1 und 3 sind. Vor allem versuchen Sie, das Konzept des großräumigen Angriffs in sich aufzunehmen.

Der nachfolgende Angriff wird im Abschnitt „Indirekte Angriffe und Doppelangriffe" beschrieben.

Beispiel 6 – Schwarz am Zug

Schaut man über das gesamte Brett, so ist leicht zu erkennen, dass die weißen Gruppen am unteren Rand ohne Schwierigkeiten leben können. Im Moment ist auch nicht zu erkennen, welchen Wert es haben könnte, die Zwei-Punkte-Ausdehnung am rechten Rand zu attackieren. Bleibt also nur die Gruppe aus vier Steinen am oberen Rand. Diese Gruppe hat eine recht seltsame Form, aber wo ist der vitale Punkt? Man wird sicher nicht die gesamte Gruppe fangen können, aber je nachdem wie Weiß antwortet, sollte es möglich sein, etwas lokalen Profit einzusammeln.
Das Hineinstoßen mit A und das Verbinden auf C nach dem weißen Atari B lässt Weiß mit D eine mehr oder weniger sichere Form machen.

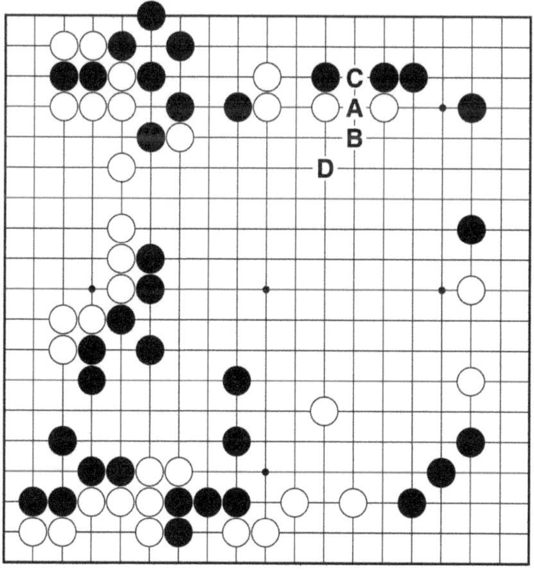

Beispiel 6

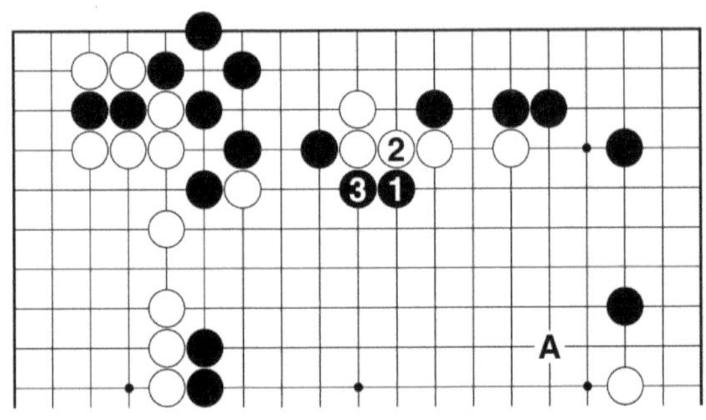

Abbildung 1

Abb. 1 – Weiß in schlechte Form zwingen
Schwarz 1 ist der Angriffspunkt. Wenn Weiß auf 2 verbindet, dann blockt Schwarz mit 3. Weiß 2 ist absolut schlechte Form und dient nur dem Verbinden; er kann aber nicht den Druck des Angriffs abschwächen. Es ist egal, wie Weiß nun davonläuft, Schwarz A wird die obere Gruppe und die Zwei-Punkte-Ausdehnung am rechten Rand mit einem Doppelangriff gleichzeitig attackieren.

Abb. 2 – Erfolg
In der Partie ist Weiß als Antwort auf das Nozoki mit 2 herausgelaufen. Weiß hatte kaum eine andere Wahl und Schwarz 3 war folgerichtig. Die weiße Kette ist noch immer nicht außer Gefahr. Somit ist Schwarz mit dem bisher erreichten Ergebnis zufrieden.

Als nächstes versuchte Weiß Komplikationen hervorzurufen, aber der solide Zug auf 5 zielt auf einen Angriff, der gegen alle drei weißen Gruppen gleichzeitig gerichtet ist.

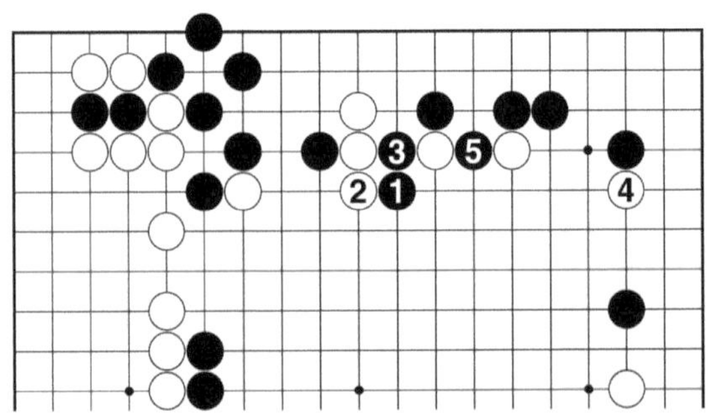

Abbildung 2

3. Boshi

Das Boshi dient in der Regel zwei Dingen: 1. der Reduktion einer gegnerischen Gebietsanlage; 2. einem Angriff, der dem Gegner den Fluchtweg ins Zentrum versperrt. Natürlich wollen wir uns hier mit der zweiten Funktion des Boshi beschäftigen.

Das Boshi ist eine sehr nützliche Technik des Angreifens, denn es übt starken Druck auf eine schwache Gruppe aus, indem ihr der Rückzugsweg abgeschnitten wird. Zudem kann die Technik in vielen Situationen angewandt werden.

Nehmen wir das Beispiel 1. Das Boshi mit 1 ist so offensichtlich, dass viele Spieler ohne zu zögern diesen Zug wählen, um dem Gegner den Weg in die Brettmitte zu versperren. Mit diesem Zug ergreift Schwarz die Initiative und Weiß bleibt nichts anderes übrig, als unter schwerem Beschuss wegzulaufen. Da der direkte Fluchtweg ins Zentrum nicht möglich ist, muss Weiß entweder mit A oder mit B einen Weg in die Freiheit suchen. Sie sollten daher die Konsequenzen dieser zwei Möglichkeiten berücksichtigen.

Abb. 1 – Keima nach Boshi

Nehmen wir an, Weiß entscheidet sich für 1. Schwarz wird nun die Verfolgung mit einem Keima auf 2 aufnehmen. Diese Sequenz aus einem Boshi und dem darauf folgenden Keima ist

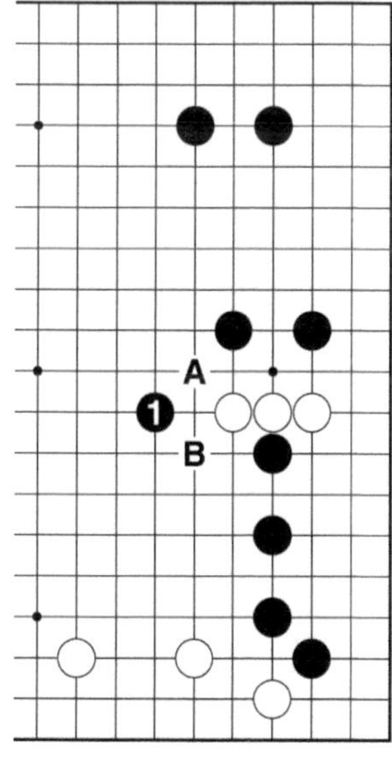

Beispiel 1

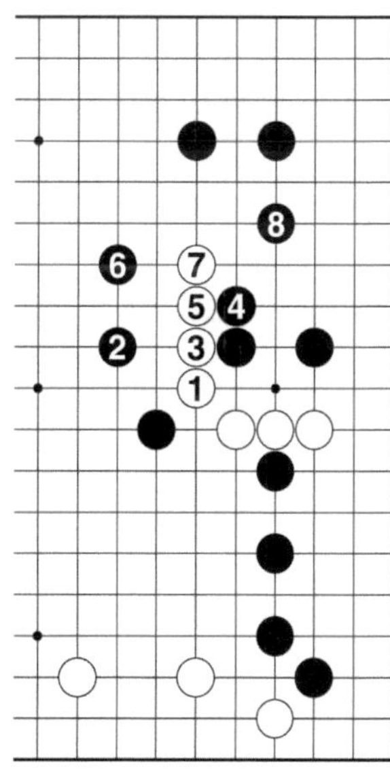

Abbildung 1

ein Standardmuster zum Angreifen. Weiß ist gezwungen, mit 3 und 5 davonzukriechen und Schwarz führt den Angriff auf 6 fort. Während Schwarz so Stärke in der Mitte aufbaut, festigt er gleichzeitig die Ecke. Das zeigt sehr deutlich, wie effektiv ein Angriff mit einem Boshi ist.

Abb. 2 – Eingeschlossen
Was geschieht, wenn Weiß sich für die andere Möglichkeit entscheidet? Der Testzug Schwarz 2, um zu sehen wie Weiß reagieren wird, ist besonders geschickt. Wenn Weiß auf 3 verteidigt, nimmt Schwarz mit dem Keima die Fortsetzung des Boshi wieder auf. Springt Weiß nun auf 5, dann schließt Schwarz 6 ihn vollständig ein. Selbst wenn Weiß nicht sterben sollte, so muss er doch einige Qualen erleiden.

Diese Abbildung mag etwas kompliziert erscheinen, aber Sie sollten versuchen, ein Gespür für die Fortsetzung des Boshi-Angriffs mit 2, 4 und 6 zu bekommen.

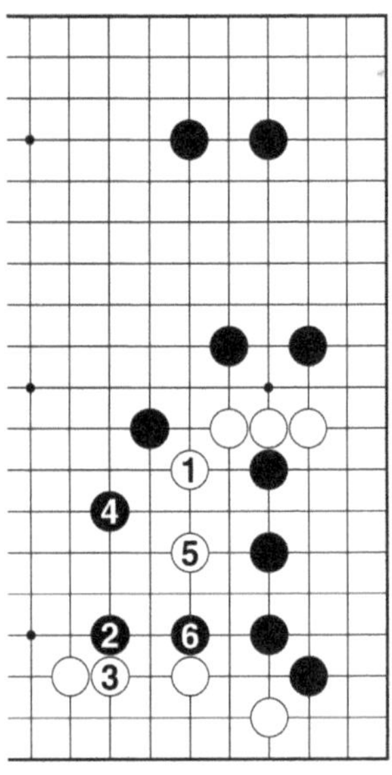

Abbildung 2

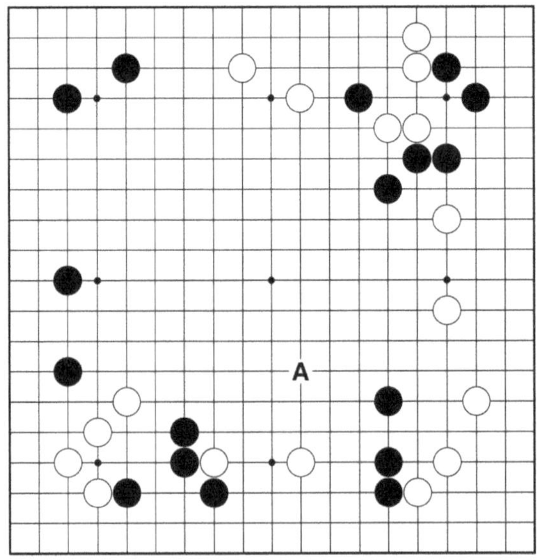

Beispiel 2

Beispiel 2 – Schwarz am Zug

Hier folgt wieder ein Beispiel aus meinen eigenen Partien. Gleich auf den ersten Blick ist klar, dass der Fokus für Angriff und Verteidigung auf dem unteren Brettrand liegt. Wenn Schwarz dieser Gegend fernbleibt, dann springt Weiß auf A. Dann ist es Schwarz, der in die Defensive gedrängt wird, da seine Gruppe aus drei Steinen in Gefahr gerät. Nach dieser Vorbemerkung, sollte es Ihnen ein Leichtes sein, den richtigen Zug zu finden.

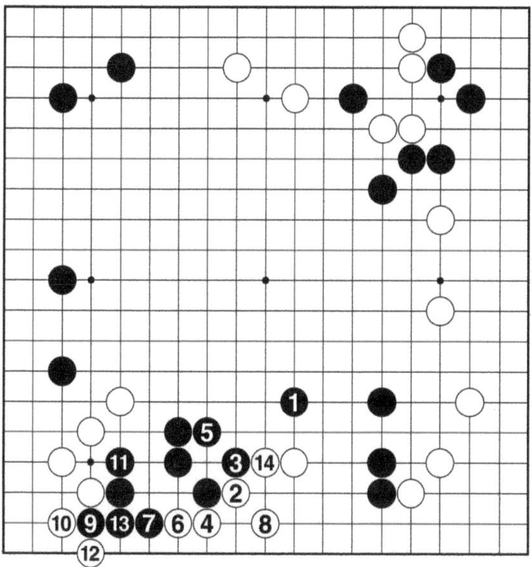

Abbildung 1

Abb. 1 Boshi ist richtig

Das Boshi mit 1 ist hier der einzig richtige Zug. Dies ist der Schlüsselpunkt, der mit einem Mal die Bewegungsfreiheit des Weißen einschränkt.

Weiß 2 und die weiteren Züge sind die Abfolge aus der Partie. Da Weiß nicht in die Brettmitte entfliehen kann, muss er versuchen, am unteren Rand zu leben. Weiß 4 mit dem Schlagen auf 5 zu beantworten ist völlig ausreichend für Schwarz. Mit den weiteren Zügen zappelt Weiß in einer unhaltbaren Situation herum. Obwohl es Weiß letztendlich gelingt, ein kleines Leben am Rand zu bewerkstelligen, so bleibt jetzt die weiße Gruppe in der Ecke links unten geschwächt zurück.

Abb. 2 – Der Angriff trägt Früchte
Schwarz 1 und 3 wenden den Angriff nun gegen die Ecke. In der Sequenz bis 30 kann Weiß zwar irgendwie leben, aber um den Preis, vollständig eingeschlossen zu werden.

Mit diesem überragenden Außeneinfluss steht dem Sieg von Schwarz nichts mehr im Weg. Es ist keine Übertreibung zu sagen, dass diese das Brett dominierende Stellung, ein Ergebnis von Schwarz 1 in Abbildung 1 ist.

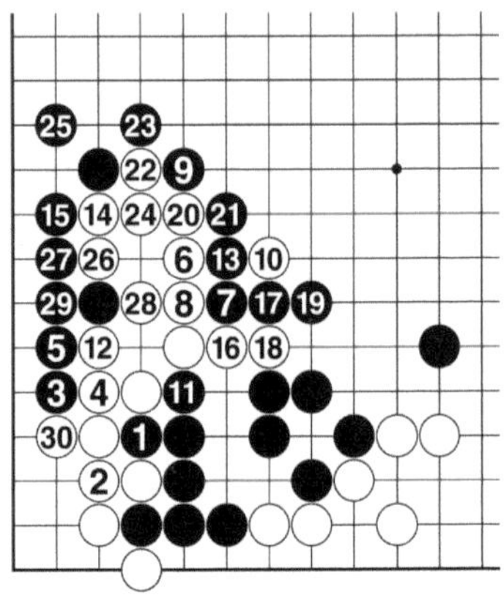

Abbildung 2

Beispiel 3 – Schwarz am Zug
Verschiedene gute Punkte springen einem hier ins Auge. Unter ihnen ist zum Beispiel Schwarz A, eine Ausdehnung, die verhindert, dass Weiß eine große Gebietsanlage am oberen Rand aufbaut. A ist daher ein sehr begehrenswerter Punkt. Aber wenn man dort spielt, dann kann Weiß auf B springen. Ein Zug auf A ist somit fragwürdig, denn die schwarze Dreierkette käme in Gefahr. Wo sollte Schwarz also spielen?

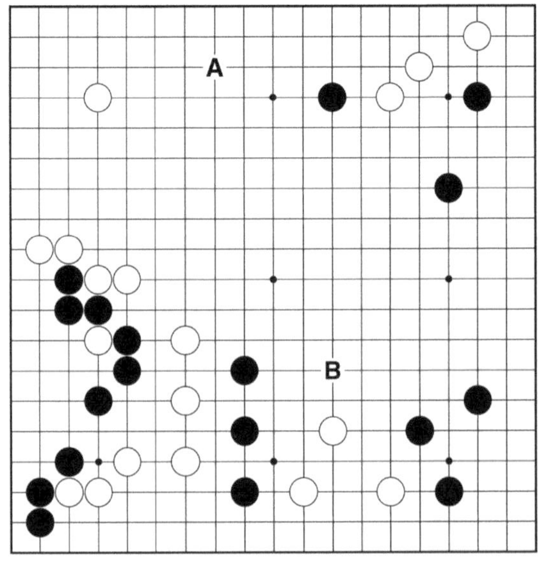

Beispiel 3

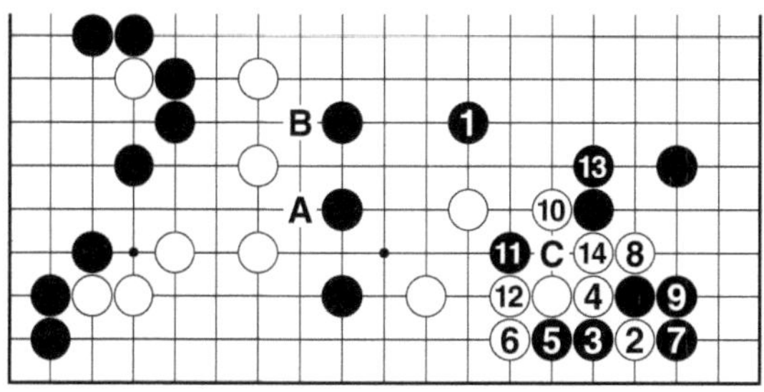

Abbildung 1

Abb. 1 – Ein guter Start

Natürlich, das schwarze Boshi 1 ist die richtige Antwort. Es verhindert, dass Weiß einfach herausspringt, und übernimmt die Initiative. Es ist richtig, dass die schwarzen drei Steine auf der linken Seite etwas dünn aussehen, aber sie haben die Nozokis auf A und B um ihre Position zu festigen. Folglich braucht man sich um sie keine Sorgen zu machen.

Nun, da Weiß nicht mehr in die Brettmitte entkommen kann, muss er mit 2 angreifen und schauen, wie Schwarz reagiert. Aber Schwarz 3 zeigt Entschlossenheit.

Abb. 2 – Zu schlecht

Schwarz 1 in dieser Variante verteidigt zwar die Ecke, erlaubt Weiß aber zugleich eine sichere Basis zu bauen. Das Boshi mit dem markierten Stein hat nun seine Bedeutung und Wirkung verloren.

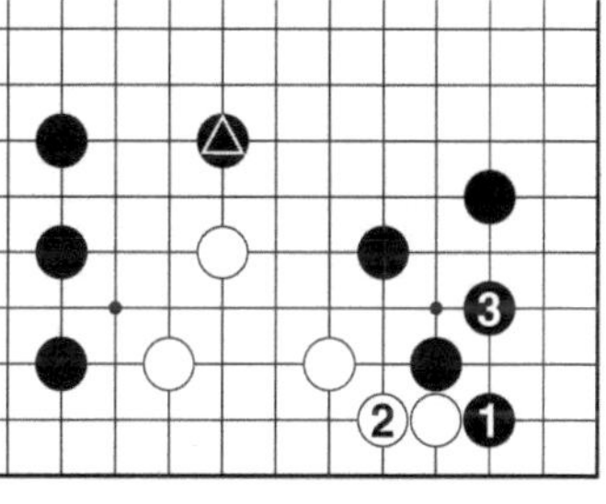

Abbildung 2

Zurück zur Abbildung 1. Beachten Sie die Reihenfolge, in der Schwarz 5 vor dem Verteidigen auf 7 gespielt wurde. Der Zug 11, der eine weiße Antwort erzwingt, ist eine gute Antwort auf Weiß 10, denn er besetzt den vitalen Punkt der weißen Augenform. Statt Schwarz 11 gibt es auch noch eine andere kraftvolle Antwort: Schwarz 14, Weiß C und Schwarz 13. Diese Variante legt mehr Gewicht auf Gebiet.

Schwarz 13 zieht genau im richtigen Moment zurück und nach Weiß 14 ist Schwarz wieder bereit, den Angriff fortzusetzen. Bevor Sie nun die Seite umblättern, überlegen Sie sich, wie er wohl vorgehen wird.

Abb. 3 – Möglich, aber…
Die Situation mit 1 zu klären, ist möglich. Weiß wird eingeschlossen und Schwarz setzt mit 3 auf eine riesige Gebietsanlage am rechten Rand. Das war in der Tat eine der Varianten, die ich in Erwägung gezogen habe. Das ist sicherlich ein schöner Erfolg für den Angriff, aber es darf nicht sein, dass Weiß so leicht mit dem Leben davonkommt.

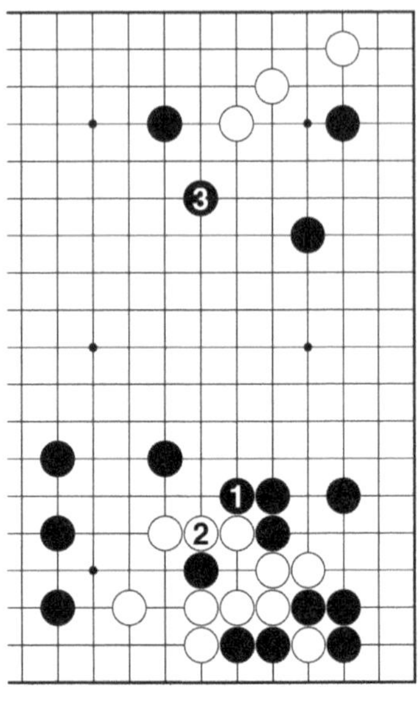

Abbildung 3

Abb. 4 – Die Partie
Ich spielte den Abtausch 1 für 2 und anschließend Schwarz 3, um meine Absichten zu unterstreichen. Nach Schwarz 17 steckt Weiß ziemlich in der Klemme. Der Angriff hat sich bezahlt gemacht.

In dieser Partie war Weiß Takagawa Kaku 9-Dan, der für seine Vorliebe für Boshi-Züge bekannt ist. Hier jedoch wurde er selbst Opfer eines derartigen Angriffes.

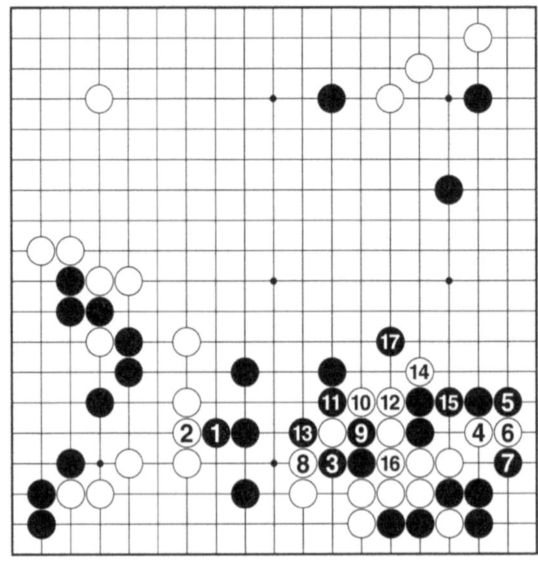

Abbildung 4

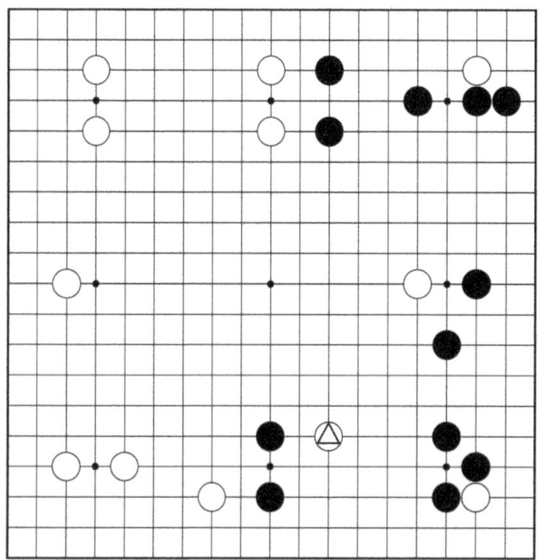

Beispiel 4

Beispiel 4 – Schwarz am Zug

Dies ist wieder ein Beispiel aus einer meiner eigenen Partien. Mein Gegner war Fujisawa Hosai 9-Dan. Nach einigen Zügen Spiegel-Go als Eröffnung war die Partie festgelegt auf einen Wettstreit um riesige Gebietsanlagen. Weiß hat gerade den markierten Stein gespielt, um zu testen, wie Schwarz reagieren wird. Wie sollte er antworten?

Abb. 1 – Feige

Sich um Gebiet Sorgen zu machen und daher auf 1 nachzugeben, ist eine feige Methode. Nach 2 und 4 hat Weiß seine Steine oben und unten zusammengeführt und die Partie ist so gut wie vorbei.

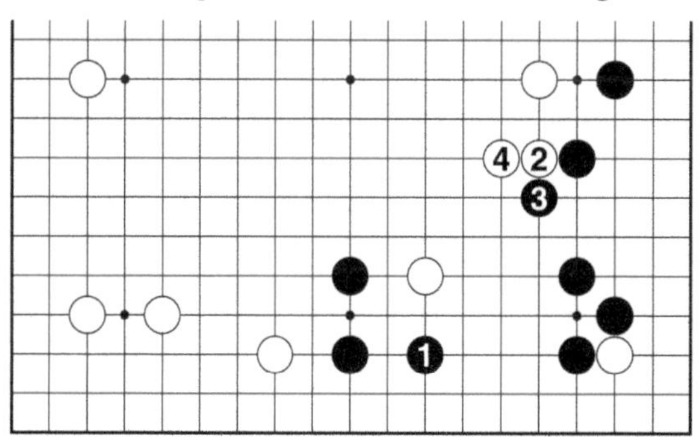

Abbildung 1

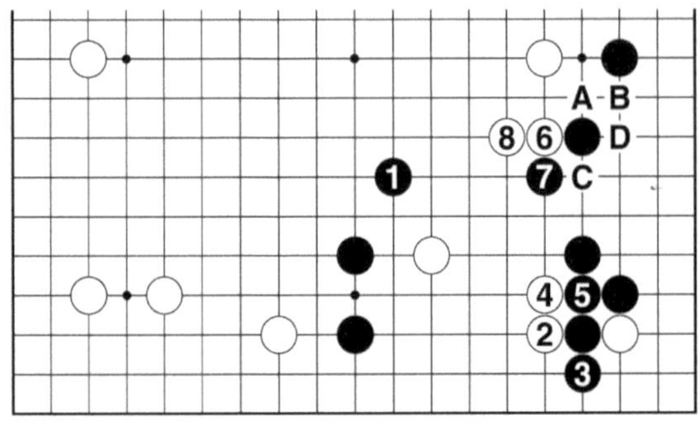

Abbildung 2

Abb. 2 – Verbindung

Was ist von einem Angriff mit einem Keima zu halten? Ich hatte es in Erwägung gezogen, aber den Gedanken wieder verworfen. Weiß kann sich mit 2 und 4 festigen und würde dann sicher mit 6 und 8 fortsetzen. Da Weiß A, Schwarz B, Weiß C und Schwarz D eine erzwungene Abfolge darstellen, kann Weiß eine Verbindung mit den unteren Steinen fast schon garantieren. So muss ein Angriff natürlich scheitern.

Abb. 3 – Boshi

Ich war der Meinung, dass das Blockieren des Weges in die Brettmitte mit Schwarz 1 die richtige Antwort ist. Wenn Weiß mit 2 auf 10 den Kopf herausstreckt, Schwarz A spielt, Weiß mit B schiebt und Schwarz auf C springt, dann fehlt Weiß noch immer die Basis und der markierte Stein ist schon so gut wie gefangen. Weiß änderte daher sein Vorgehen und spielte erst 2 bis 6, was Schwarz Zeit für den schönen Zug auf 7 gab. Nachdem Weiß mit 10 herauslief, hatte es den Anschein, als dass der Angriff seine Wirkung verloren hätte. Aber warten Sie ab!

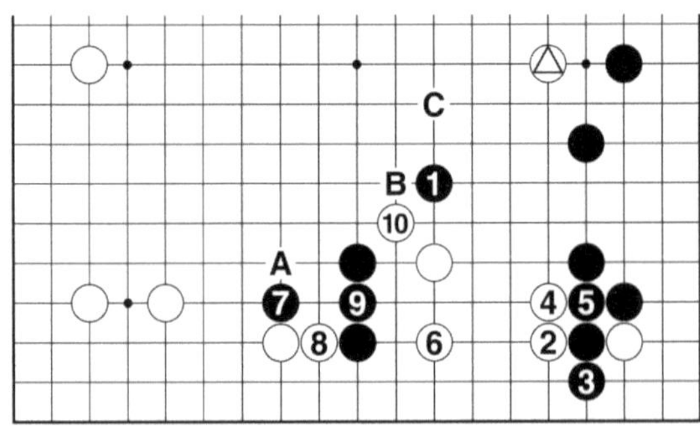

Abbildung 3

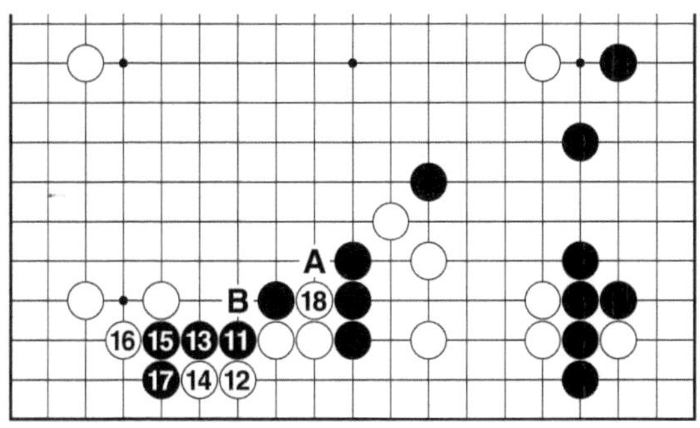

Abbildung 4

Abb. 4 – Indirekter Angriff
Das Umbiegen mit 11 bringt einen Richtungswechsel. Weiß kann es sich nicht leisten, die zwei Steine abzugeben, daher muss er ihnen zu Hilfe kommen. Sie mögen sich wundern, wie und warum Schwarz den Weißen auf 18 durchbrechen lässt, denn Schwarz A und Weiß B stellen einen großen Verlust dar.

Abb. 5 – Gefangen
Mein Plan war Schwarz 19. Wenn Weiß sich mit 21 einen Weg ins Freie bahnt, kann Schwarz mit 20 die fünf weißen Steine einschließen und fangen. In der Partie spielte Weiß 20 und ermöglichte Schwarz das Einschließen auf 21. Nachdem Schwarz die Gruppe mit 23 und 25 gefangen hat, kann man das Ergebnis als großen Erfolg betrachten.

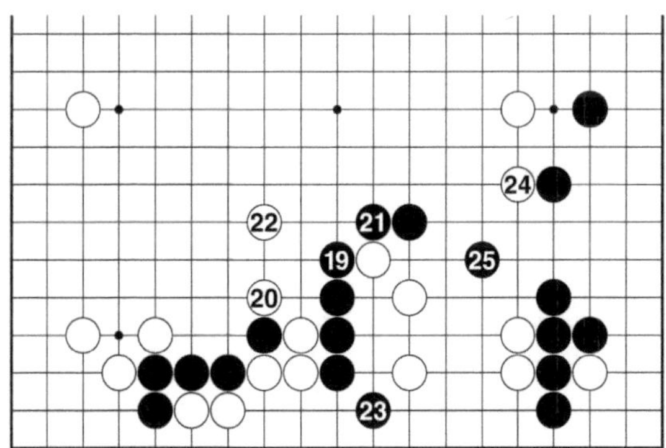

Abbildung 5

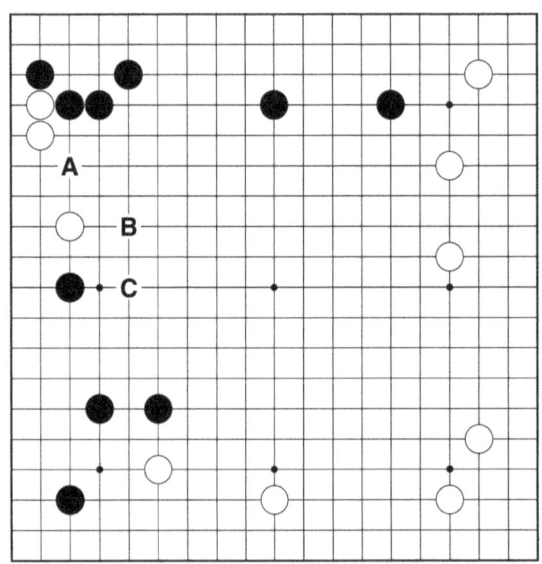

Beispiel 5

Beispiel 5 – Schwarz am Zug
Dies ist ein Beispiel aus einer Partie zwischen zwei Profi-Spielern. Die linke Seite steht ganz offensichtlich im Brennpunkt des aktuellen Geschehens. Die Frage lautet, wie soll Schwarz die drei weißen Steine angreifen?

In einer ähnlichen Stellung auf Seite 22 stellte A den vitalen Punkt dar, doch hier wird Weiß nicht antworten, sondern einfach mit B herausspringen. Schwarz C ist plump, Weiß springt wieder auf B. In beiden Fällen hätte man Weiß auf- und davonkommen lassen.

Abb. 1 – Die Partie
Schwarz 1 ist das bekannte Boshi. Da der Weg ins Brettzentrum versperrt ist, steckt Weiß wieder in der Klemme.

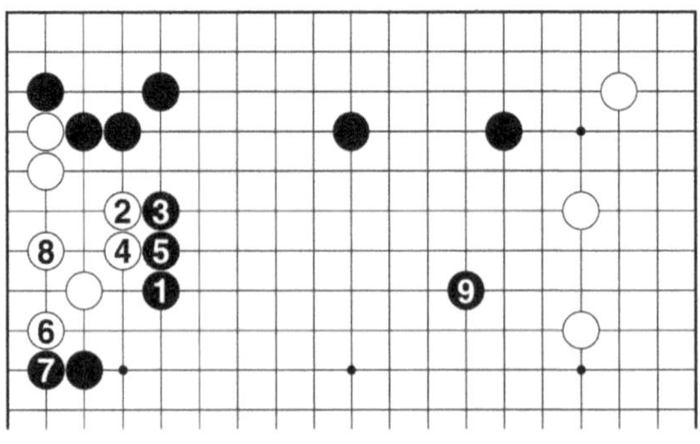

Abbildung 1

Abb. 2 – Gefährlich
Wenn Weiß sich entschließt mit 1 wegzulaufen, dann wendet Schwarz das Keima als Fortsetzung an, um Weiß nicht entkommen zu lassen. Weiß ist daher gezwungen, wie in Abbildung 1 ein schnelles Leben zu machen, auch auf die Kosten, dass Schwarz mit 7 Gebiet sichert. Zudem erhält Schwarz eine beachtliche Wand, die er mit 9 in eine riesige Gebietsanlage umwandelt. Dieses Beispiel zeigt eine übliche Facette des Boshi-Angriffs: seine Verwendung als Aufbauarbeit für eine großräumige Gebietsanlage.

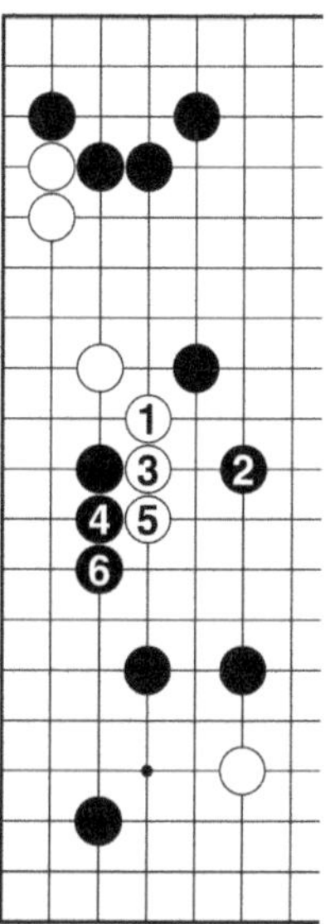

Abbildung 2

Beispiel 6 – Schwarz am Zug
Das letzte Beispiel ist ein einfaches. Weiß hat soeben mit dem markierten Stein einen Boshi gespielt, um die schwarze Gebietsanlage zu reduzieren. Dies sieht wie ein guter Zug aus. Ob er das tatsächlich ist, hängt maßgeblich von der schwarzen Antwort ab. Sollte er der Faustregel folgen und das Boshi mit einem Keima beantworten? Sie sollten natürlich die schwarze Stärke in Ihre Erwägungen mit einbeziehen.

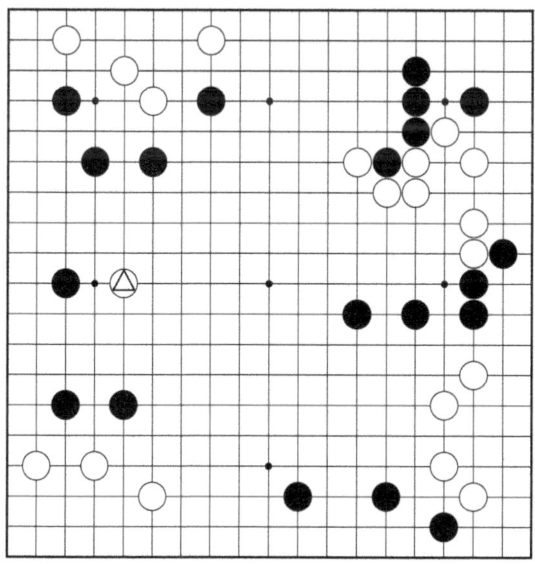

Beispiel 6

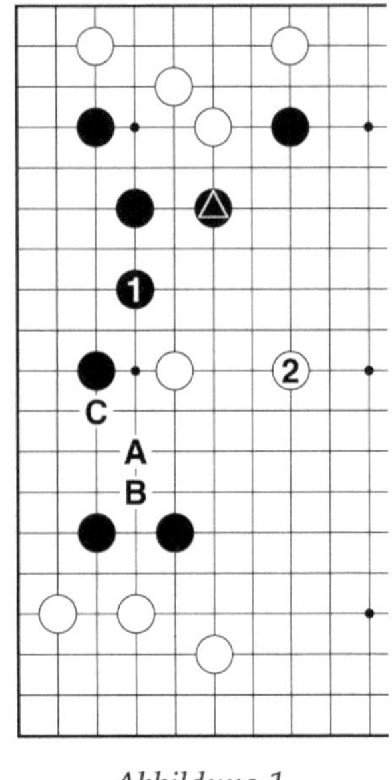

Abbildung 1

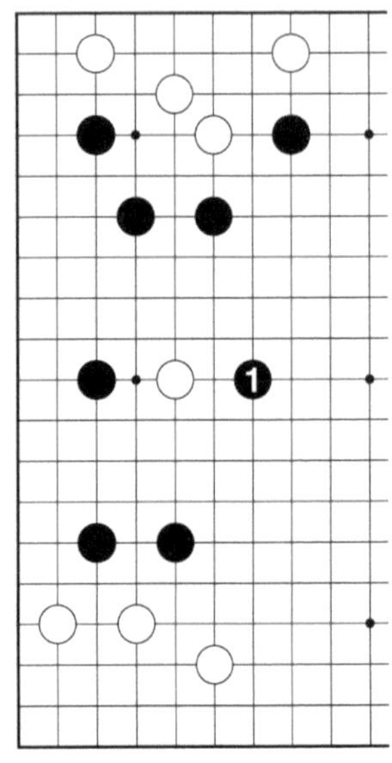

Abbildung 2

Abb. 1 – Feige

Die Antwort mit einem Keima ist feige. Nachdem Schwarz schon den markierten Stein gespielt hat, zieht er nun keinen Nutzen mehr aus ihm und lässt Weiß einfach mit 2 entkommen. Schwarz 1 auf A ist genau das Gleiche.

Später kann Weiß auf B ein Nozoki spielen, anschließend auf C anlegen und so Schwarz einen bitteren Schlag versetzen.

Abb. 2 – Den Fluchtweg blockieren

Der großräumige Angriff mit Schwarz 1 ist die richtige Herangehensweise. Es ist egal, wie Weiß sich nun windet, es steht ihm in jedem Fall ein harter Kampf bevor. Schwarz 1 sieht einfach nur gut aus, stimmen Sie mir zu?

Sie haben oben die typischen Anwendungen des Boshi als Angriffszug gesehen. Es wichtig, diesen Punkt sofort zu nehmen und darauf eine weiträumig angelegte Offensive folgen zu lassen. Probieren Sie es aus und Sie werden sicher ein starker Spieler.

4. Keima

„Jage mit dem Keima, aber fliehe mit dem Ein-Punkt-Sprung", lautet eine bekannte Faustregel, und in der Tat ist das Keima wie schon das Boshi eine der wichtigsten Angriffstechniken.

Während die Funktion des Boshi in erster Linie darin besteht, dem Gegner den Fluchtweg in die Brettmitte zu versperren und die nachfolgenden Züge von der Reaktion und dem Verhalten des Gegners abhängen, so liegt die Funktion des Keimas vor allem darin, den Gegner in eine bestimmte Richtung zu treiben.

Nehmen wir Beispiel 1. Schwarz gibt mit dem Boshi auf 1 Weiß die Optionen, entweder auf A oder B den Kopf herauszustrecken. Wie es dann weitergeht, hängt maßgeblich davon ab, für welche Richtung Weiß sich entscheidet. Schwarz 1 ist der beste Zug in dieser Situation.

Abb. 1 – Keima
Wie sieht es mit dem Keima Schwarz 1 aus? Weiß legt mit 2 an und entkommt ohne Schwierigkeiten. Das ist der Unterschied zwischen dem Boshi und dem Keima.

Gut, mögen Sie nun fragen, in welcher Situation wendet man dann das Keima richtig an? Zuerst einmal benötigt man eine unterstützende, starke Position, in deren Richtung man den

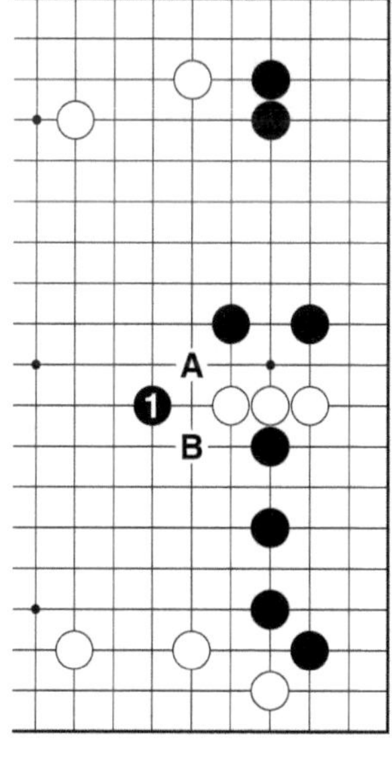

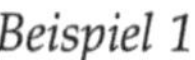
Beispiel 1

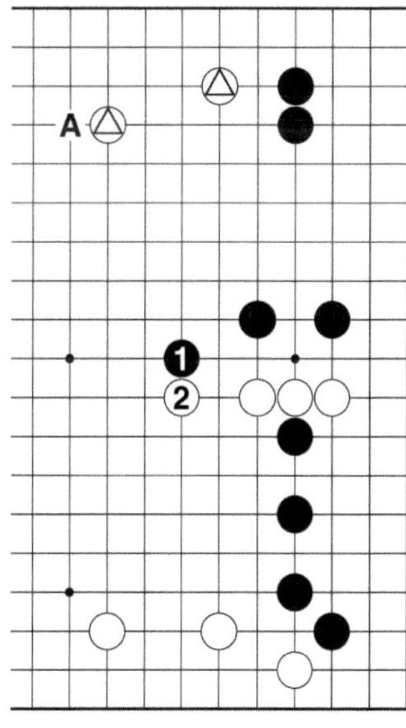

Abbildung 1

Gegner mit dem Keima drängt (sie ist in Beispiel 1 am unteren Rand vorhanden). Es ist bekanntermaßen eine schmerzvolle Erfahrung, in eine massive Steinwand zu laufen.

Zweitens sollte das Keima helfen, eine eigene Gebietsanlage zu erweitern oder auszubauen. In Beispiel 1 kann Schwarz keine große Gebietsanlage errichten, da die zwei markierten weißen Steine am oberen Rand diese Entwicklung nicht zulassen. Wenn es diese zwei weißen Steine nicht gäbe, jedoch ein schwarzer Stein auf A stünde, dann wäre Schwarz 1 ein guter Zug.

Es müssen nicht immer beide Bedingungen erfüllt sein, um mit dem Keima anzugreifen, aber es sollte mindestens eine dieser beiden Voraussetzungen gegeben sein.

Beispiel 2

Weiß ist soeben mit dem markierten Stein in die schwarze Gebietsanlage eingedrungen. Wie sollte Schwarz diesen Stein attackieren?

Abb. 1 – Zur Stärke hin

Zuerst schiebt Schwarz die Kikashi-Züge 1 und 3 ein, die Weiß nicht unbeantwortet lassen kann, und greift anschließend Weiß mit dem Keima auf 5 an. Das ist die richtige Antwort. Schwarz 1 und 3 versperren den Fluchtweg zum oberen Rand und der

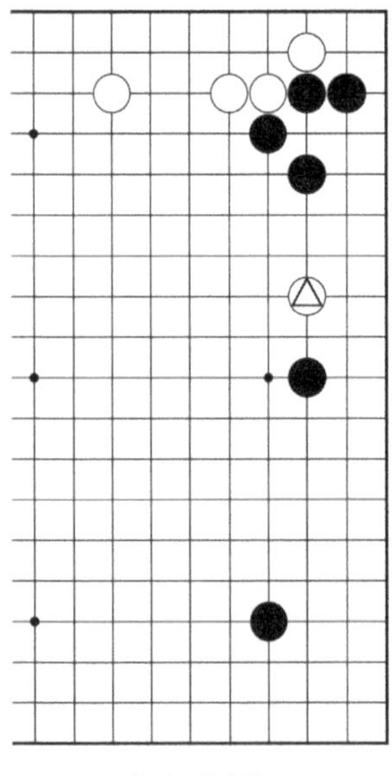

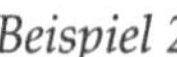

Beispiel 2

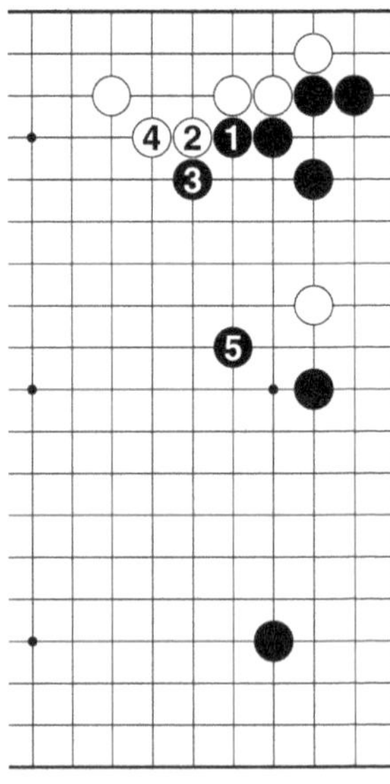

Abbildung 1

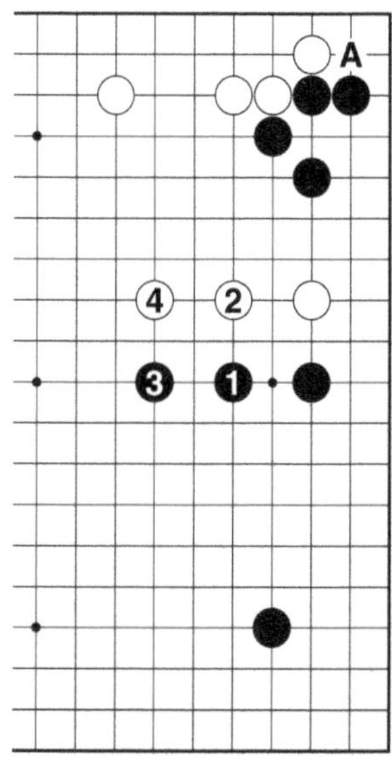

Abbildung 2

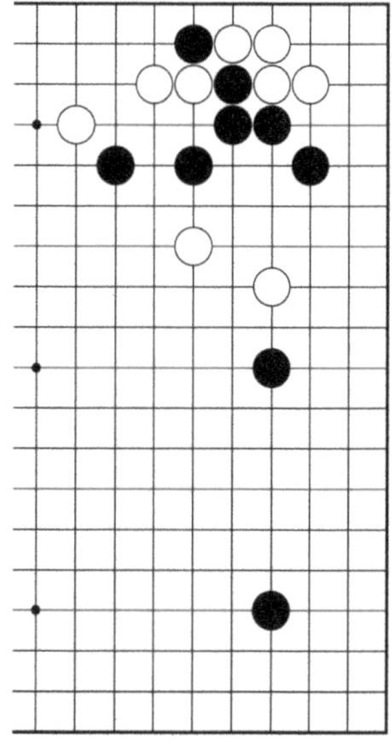

Beispiel 3

weiße Stein ist nun so gut wie gefangen. Beachten Sie, in welche Richtung das schwarze Keima Weiß drängt: zur schwarzen Stärke hin.

Abb. 2 – Kein Angriff

Schwarz 1 setzt auf einen guten Punkt, aber er greift Weiß nicht an. Weiß springt ebenfalls mit 2 und 4 heraus und statt Weiß unter Druck zu bringen, muss Schwarz nun sogar selbst auf A verteidigen, um seiner schwächelnden Gruppe die Basis zu sichern. Obwohl Schwarz einiges von der Anlage am unteren Brettrand erwarten kann, so ist das Ergebnis in dieser Abbildung jedoch dem der vorherigen unterlegen.

Beispiel 3 – Schwarz am Zug

Das Keima verfügt über ausgedehnte Anwendungsmöglichkeiten und funktioniert in verschiedensten Situationen. Die hier gezeigte Stellung tritt regelmäßig auf und wenn Sie wissen, wie man die beiden weißen Steine angreift, dann sind Sie wahrscheinlich in etwa 1- bis 3-Kyu. Das Problem lautet, greifen Sie von oben oder von der Seite an?

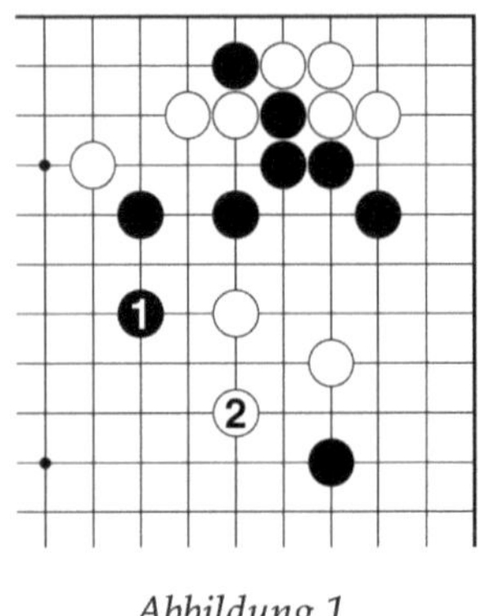

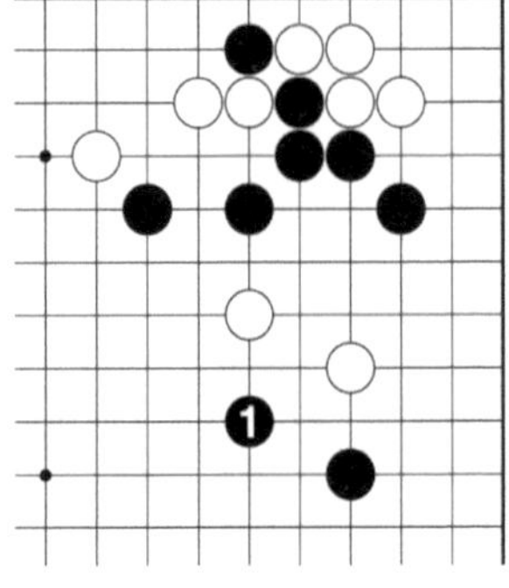

Abbildung 1 *Abbildung 2*

Abb. 1 – Keine Fortsetzung
Das Erste, was wohl den meisten Go-Spielern einfallen würde, ist das Blocken des Fluchtweges ins Zentrum mit Schwarz 1. Das lässt Weiß aber mit 2 gute Form machen und Schwarz hat daraufhin keine Fortsetzung mehr. Es bedarf also eines ernsteren Angriffes.

Abb. 2 – Angriff von der Seite
Das Keima von der Seite ist die schärfste Form des Angriffs. Es ist genau der richtige Zug.

Abb. 3 – Schneller Profit
Weiß mag mit einem Sprung auf 2 antworten, aber das erlaubt Schwarz auf 3 zu schneiden und sofort Profit mitzunehmen. Natürlich ist es denkbar, sich den Schnitt auf 3 für später aufzuheben und erst einmal einen großräumigen Angriff mit Schwarz A vorzubereiten.

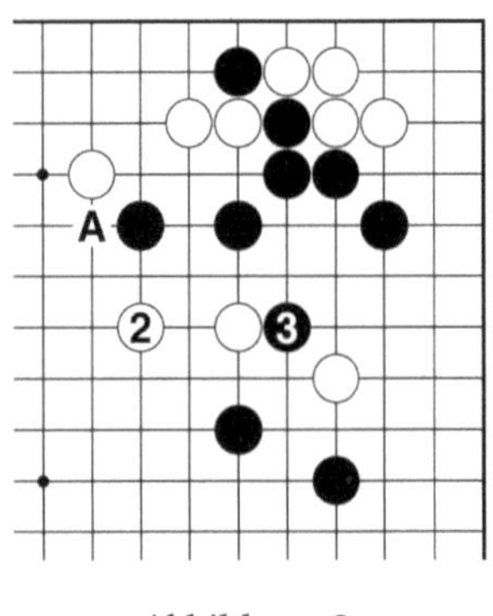

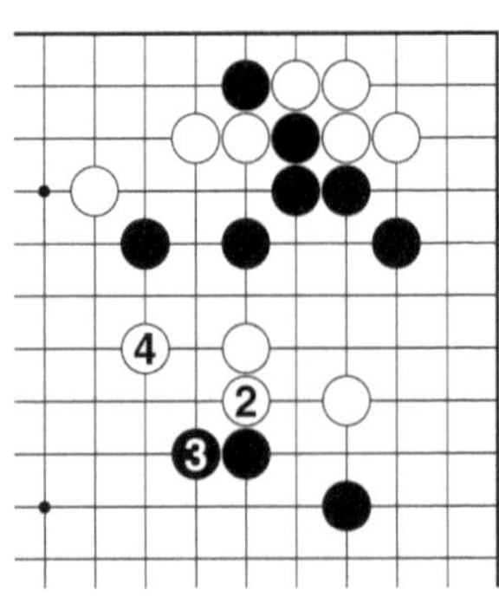

Abbildung 3 *Abbildung 4*

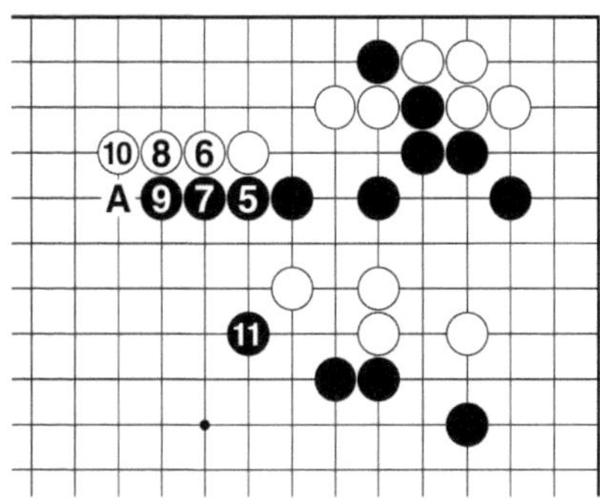

Abbildung 5

Abb. 4 – Kampf
Weiß wird daher erst mit 2 Widerstand leisten, bevor er auf 4 herausspringt. Das ist die stärkste Gegenwehr, die den Kampf unmittelbar beginnen lässt.

Abb. 5 – Weiß wird gefangen
Die richtige Fortsetzung ist nun mit Schwarz 5 zu drücken. Nach Weiß 6 darf Schwarz auch noch bis 9 weiter schieben, um schließlich Weiß auf 11 einzuschließen. Weiß kommt nun nicht mehr ins Zentrum durch und auch am Rand ist zu wenig Platz zum Leben – er ist gefangen.
Je nach Situation auf dem umliegenden Brett kann Schwarz mit 11 auch ein weiteres Mal auf A schieben. In jedem Fall ist das Keima 1 in Abbildung 2 der richtige Zug.

Beispiel 4 – Schwarz am Zug
Wie soll Schwarz die zwei Steine am rechten Rand angreifen? Wenn Sie den Ausführungen bis hierhin gefolgt sind, dann sollte es Ihnen keine Probleme bereiten, die richtige Antwort zu finden. Sie sollten damit beginnen, Weiß gegen die markierte, schwarze Stärke zu treiben.

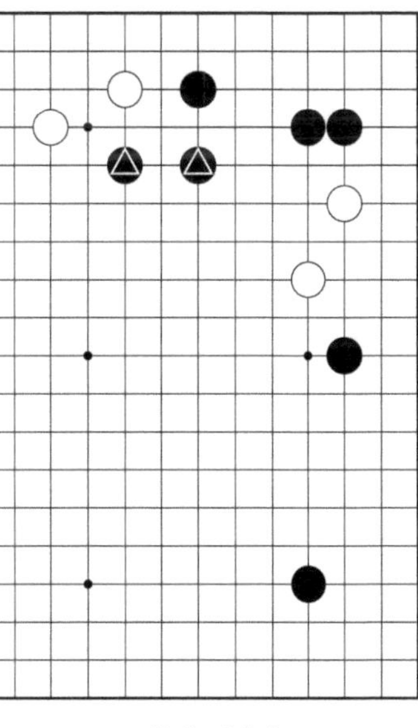

Beispiel 4

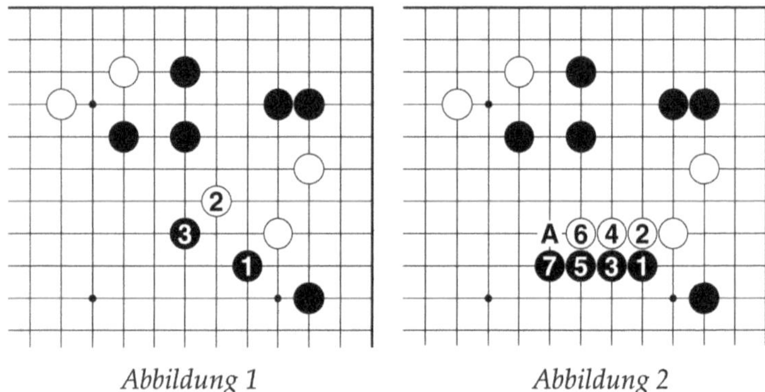

Abbildung 1 Abbildung 2

Abb. 1 – Zweimal Keima
Natürlich, das Keima ist die richtige Antwort. Wenn Weiß zur Flucht auf 2 ansetzt, wird Schwarz mit einem zweiten Keima nachlegen.

Abb. 2 – Weiß hilft Schwarz
Wenn Weiß sich stattdessen mit den Zügen 2, 4 und 6 herausschiebt, dann streckt Schwarz einfach auf 3, 5 und 7. Schwarz ist immer einen Schritt voraus und die sich aufbauende Stärke wird mit jedem Zug beeindruckender, so dass er eine ansehnliche Gebietsanlage am rechten unteren Rand erwarten kann. Schwarz 7 auf A ist ebenfalls möglich, damit beginnt er sofort einen Kampf.

Abb. 3 – Boshi schlägt fehl
Das Boshi auf 1 schlägt fehl, denn es lässt Weiß mit 2 und 4 in guter Form entkommen. Selbst der schwarze Angriff auf 5 zwingt Weiß nur zu einer starken Bambusverbindung auf 6, die dem Boshi-Stein nicht guttut. Zudem bringt Schwarz seine Stärke, die beiden markierten Steine, hier überhaupt nicht ein und kann letztlich auch keine beachtliche Gebietsanlage am unteren Rand erwarten.

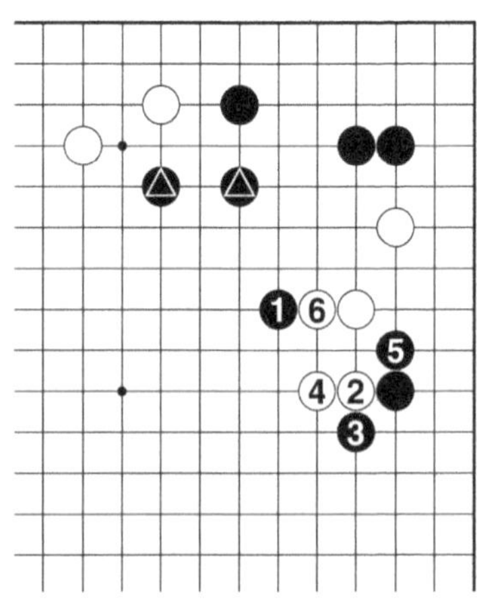

Abbildung 3

Viele Spieler wissen sich nicht zu entscheiden, ob sie nun mit einem Boshi oder einem Keima angreifen sollen. Sie werden nicht viel verkehrt machen, wenn Sie sich die zwei Vorausetzungen merken, die für einen Keima-Angriff notwendig sind: 1. Sie müssen Ihren Gegner zu Ihrer Stärke hindrängen können; 2. Sie müssen eine Gebietsanlage im Rücken Ihres Keimas erwarten können. Ferner wird das Keima in vielen Situationen nützlich sein, in denen nur eine dieser beiden Voraussetzungen gegeben ist.

Beispiel 5 – Schwarz am Zug
Wie wollen Sie den markierten Stein attackieren? Keima oder Boshi?

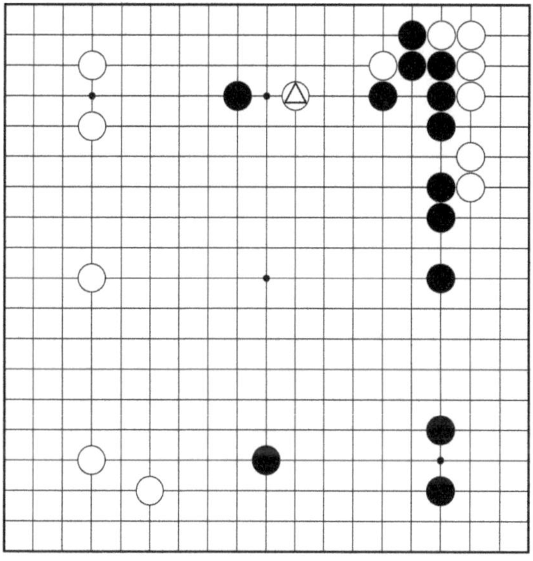

Beispiel 5

Abb. 1 (nächste Seite) – Fehlschlag
Versuchen wir es mit dem Boshi 1. Weiß wird mit 2 durch die Lücke durchbrechen und Schwarz mit einem Keima auf 3 fortsetzen. Das sieht so weit nicht schlecht aus, aber wenn Weiß daraufhin mit 4 weiterzieht, dann ist plötzlich der markierte Stein der Angegriffene. Das ist ganz offensichtlich ein Fehlschlag für Schwarz. Spielt Schwarz stattdessen 3 auf A, so antwortet Weiß mit B und wieder löst sich der Angriff in Luft auf.

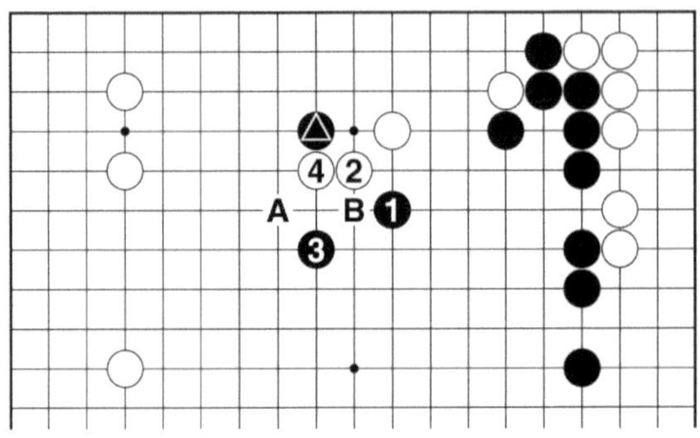

Abbildung 1

Abb. 2 – Richtig
Das Keima ist richtig, denn dieser Zug erfüllt eine der oben genannten Bedingungen – er drängt den weißen Stein gegen die eigene Stärke. Wenn Weiß versucht, mit 2 und 4 zu entfliehen, dann spielt Schwarz Hane und Verbindung und drängt damit Weiß weiter gegen die eigene Stärke. In dieser Situation hat Schwarz keine Aussichten auf eine Gebietsanlage hinter seinem Keima auf 1, aber es ist trotzdem ein gutes Beispiel für eine effektive Anwendung der Angriffstechnik.

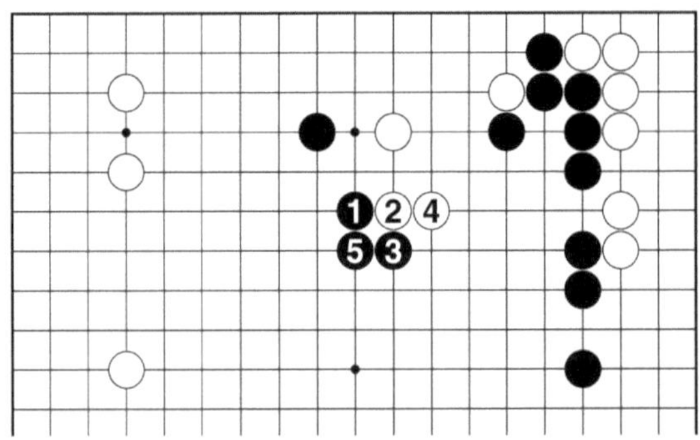

Abbildung 2

Beispiel 6 – Schwarz am Zug
Wo ist der strategische Punkt, der die Kontrolle über das gesamte Brett übernimmt?

Von den zwei Voraussetzungen für eine effektive Anwendung des Keima, scheint hier die erste nicht anwendbar zu sein. In diesem Beispiel geht es nur um den Aufbau einer überragenden Gebietsanlage mittels eines Keima-Angriffes. Die Aufmerksamkeit

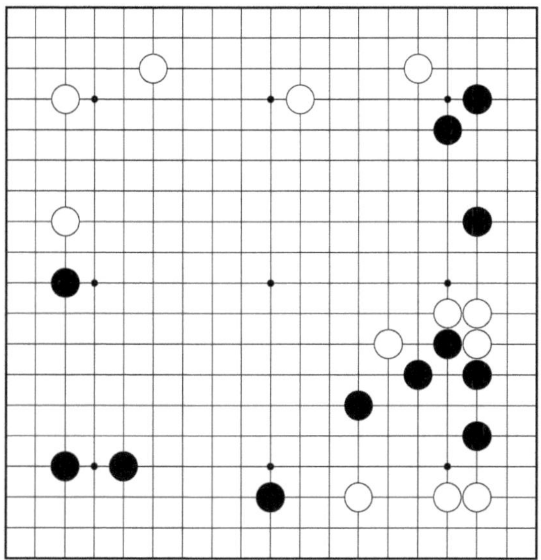

Beispiel 6

liegt offenkundig in der unteren rechten Ecke – damit ist Ihnen die Antwort bereits in die Hände gelegt worden.

Abb. 1 – Angriffspunkt verfehlt
Ein Zug auf einen großen Punkt, zum Beispiel Schwarz 1, ist für sich genommen ein guter Zug, aber er tritt hier die Initiative an Weiß ab. Mit den Zügen 2 und 4 sichert Weiß nicht nur seine Gruppe, sondern bahnt sich darüberhinaus einen Weg in die schwarze Gebietsanlage.

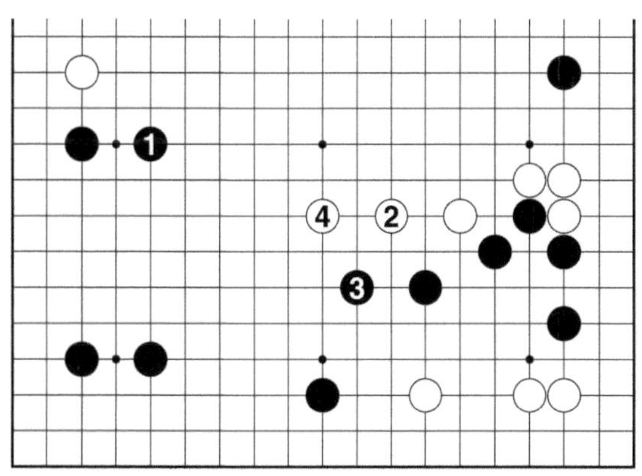

Abbildung 1

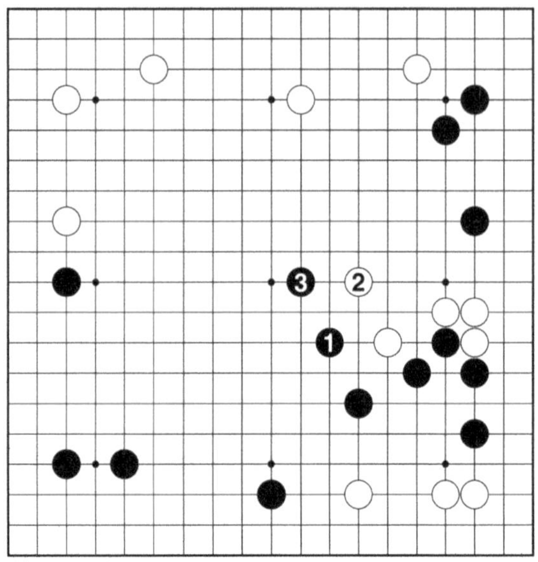

Abbildung 2

Abb. 2 – Der strategische Punkt
Der Angriff mit dem Keima, Schwarz 1, ist der strategische Punkt, der die Kontrolle über das Brett übernimmt. Wenn Weiß mit 2 zu mehr Sicherheit tendiert, dann setzt Schwarz seinen Angriff mit einem weiteren Keima auf 3 fort. Nach diesen Zügen sieht das gesamte untere linke Brettviertel beinahe wie sicheres schwarzes Gebiet aus und Weiß hat dagegen nur auf neutrale Punkte gesetzt. Der Unterschied zu Abbildung 1 ist beträchtlich. Schwarz 1 ist ein gutes Beispiel für ein Keima, das nicht nur zum Jagen und Töten gespielt wird, sondern das der Errichtung einer überlegenden Stellung durch Angreifen dient.

Beispiel 7 – Schwarz auf Zug
Dieses Beispiel stammt wieder aus einer meiner Partien und Sie sind gefragt, wie die weiße Zwei-Punkt-Ausdehnung am linken Rand am besten zu attackieren ist. Berücksichtigen Sie die Gebietsanlage am unteren Rand und die Form der schwarzen Steine oberhalb des Angriffszieles.

Abb. 1 – Die Partie
Mein Gefühl sagte mir, dass ein sanfter Angriff mit 1 die richtige Vorgehensweise ist, denn während dieser Zug die weißen Steine attackiert, baut er auf natürliche Weise die Gebietsanlage aus.

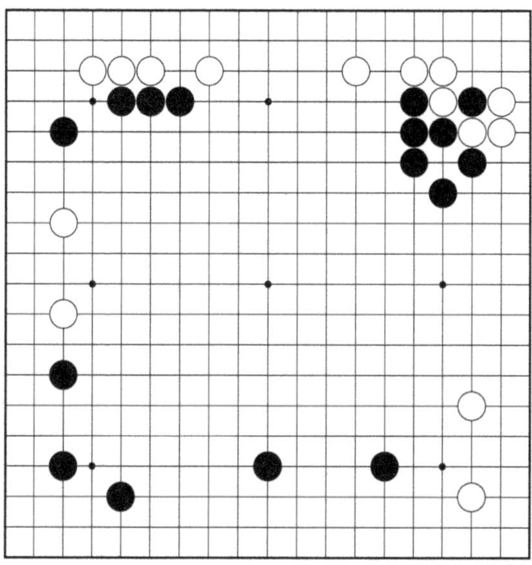

Beispiel 7

Weiß muss mit 2 verteidigen. Jetzt ist der richtige Zeitpunkt, um Schwarz 3 und 5 folgen zu lassen, die verhindern, dass Weiß mit A gute Form macht. Schwarz 7 und die folgenden Züge festigen die obere Position in Vorhand, bevor Schwarz mit 13 den Angriff abschließt. Für Weiß gibt es nun keinen Weg mehr ins Zentrum und er ist gezwungen, am Rand zu leben. Statt Schwarz 13 das Boshi auf B zu spielen, ist keine gute Wahl, denn das erlaubt Weiß die Flucht mit C und auf diesem Weg ist er nicht mehr aufzuhalten. B wäre eindeutig ein Fehler.

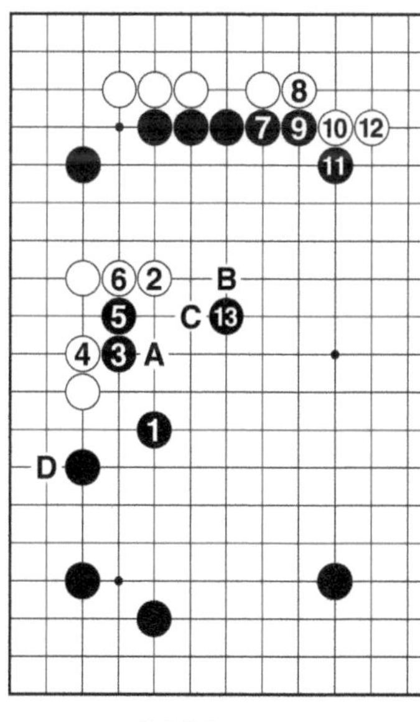

Abbildung 1

Später legte Weiß auf D an und erkämpfte sich mühsam ein kleines Leben, jedoch mit den unvermeidlichen Kosten, dass Schwarz auf der Außenseite gestärkt wurde. Der Angriff mit Schwarz 1 erwies sich als großer Erfolg.

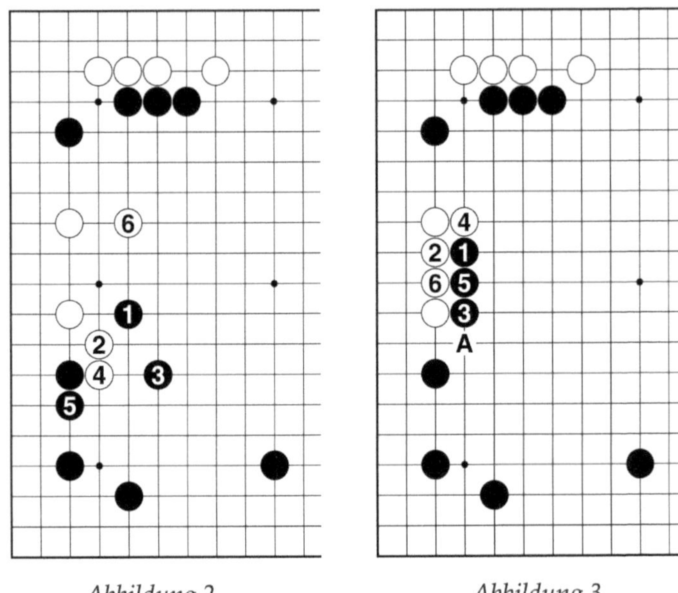

Abbildung 2 Abbildung 3

Abb. 2 – Suboptimal

Das Boshi auf 1 ist ein weiterer guter Zug, der starken Spielern sofort einfallen würde. Er hat jedoch den Nachteil, dass Weiß nach 2 und 4 nicht richtig aufgehalten wird. Weiß kann immer noch 6 spielen; das Ergebnis ist nicht so gut wie in Abbildung 1.

Abb. 3 – Weg ins Zentrum immer noch frei

Schwarz mag den Schlag auf die weiße Schulter mit 1 erwägen und anschließend mit 3 auflegen. Sicher, das ist eine Standardtechnik, um Weiß einzuschließen, aber nachdem Weiß auf 6 verbindet, bleibt eine unangenehme Schwäche auf A zurück. Weiß wird daher ohne Schwierigkeiten ins Zentrum entkommen.

5. Indirekter Angriff und Doppelangriff

Ganz gleich wie intensiv man eine einzelne, schwache Gruppe angreift, sie mag am Ende doch leben und während die eigenen Kräfte in der Durchführung des Angriffs völlig verausgabt wurden, finden sich plötzlich die eigenen Gruppen in Gefahr – eine Erfahrung, die sicher jeder von uns schon einmal gemacht hat. Aber wenn der Gegner mit zwei oder mehr schwachen Gruppen belastet ist, dann wird ein gut geplanter Angriff mit Sicherheit Erfolg versprechen.

Es gibt zwei Wege, um zwei oder mehr schwache Gruppen anzugreifen: durch einen indirekten Angriff und mittels eines Doppelangriffs. Es gibt keine großen Unterschiede zwischen diesen beiden Methoden, aber wenn man eine Differenzierung herausstellen soll, dann lässt sich feststellen, dass die Funktion des indirekten Angriffes nicht allein dem Angriff dient, sondern auch der Sicherung von Leben und dem Auf- und Ausbau von Gebietsanlagen. Darüber hinaus ist – im Gegensatz zum Doppelangriff, bei dem zwei schwache Gruppen gleichzeitig attackiert werden – das Ziel des indirekten Angriffs, ein Ablenkungsmanöver gegen eine Gruppe zu richten, um eine andere effektiver angreifen zu können. Am besten lässt sich das anhand eines Beispiels zeigen.

Beispiel 1 – Schwarz am Zug
Diese Position erscheint immer wieder in Vorgabepartien. Weiß hat soeben die Invasion auf 1 gespielt, Schwarz attackiert mit 2 und 4 und Weiß läuft auf 5 heraus. Welcher ist der beste Weg, um die drei weißen Steine anzugreifen?

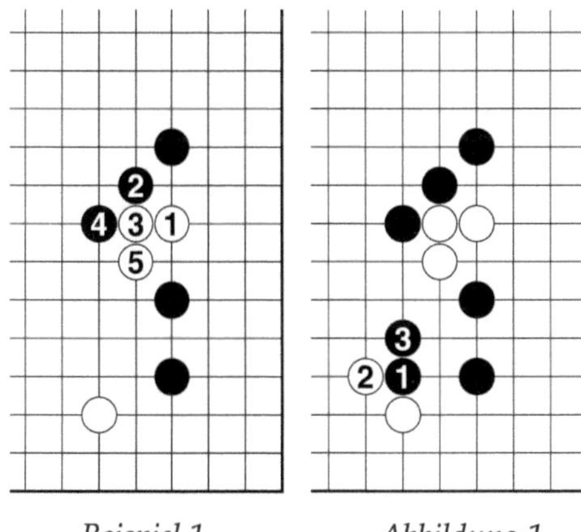

Abb. 1 – Ablenkung
Das Ablenkungsmanöver mit Schwarz 1 ist der entscheidende Anfang. Antwortet Weiß mit dem Hane 2, dann streckt Schwarz auf 3.

Beispiel 1 *Abbildung 1*

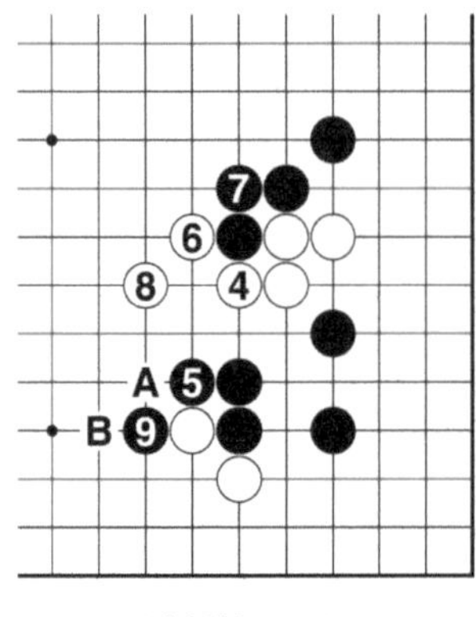

Abbildung 2

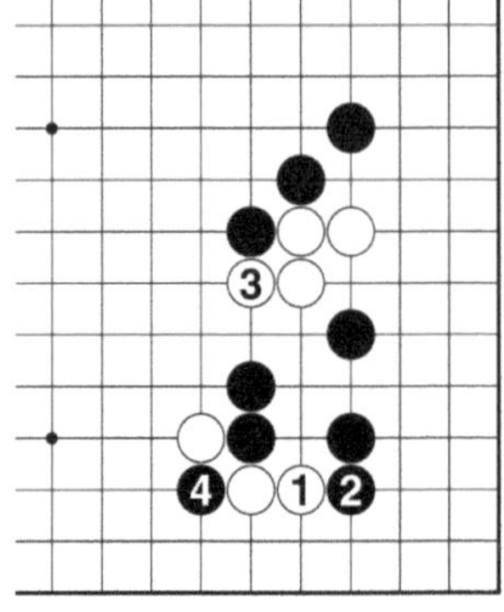
Abbildung 3

Abb. 2 – Der Angriff macht sich bezahlt
Streckt Weiß nun die drei Steine mit 4 heraus, dann drückt Schwarz auf 5 und wenn Weiß mit 6 und 8 an der einmal ergriffenen Flucht festhält, so streicht Schwarz auf 7 zufrieden zwei Steine als Kompensation ein. Wechselt Weiß jedoch die Richtung und streckt mit 6 auf 9, dann drückt Schwarz noch einmal auf A und verfügt über interessante Fortsetzungen auf 6 und B.

Abb. 3 – Indirekter Angriff I
Tauscht Weiß zuerst 1 gegen Schwarz 2 ab und streckt dann auf 3 heraus, so ist Schwarz 4 der Schlüsselpunkt für einen erfolgreichen indirekten Angriff.

Abb. 4 – Indirekter Angriff II
Das Atari auf 5 ist der einzige Zug für Weiß; dennoch taugt er nichts. Dem Sprichwort „Opfere nie einen einzelnen Stein" folgend streckt Schwarz auf 6 und Schwarz 8 ist der nächste Schritt, die Schlinge zuzuziehen. Nach Schwarz 12 sind die vier weißen Steine sauber und sicher eingeschlossen.

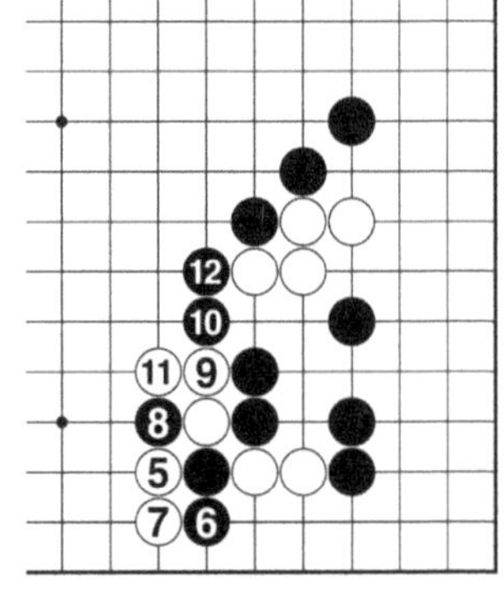
Abbildung 4

Indirekte Attacken geben dem Angreifer eine ausgeprägte Flexibilität; entweder reagiert der Angegriffene auf das Ablenkungsmanöver und der Angreifer kann erfolgreich gegen das eigentliche Angriffsziel vorgehen, oder der Gegner verteidigt das eigentliche Ziel und der Angreifer streicht dort Profit ein, wie in Abbildung 2, wo er das Ablenkungsmanöver ausführte.

Dem gegenüber haben die Doppelangriffe einen deutlich aktiveren Ansatz. Die Züge, die zum Trennen der gegnerischen, schwachen Gruppen gespielt werden, wirken gewöhnlich am Angriff mit und intensivieren mit jedem weiteren Zug den Druck auf den verteidigenden Spieler.

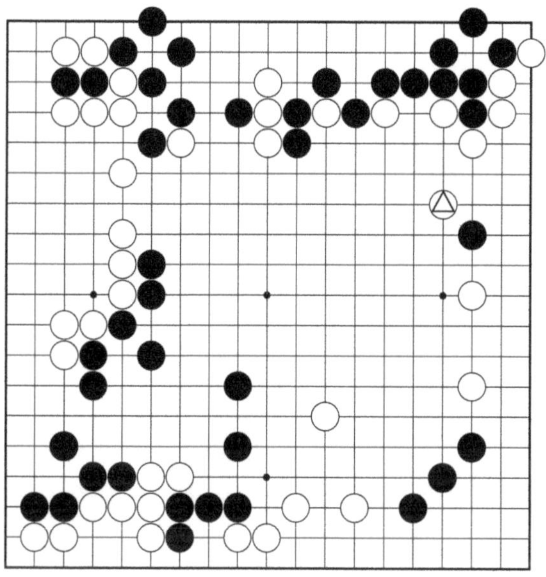

Beispiel 2

Beispiel 2 – Schwarz am Zug

Dieses Beispiel zeigt, wie ernst und gefährlich ein Doppelangriff für den Verteidiger werden kann. Die weiße Position weist einige schwache Gruppen auf: eine in der oberen rechten Ecke, drei Steine am oberen Rand sowie die Zwei-Punkte-Ausdehnung am rechten Rand. Weiß hat soeben den markierten Stein gespielt, um seine schwächste Gruppe zu schützen und zu stärken.

Nun eröffnet Schwarz einen großräumig angelegten Doppelangriff.

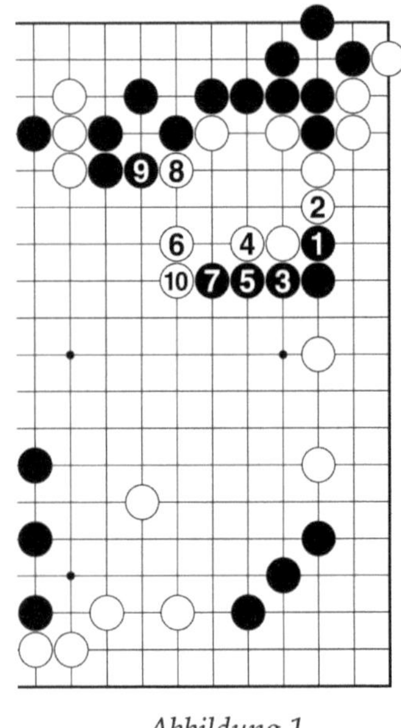

Abbildung 1

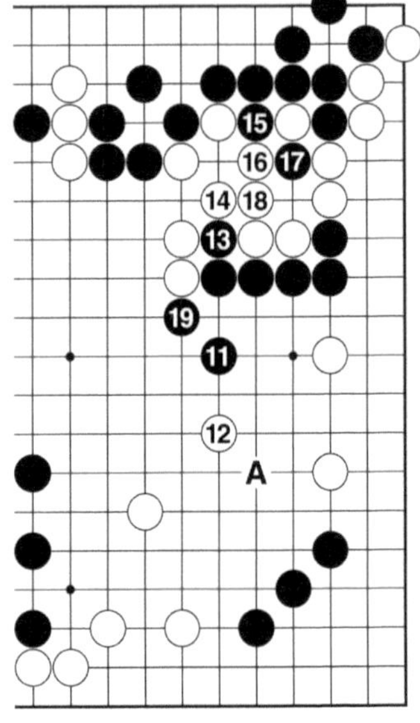

Abbildung 2

Abb. 1 – Die Partie I
Mit Schwarz 1, 3 und 5 aggressiv zu drängen ist richtig. Nach Weiß 6 besetzt Schwarz den Schlüsselpunkt auf 7 und nimmt mit dieser Attacke die drei weißen Gruppen in die Mangel. Weiß 8 verteidigt den Schnittpunkt und mit 10 gelingt es ihm, in die Brettmitte durchzubrechen.

Abb. 2 – Die Partie II
Schwarz springt auf 11 und visiert damit die Zwei-Punkte-Ausdehnung am rechten Rand an. Weiß 12 ist unvermeidlich; Weiß möchte gern die obere Gruppe stärken, aber das lässt Schwarz auf einen Punkt um A herum spielen und die weiße Randgruppe wird quasi ausgelöscht.

Schwarz nimmt erst im Vorübergehen mit 13 bis 17 ein wenig Profit mit und setzt dann mit 19 den Angriff fort.

Abb. 3 – Die Partie III
Nach Weiß 20 lenkt Schwarz den Angriff mit 21 bis 25 gegen die drei weißen Steine am oberen Rand. Da die weiße Gruppe dadurch in der Mitte geschwächt wurde, spielt Weiß die Vorhände 26 und 28 zur Verstärkung und hilft schließlich mit 30 wieder der oberen Randgruppe. Schwarz verfolgt dessen ungeachtet das eigentliche Angriffsziel, die große weiße Mittelgruppe.

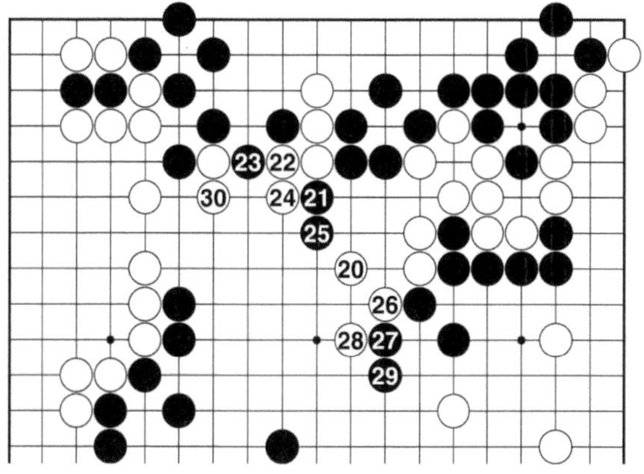

Abbildung 3

Abb. 4 – Die Partie IV

Das schwarze Nozoki 33 besetzt wieder einen wichtigen Angriffspunkt. Verteidigt Weiß mit 34 sofort auf 38, dann drückt und blockt Schwarz auf 35 und 41. Aber auch in der Partie kann Weiß 34 den Druck nicht entschärfen und während die weiße Gruppe nur noch wild herumstrampelt zieht sich das Netz der Umzingelung mit 35 und 37 immer dichter zu. Nach Schwarz 45 gibt Weiß auf.

Dieses Beispiel zeigt sehr gut, wie ein Angriff gegen eine einzelne schwache Gruppe ohne große Wirkung geblieben wäre, aber hier richtete sich der Angriff gegen zwei, drei schwache Gruppen gleichzeitig und so wurde am Ende eine von ihnen gefangen. Schauen wir uns weitere Beispiele an.

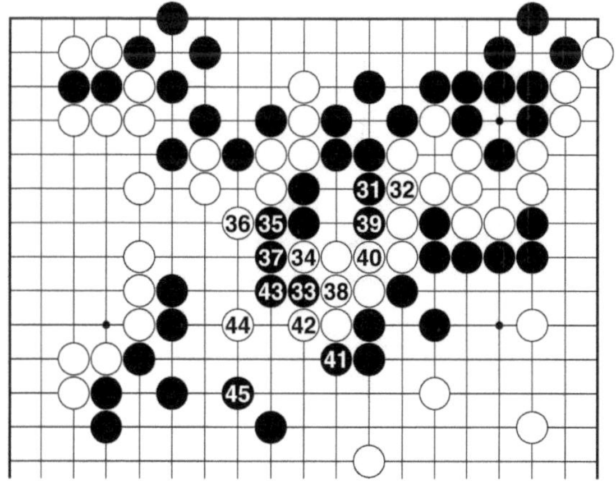

Abbildung 4

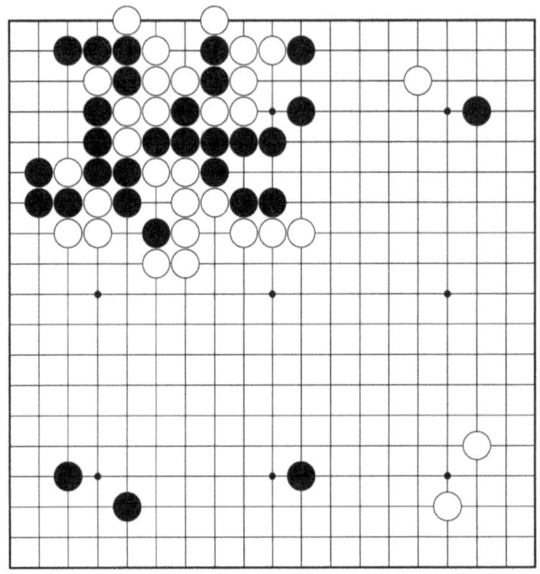

Beispiel 3

Beispiel 3 – Schwarz am Zug

Wenn sich die Möglichkeit bietet, eine Gruppe gefangen zu nehmen, dann ist es natürlich vernünftig, sich aufzumachen und sie zu fangen. Aber stürzt man Hals über Kopf los, ohne die möglichen Konsequenzen zu bedenken, dann besteht die Gefahr des Scheiterns. Vergessen Sie niemals Ihren Mitspieler – auch er verfolgt Pläne.

Sie werden schon erkannt haben, dass in diesem Beispiel die weiße Gruppe am oberen Rand noch nicht lebt. Prüfen Sie zuerst, ob ein direktes Vorgehen gegen diese Gruppe zu deren Gefangennahme führt. Wenn Sie feststellen, dass der Gruppe nicht so leicht beizukommen ist, dann probieren Sie es mit einem indirekten Angriff.

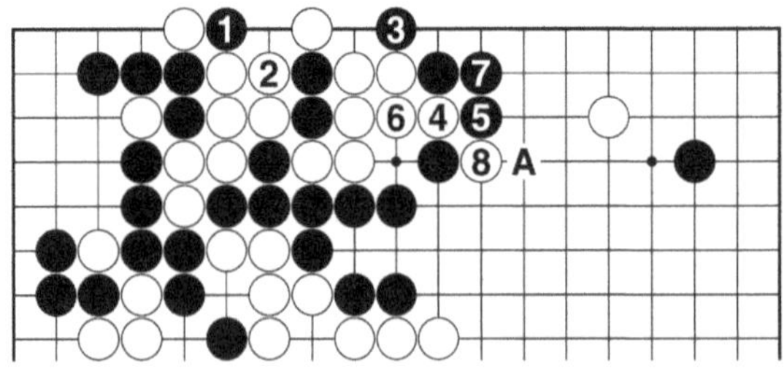

Abbildung 1

Abb. 1 – Nicht gefangen
Wenn Schwarz 1 und 3 die Gruppe sicher fangen würden, dann wäre die Sache schnell erledigt. Aber es droht Ungemach durch den weißen Gegenangriff mit 4 und 6. Verbindet Schwarz auf 7, um stur auf seinem Anspruch zu beharren, dann trennt Weiß mit 8 die schwarzen Gruppen und Schwarz bleibt keine Möglichkeit, die Situation zu retten. Die schwarze Verbindung auf 8, statt 7, ist natürlich besser, aber dennoch unbefriedigend, denn Weiß wird auf 7 schneiden und leben.

Schwarz 1 lässt sich folglich nicht sofort spielen. Aber wir haben erkannt, dass ein Zug in der Gegend um A Vorhand gegen die weiße Gruppe ist. Diese Erkenntnis soll als Grundlage für weitere Überlegungen dienen.

Abb. 2 – Nicht gut genug
Wie sieht es mit Schwarz 1 aus? Er zielt auf den Anleger 5 ab, lässt aber etwas Nachdruck vermissen. Nachdem Weiß mit 2 und 4 lebt, kann Schwarz den markierten Stein mit 5 nicht absolut sicher fangen. Daher ist das Ergebnis nicht gut genug.

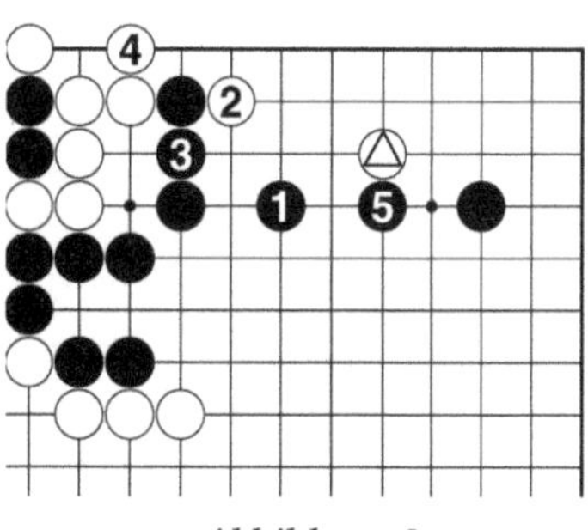

Abbildung 2

Abb. 3 – Korrekt
Eine Linie weiter ist für Schwarz 1 der richtige Punkt. Leistet Weiß mit 2 und 4 Widerstand, so antwortet Schwarz auf 3 und 5 und wird schließlich, nach Weiß 6, die weiße Randgruppe mit 7 fangen. Jetzt kann Schwarz auf 13 decken ohne den Schnitt auf A fürchten zu müssen. Dies alles wird durch den indirekten Angriff auf 1 möglich. Spielt Weiß 12 auf B, gefolgt von Schwarz C und Weiß D, so entsteht ein Ko. Doch Schwarz darf zuerst schlagen und da Weiß über keine Ko-Drohung verfügt, wird er verlieren.

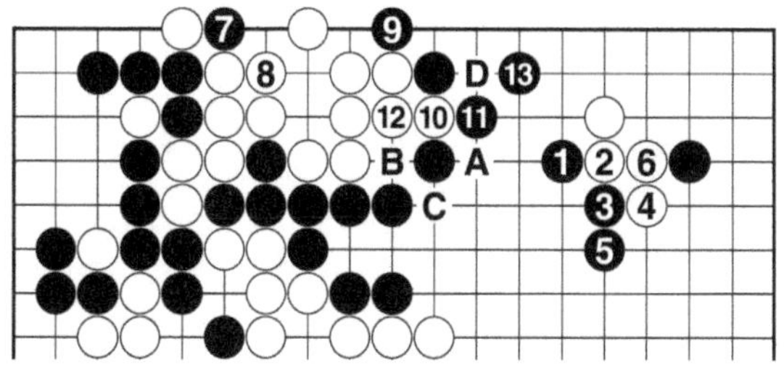

Abbildung 3

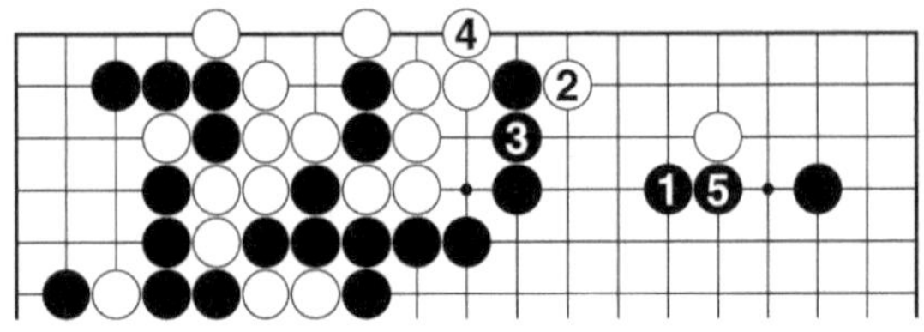

Abbildung 4

Abb. 4 – Tausch

Weiß bleibt daher nichts anderes übrig, als Leben mit 2 und 4 gegen Schwarz 5 einzutauschen, der nun den einzelnen weißen Stein sicher einsammelt. Der indirekte Angriff war somit erfolgreich. Sie werden sicher zustimmen, dass diese Abbildung, verglichen mit Abbildung 2, ein besseres Ergebnis für Schwarz bringt.

Beispiel 4 – Schwarz am Zug

Dies ist die Fortsetzung der Partie von Seite 22. Die Fragestellung lautet, wie man einen Angriff führt, um den einzelnen weißen Stein am unteren Rand und die Gruppe darüber zu trennen und zu attackieren. Sie müssen Weiß also davon abhalten, zu verbinden; aber beachten Sie, die weißen Steine können sehr flexibel reagieren. Darüber hinaus sollten Sie versuchen, mit dem Angriff Stärke und Einfluss aufzubauen.

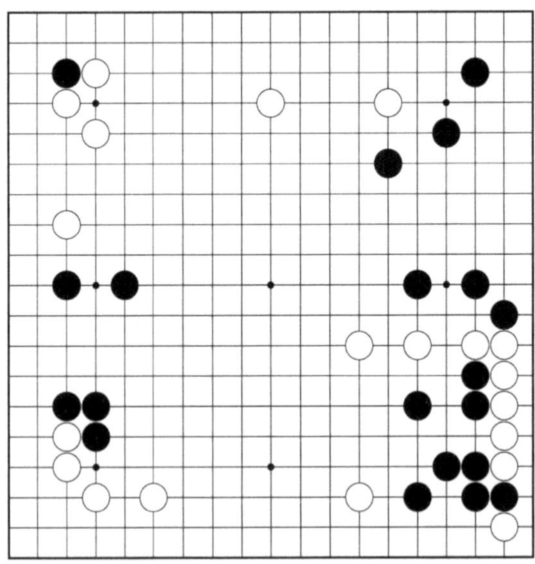

Beispiel 4

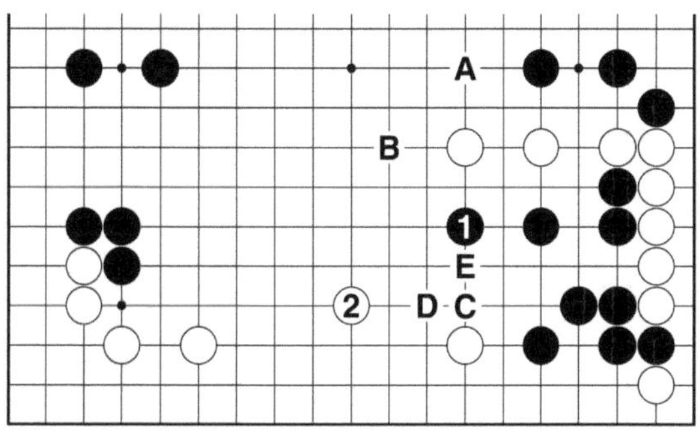

Abbildung 1

Abb. 1 – Fehler

Das einfache Trennen mit Schwarz 1 ist natürlich der erste Gedanke, aber Weiß wird mit 2 verteidigen und viel mehr kann man dann schon nicht mehr unternehmen. Wenn Schwarz jetzt auf A angreift, springt Weiß einfach auf B davon und es zeigt sich, dass der Angriff wirkungslos ist. Versucht Schwarz es dagegen mit 1 auf C, dann sieht das schon ernsthafter aus, aber dieser Zug ist ebenfalls zweifelhaft. Weiß antwortet mit D, dann Schwarz E und wieder springt Weiß auf 2 und freut sich über eine komfortable Position am unteren Brettrand. Wir müssen folglich etwas Anderes versuchen.

Abb. 2 – Auf die Schulter

Der Schulterangriff mit Schwarz 1 ist korrekte Zug. Er behindert die Entwicklungsmöglichkeiten des markierten Steins und ist daher der schärfste Zug. Drückt Weiß mit 2 nach oben, dann blockt Schwarz auf 3 und kontert den weißen Schnitt auf 4 mit 5. Nach Schwarz 7 und 9 stehen ihm zwei vorzügliche Fortsetzungen auf A und B zur Auswahl. Weiß bricht zusammen.

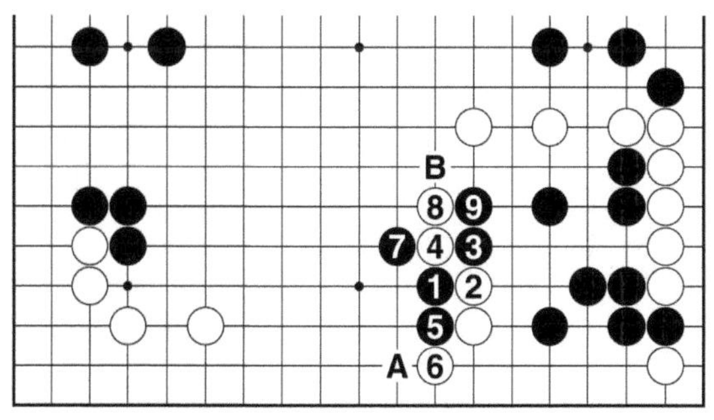

Abbildung 2

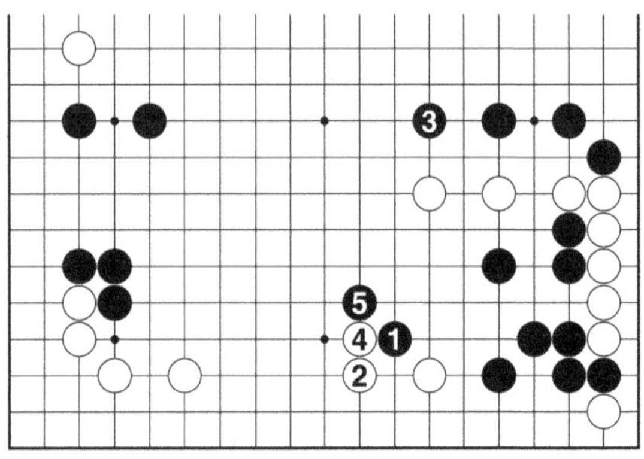

Abbildung 3

Abb. 3 – Die Partie I

In der Partie beantwortete Weiß den Schulterangriff auf 1 mit 2. Mit der Wahl dieses Zuges möchte Weiß vermeiden, dass Schwarz unnötig gestärkt wird. Es ist daher die beste Antwort, aber Schwarz 3 nimmt nun den Angriff auf. Es sollte klar geworden sein, dass Weiß aufgrund von Schwarz 1 seine Gruppen nicht verbinden kann.

Abb. 4 – Die Partie II

Spielt Weiß 1 auf 2, dann streckt Schwarz auf A, was einen unmittelbaren Effekt auf die obere weiße Gruppe hat. Daher spielt Weiß auf 1, um die schwarze Reaktion abzuwarten, der nun die entscheidenden Punkte 2 und 4 besetzt. Schwarz 6 nimmt Weiß die Basis für Augenraum in der Ecke und das schwarze Nozoki 8 lässt den Kampf sehr einseitig aussehen.

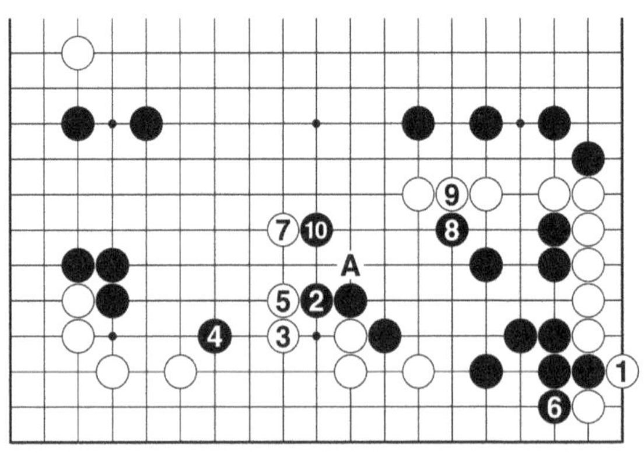

Abbildung 4

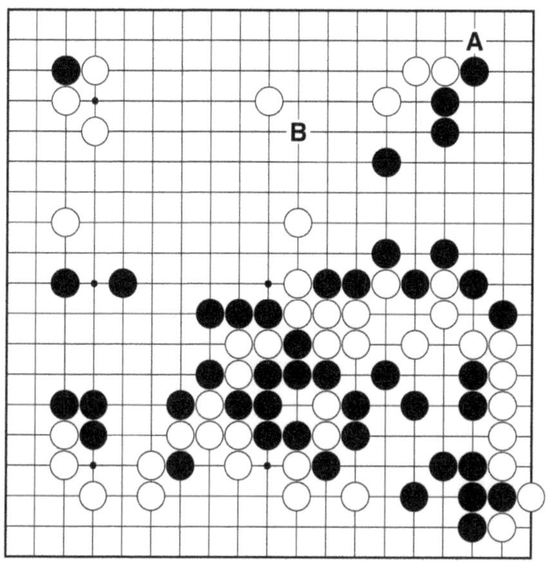

Beispiel 5

Beispiel 5 – Schwarz am Zug
Die Partie aus dem letzten Beispiel entwickelte sich wie hier gezeigt weiter. Der schwarze Angriff läuft auf seinen Höhepunkt zu, auf dem die weiße Stellung zusammenbricht.

Mit einem entscheidenden Schlag können Sie die Partie jetzt gewinnen. Offensichtlich ist das Ziel die große weiße Gruppe, die sich von der unteren rechten Ecke in die Brettmitte hinaufzieht. Aber je nachdem wie Weiß auf Ihren Angriff reagiert, sollten Sie vorbereitet sein, auch Profit am oberen Rand anzunehmen.

Züge wie Schwarz A, die nur auf Gebiet abzielen, sind nicht die, die wir hier suchen. Weiß wird auf B verteidigen und so die Partie zu seinen Gunsten kippen.

Abb. 1 – Einbruch in den oberen Rand
In der Partie spielte Schwarz 1, um die weißen Gruppen zu trennen. Weiß konnte leider nicht widerstehen, auf A anzulegen, und dem darauf folgenden schwarzen Schnitt auf 2 hielt die weiße Gruppe in der Brettmitte nicht Stand.

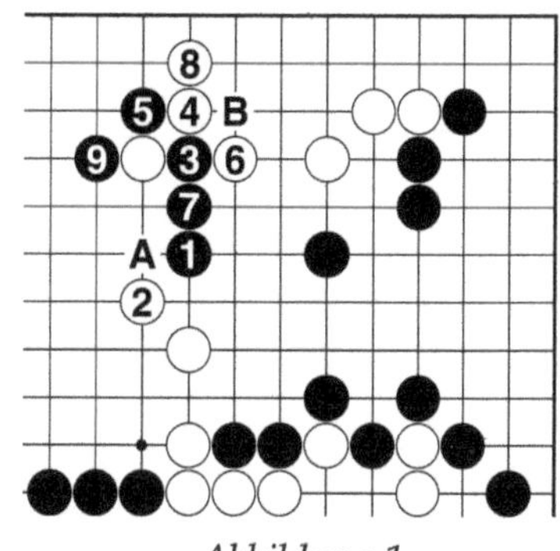

Abbildung 1

Weiß bleibt keine andere Wahl als mit 2 fortzulaufen. Schwarz spielt mit 3 und 5 einen indirekten Angriff mit dem Ziel, die Umzingelung der weißen Gruppe vorzubereiten. Antwortet Weiß mit 6 auf 9, dann bricht Schwarz mit einem Atari auf B in den oberen Rand durch. Streckt Weiß dagegen nur auf B zurück, gibt Schwarz wieder auf 9 Atari und der Angriff war erfolgreich.

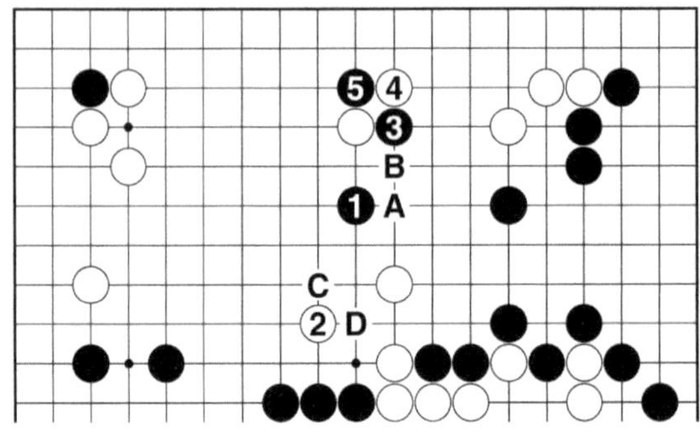

Abbildung 2

Abb. 2 – Ein anderer Weg

Schwarz 1 in der letzten Abbildung war nicht der einzige richtige Zug; Schwarz 1 hier ist ebenfalls korrekt. Auch hier darf Weiß sich nicht verleiten lassen, mit A Widerstand zu leisten, da Schwarz auf B antworten wird. Stattdessen muss Weiß mit 2 weglaufen und Schwarz wird mit 3 und 5 wieder den indirekten Angriff ausführen. Man beachte, dass Weiß 2 auf C das Nozoki auf D zur Folge hat.

Abb. 3 – Weitere Möglichkeiten

Neben den Zügen in Abbildung 1 und 2 können auch Züge auf A oder B in Erwägung gezogen werden, da Weiß – mit einer schwachen Gruppe belastet – sich keinen großen Widerstand leisten kann. Wenn Weiß die Mittelgruppe verteidigt, dann hat Schwarz die Möglichkeit, stärker gegen den markierten Stein vorzugehen. Das ist ein gutes Beispiel für einen indirekten Angriff.

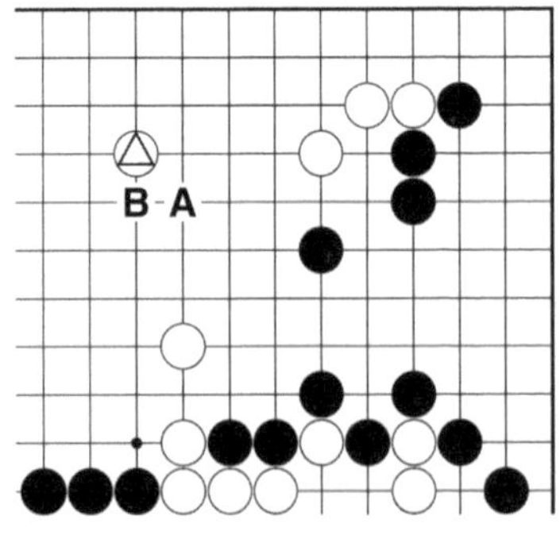

Abbildung 3

Abb. 4 – Zweifelhaft
Schwarz 1 ist, obwohl man ihn auch zu den indirekten Angriffen zählen kann, zweifelhaft, da er Weiß 2 provoziert. Der Nachteil besteht darin, dass Weiß sich auf diese Weise stärkt. Es versteht sich von selbst, dass man auch im Rahmen eines indirekten Angriffes den jeweils richtigen, der Situation angepassten Zug finden muss.

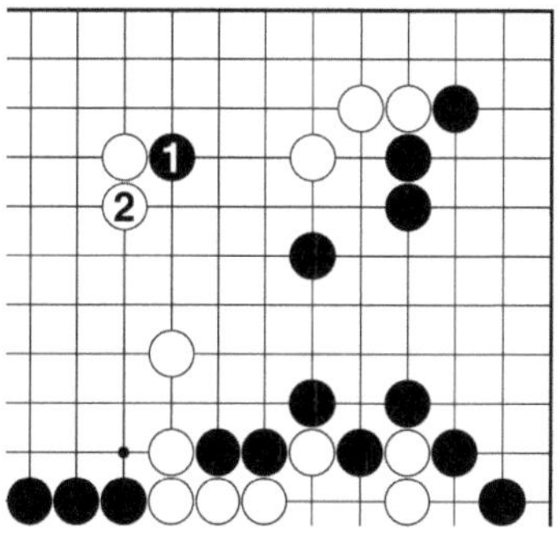

Abbildung 4

Beispiel 6 – Schwarz am Zug
Dies ist ein relativ schwieriges Beispiel, aber lassen Sie uns wenigstens gemeinsam erarbeiten, wie man an solche Probleme herangeht.

Das Zielobjekt ist recht offensichtlich die Gruppe am unteren Brettrand. Es besteht jedoch die Möglichkeit, nach oben zu verbinden oder auf A anzulegen; somit ist die Gruppe nicht direkt angreifbar. Einen Angriff gegen die Gruppe am oberen Rand zu lancieren und zu sehen, wie Weiß reagieren wird, ist eine schöne Vorbereitung für einen Angriff gegen die Gruppe am unteren Brettrand.

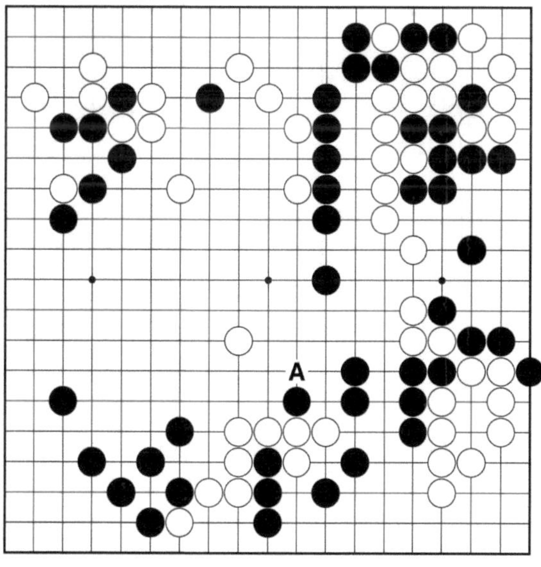

Beispiel 6

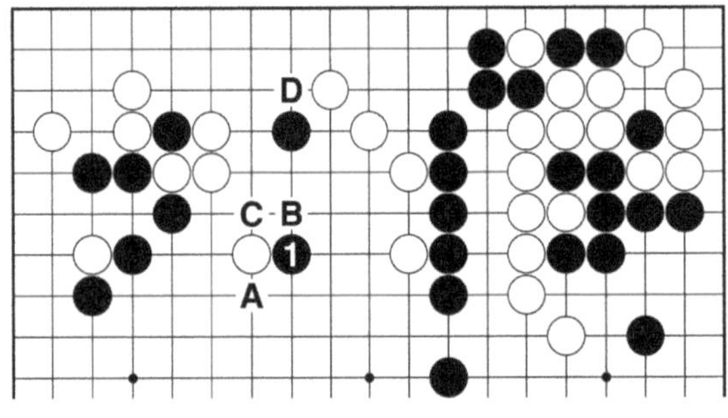

Abbildung 1

Abb. 1 – Ablenkung
Schwarz sollte auf 1 beginnen. Es mag schwer zu erkennen sein, welchen Effekt dieser Zug auf die Gruppe am unteren Brettrand hat, aber er ist ein klassisches Beispiel für eine indirekte Attacke. Nicht antworten und Schwarz auf A umbiegen lassen, ist schlecht für Weiß, daher muss er auf 1 antworten. Nur wie antworten – das ist eine schwierige Frage. Entscheidet Weiß sich für B, dann macht Schwarz A gute Form; spielt er C, dann hat Schwarz einen freien Zug bekommen, den Weiß beantwortet hat. Entscheidet sich Weiß für A, dann hat Schwarz verschiedene Optionen, zum Beispiel das Blocken auf D.

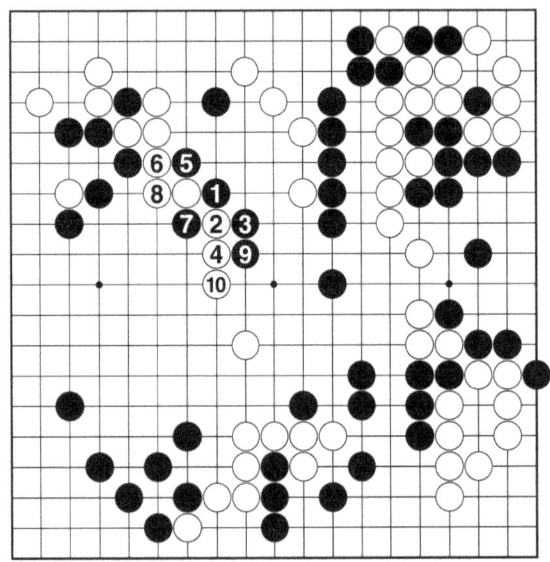

Abbildung 2

Abb. 2 – Verbindung?
In der Partie widerstrebte es Weiß, Schwarz so einfach einen freien Zug zuzugestehen, und er konterte mit 2. Die Abfolge bis 9 lief so, wie man es erwarten konnte. Es scheint, als ob es Weiß gelingen würde, die beiden Gruppen in der Brettmitte zusammenzuführen und zu verbinden. Aber der nächste Zug von Schwarz verhindert dies.

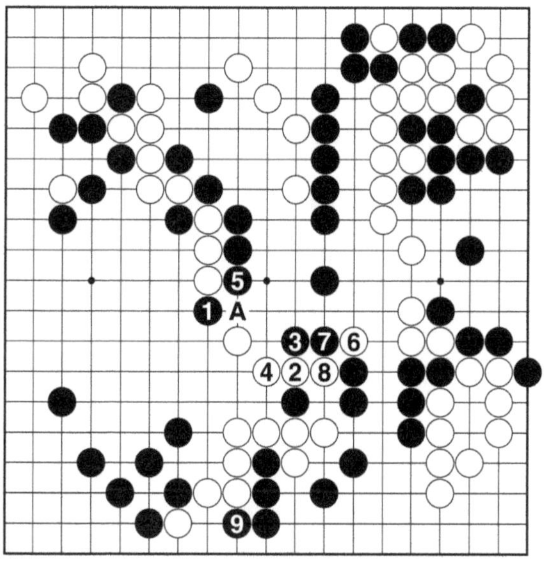

Abbildung 3

Abb. 3 – Entscheidend
Schwarz 1 ist ein Donnerschlag. Spielt Weiß nun A, dann schneidet Schwarz auf 5 und weil die Treppe nicht läuft, bricht Weiß zusammen. Antwortet Weiß auf 5, dann ist das Ergebnis ähnlich, denn Schwarz streckt nun auf A.
Da es hier keinen guten Zug für Weiß gibt, muss er versuchen, mit Weiß 2 zwei Augen zu bauen. Aber Schwarz 3 lässt Weiß nicht so leicht davonkommen und erzwingt Weiß 4. Es folgt Schwarz 5 und in der Abfolge bis 9 gelingt es Weiß nicht, das Leben für die Gruppe zu sichern. Weiß gibt auf.

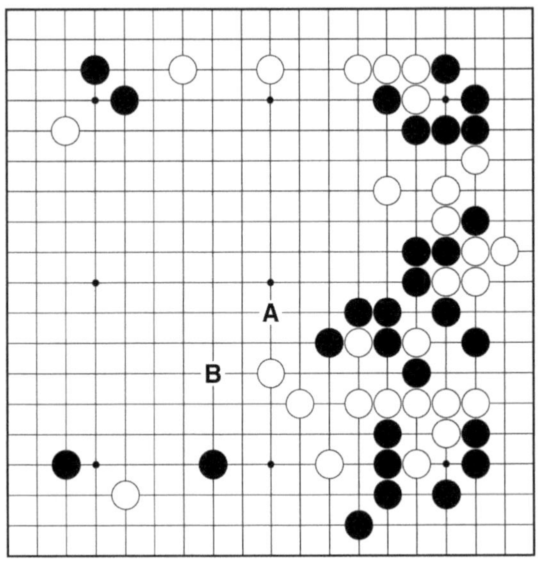

Beispiel 7

Beispiel 7 – Schwarz am Zug
Die wichtigste Frage, die sich im Mittelspiel stellt, ist, *was* kommt als Angriffsziel in Frage und *wie* greift man es richtig an.

Wo sind denn zum Beispiel die Schwachstellen der weißen Gruppe am rechten Brettrand? Ein kraftvoller Angriff wäre zum Beispiel Schwarz A, um Weiß auf B herauszutreiben und dann eine Attacke gegen den einzelnen weißen Stein am unteren Rand als indirekten Angriff zu nutzen.

Ich hatte jedoch beschlossen, erst den einzelnen Stein anzugreifen, um später die große weiße Gruppe ins Visier zu nehmen.

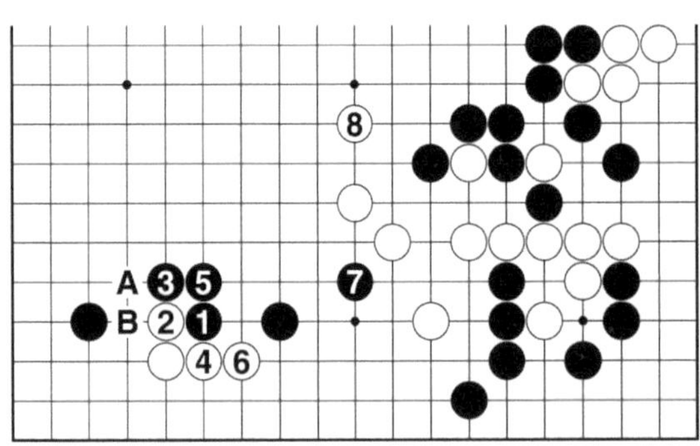

Abbildung 1

Abb. 1 – Vorbereitung für Schwarz 7
Ich eröffnete die Operation mit dem Schulterangriff auf 1. Antwortet Weiß auf Schwarz 3 mit A, dann ist der Schnitt auf B die natürliche Fortsetzung. Schneidet Weiß nach Schwarz 3 auf 5, dann ist Schwarz A ausreichend. Es bleibt also nur Weiß 4.

Nachdem Weiß mit 6 den Formpunkt der Stellung besetzte, war es mir möglich, den drohenden Schnitt mit einem Zug auf 7 zu verteidigen. Dieser Zug ist gleichzeitig ein direkter Angriff gegen die große weiße Gruppe und entsprach der Entwicklung, die ich mir heimlich erhofft hatte. Weiß 8 kann als der Verlustbringer bezeichnet werden, denn er macht den schwarzen Angriff auf 7 zu einem guten Zug.

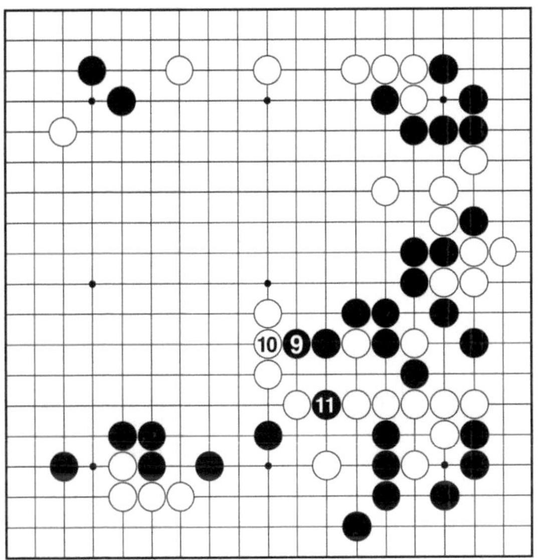

Abbildung 2

Abb. 2 – Trennung und Gefangennahme
Weiß 10 ist vermutlich als Antwort auf das schwarze Nozoki 9 unvermeidbar. Schwarz 11 unmittelbar darauf ist der Dolchstoß, der den Gegner trennt und die sieben Steine zur Rechten fängt. Gleich wo Weiß nun Atari spielt, von oben oder unten, es ist ihm nicht möglich, auf beiden Seiten gleichzeitig zu verbinden. Ganz klar, der schwarze Angriff war ein großer Erfolg.

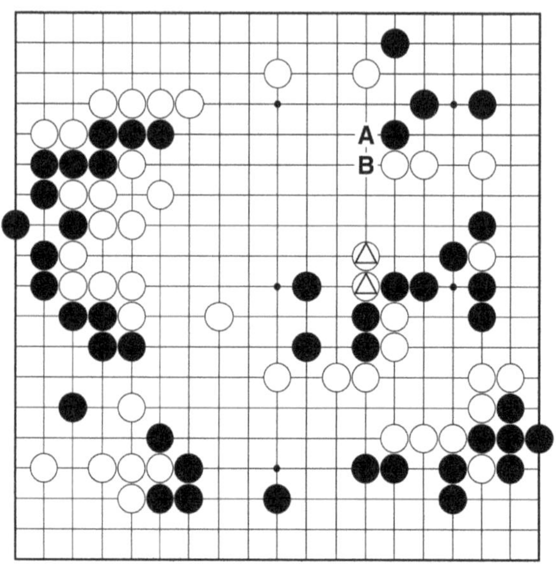

Beispiel 8

Beispiel 8 – Schwarz am Zug
Diese Partie erreicht hier ihren Höhepunkt. Wie sieht der entscheidende Angriff aus, um die Hand voll weißer Steine am rechten Rand zu überwältigen?

Es gibt zwei oder drei Möglichkeiten für den nächsten Zug, so ist es eher eine Frage der intuitiven Entscheidung, ob Sie die zwei markierten Steine fangen oder die Gruppe aus drei Steinen. Auf jeden Fall ist auch Ihre Lesefähigkeit von Bedeutung.

Das Strecken auf A oder das Umbiegen auf B sind keinesfalls schlecht, aber es gibt einen Weg, die Drei-Steine-Gruppe durch einen indirekten Angriff gegen die markierten Steine zu fangen.

Abb. 1 – Der entscheidende Zug
Schwarz 1 ist das so genannte „Nasen-Tesuji", denn er setzt direkt auf die Nasenspitze des Gegners. Dieser Zug ist entscheidend. Antwortet Weiß mit dem Umbiegen nach innen, dann schneidet Schwarz auf 3. Das ist gut für Schwarz, denn Weiß traut sich nun nicht mehr, irgendetwas zur Rettung der zwei weißen Steine im Zentrum zu unternehmen.

Abb. 2 – Der zweite, entscheidende Zug
In der Partie spielte Weiß mit 2 das Hane auf der äußeren Seite. Natürlich hat Schwarz auch darauf eine Antwort – Schwarz 3, den zweiten entscheidenden Zug.

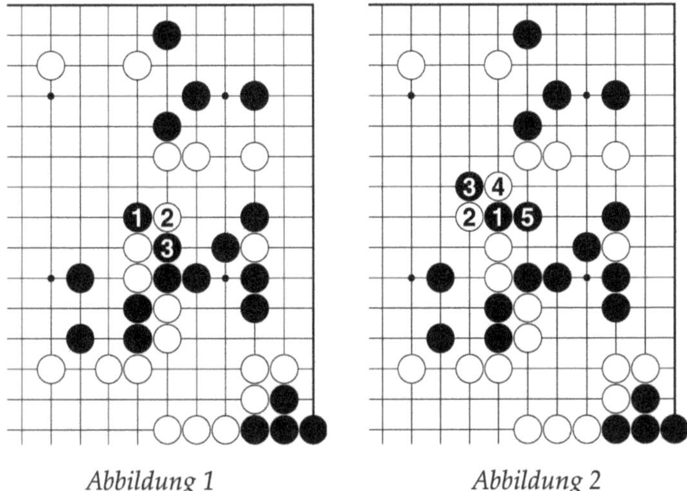

Abbildung 1 *Abbildung 2*

Abb. 3 – Einbahnstraße

Ungeachtet des weißen Widerstandes auf 8 ist die mit Schwarz 9 beginnende Sequenz eine Einbahnstraße, die in den Untergang von Weiß in Abbildung 4 führt. Nach dem Schnitt auf 15 fängt Schwarz mit 17 einen Stein, was Weiß zur Verbindung auf 18 zwingt. Schwarz 19 drückt noch einmal und erzwingt Weiß 20. Nun ist der Weg frei für Schwarz 21, der die weiße Gruppe am rechten Rand erfolgreich gefangen nimmt. Die Kosten dafür sind der vertretbare Verlust der vier schwarzen Steine im Zentrum. Keine anderen Züge lösen diese Aufgabe so brillant wie Schwarz 1 in Abbildung 1 und Schwarz 3 in Abbildung 2.

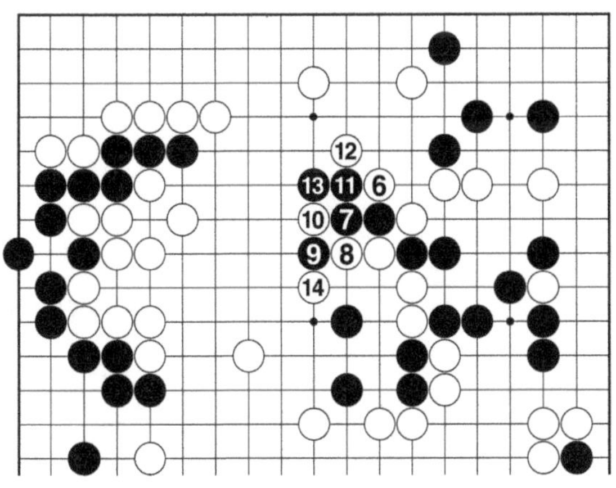

Abbildung 3

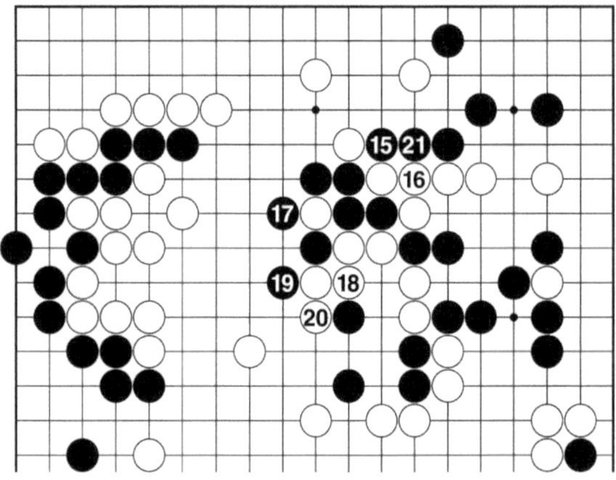

Abbildung 4

Beispiel 9 – Schwarz am Zug
Diese Stellung entstammt nicht einer meiner Partien, aber sie entstand zwischen zwei hochrangigen Profi-Spielern. Im Mittelpunkt des Interesses für einen Angriff stehen die beiden markierten Steine. Die meisten Go-Spieler würden sofort an einen direkten Angriff mit einem Keima auf A denken; zweifellos, das ist ein guter Zug. Aber wird Weiß mit diesen zwei Steinen sofort loslaufen?

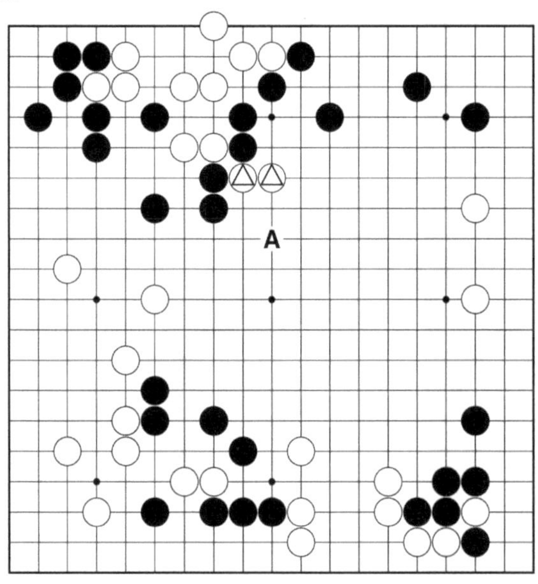

Beispiel 9

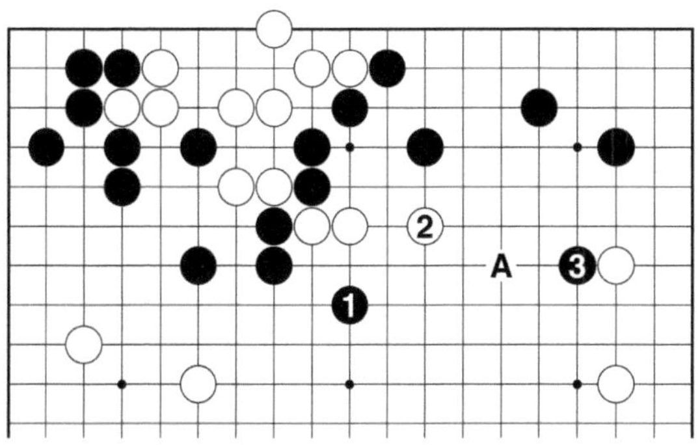

Abbildung 1

Abb. 1 – Zu klein
Springt Weiß als Antwort auf den schwarzen Keima-Angriff mit 2 davon, so stellt Schwarz 3 einen guten indirekten Angriff zur Umzingelung der drei fliehenden Steine dar. Aber Weiß wird sicher nicht auf 2 setzen, sondern eine leichte und flexible Spielweise wie A bevorzugen. Die zwei weißen Steine werden daraufhin sicher gefangen, aber der Verlust bleibt gering für Weiß.

Abb. 2 – Angriff aus der Ferne
Schwarz 1, ein Angriff aus der Ferne, ist das aggressivste Vorgehen gegen die zwei Steine. Antwortet Weiß mit dem Umbiegen auf 2, dann blockt Schwarz auf 3 um gute Form zu machen. Verbindet Weiß nun auf 4, dann verlängert Schwarz auf 5 und ein dunkler Schatten legt sich über die beiden weißen Steine im Zentrum. Schiebt Weiß erst das Atari auf 5 ein, so verbindet Schwarz auf A und freut sich auf die Gelegenheit, auf B zu schneiden und einen Kampf zu beginnen. Antwortet Weiß gleich mit 2 auf A, dann ist der Schnitt auf 3 gut genug für Schwarz.

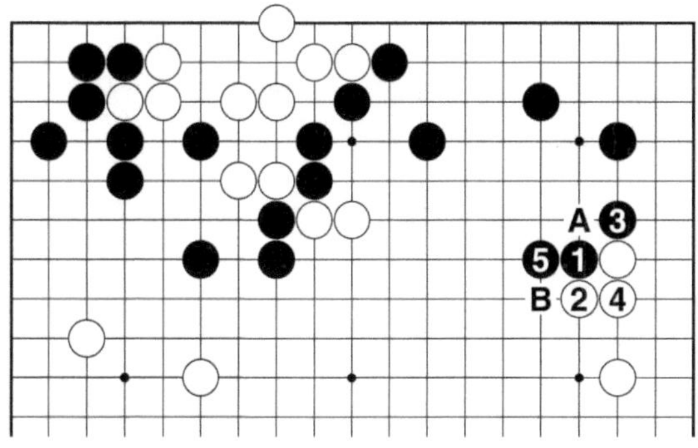

Abbildung 2

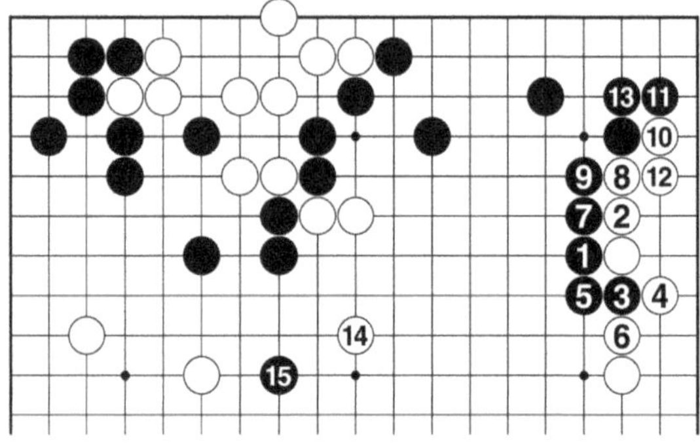

Abbildung 3

Abb. 3 – Harter Kampf
Weiß entschied sich in der Partie für 2. Die Sequenz von Schwarz 3 bis 13 endete zwar in Nachhand für Schwarz, aber es ist ihm gelungen, eine große und solide Wand zu errichten, die eine ernste Bedrohung für die weißen Steine darstellt. Weiß muss mit 14 fliehen, aber Schwarz 15 setzt den Angriff – die Stärke der Wand ausnutzend – großräumig fort und Weiß ist hier deutlich in der unterlegenen Position.

Abb. 4 – Zurückhaltend
Schwarz 1 hat ebenfalls die Absicht, die zwei Steine aus der Ferne anzugreifen, aber dieser Zug ist bei weitem nicht so effektiv. Die Stärke, die Schwarz mit 3 bis 7 aufbaut, ist deutlich weniger bedrohlich als in den Abbildungen 2 und 3. Wenn Weiß nun mit 8 herausspringt, lässt sich keine gute Fortsetzung für einen Angriff finden.

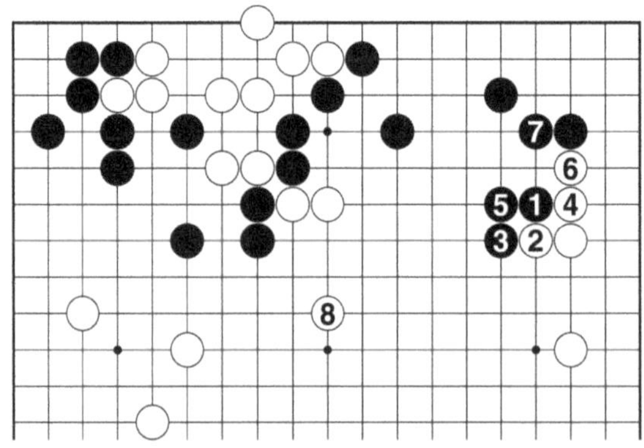

Abbildung 4

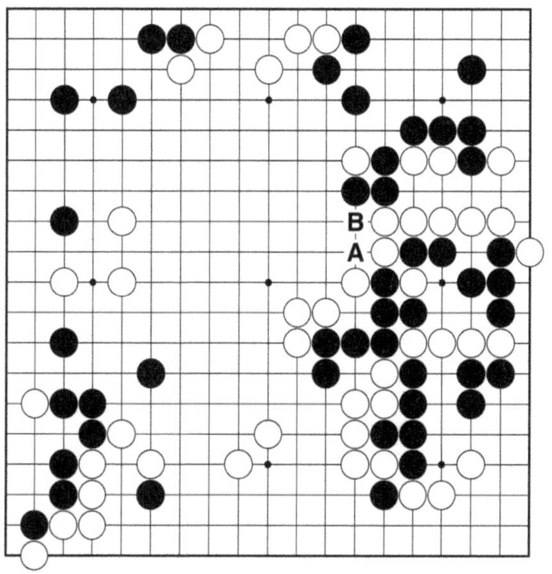

Beispiel 10

Beispiel 10 – Schwarz am Zug

Sehen Sie zum Schluss ein wirklich gutes Beispiel für einen Doppelangriff. Wenden wir zuerst unsere Aufmerksamkeit der weißen Gruppe am oberen Rand zu. Sie kann attackiert werden, aber sie sollte keine Schwierigkeiten haben, jederzeit zwei Augen zu bilden. Eine weitere Prüfung der Stellung lässt einen Schnitt auf A erkennen. Dies wollen wir ausnutzen. Doch ein direkter Schnitt auf A wird wegen der weißen Antwort auf B scheitern. Natürlich ist ein Nozoki auf den Schnitt, den Weiß dankbar deckt, eine komplette Verschwendung und sollte gar nicht erst in Erwägung gezogen werden.

Sie müssen also einen Angriff gegen die Gruppe am oberen Rand forcieren, der Ihnen den Schnitt auf A ermöglicht. Der erste Zug muss den Angriffspunkt nehmen, der den Augenraum der weißen Gruppe ernsthaft bedroht.

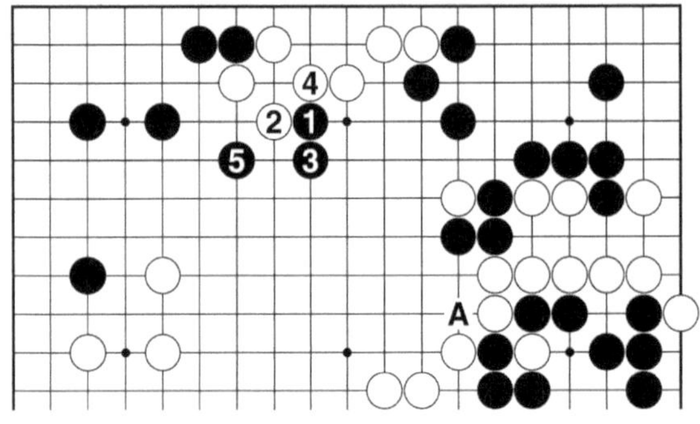

Abbildung 1

Abb. 1 – Das Augen-stehlende Tesuji
Schwarz 1 ist hier richtig, denn es ist das Augen-stehlende Tesuji. Auch wenn Weiß nach dem Abtausch 2 für 3 auf 4 zurückkommt, das Auge auf der linken Seite bleibt unecht. Das Niederdrücken mit Schwarz 5 täuscht vor, die weiße Gruppe vollends fangen zu wollen, aber dieser Zug hat nur die Absicht, den Schnitt auf A zu ermöglichen – das mag Ihnen weit hergeholt erscheinen, aber versuchen Sie die folgende Sequenz unter diesem Aspekt zu betrachten.

Abb. 2 – Ein schöner Plan
Weiß 6 und 8 sind die einzigen Züge. Schwarz 9 erzwingt das Decken auf 10 und mit 13 entfaltet sich der schöne Plan. Das Schneiden von Weiß auf 14 zuzulassen, sieht wie ein dummer Fehler aus, aber...

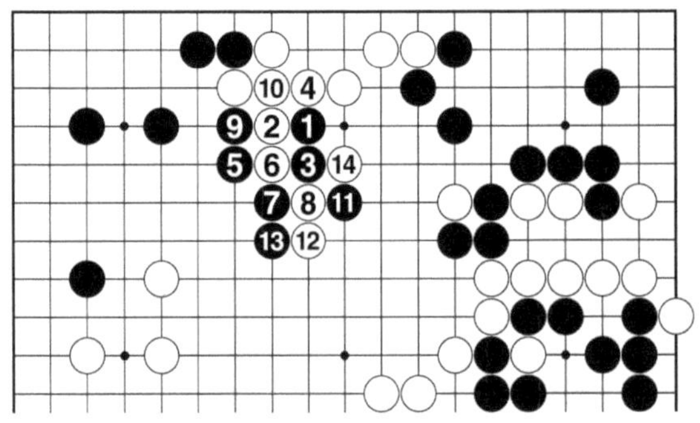

Abbildung 2

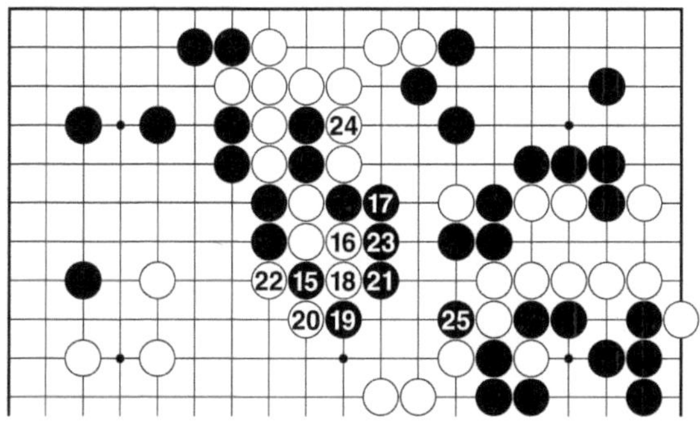

Abbildung 3

Abb. 3 – Das Ausquetschen
Die schwarzen Züge auf 15 und 17 lassen das Bild klarer werden und die Schnittdrohung wird zu einer ernsten Gefahr. Weiß 18 ist erzwungen, Schwarz biegt auf 19 um, gefolgt vom Ausquetschmanöver auf 21 und 23. Schließlich schneidet Schwarz auf 25 – das Ende der Geschichte.

Ich möchte nicht unerwähnt lassen, dass dies wieder ein Beispiel aus meinen eigenen Partien war.

Abb. 4 – Der falsche Weg
Zurück zum Anfang, Schwarz 1 hier ist der falsche Angriffspunkt. Er lässt Weiß auf 6 schneiden, was ihm eine sichere Verbindung zur Gruppe am linken Rand garantiert.

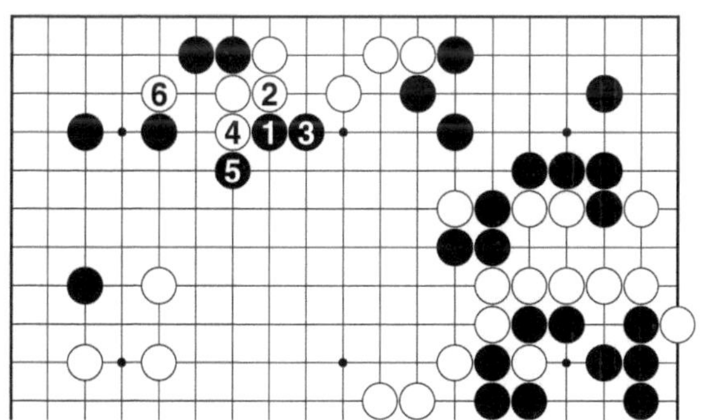

Abbildung 4

TESTEN SIE SICH SELBST!

Kapitel II

Im ersten Kapitel haben wir uns die Grundlagen für erfolgreiche Angriffe angesehen und ich bin sicher, Sie haben die wiederkehrenden Muster erkannt und verstanden.

Die folgenden Probleme sind nahezu allesamt aus meinen eigenen Partien entnommen und könnten sich daher für einen Anfänger als schwierig erweisen. Dennoch kann jeder von diesen Beispielen lernen, indem er die Antworten und Lösungen studiert.

Sie sollten nicht nur den ersten Zug suchen, sondern versuchen, auch die konsequenten Folgezüge zu finden. Wenn Sie auch nur die Hälfte der Probleme verstehen, sind Sie schon auf dem besten Weg zu einem echten „Killer".

Also, auf in den Kampf!

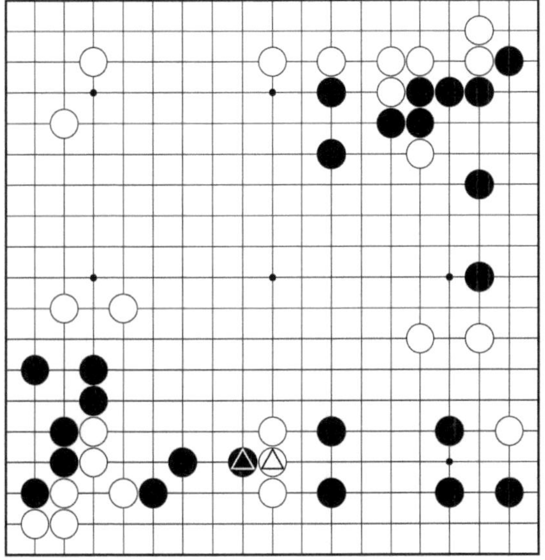

Problem 1

Problem 1 – Schwarz am Zug

Ihr erster Gedanke

Schwarz spielte zuletzt das Nozoki am unteren Rand, woraufhin Weiß mit der Verbindung geantwortet hat (markierte Steine). Das sollte Ihnen eine Hilfe sein. Was ist Ihr erster Gedanke, wo Schwarz spielen sollte, um die drei weißen Steine anzugreifen?

Beachten Sie ruhig nur die untere Hälfte des Brettes. Es ist nicht nötig, die obere Bretthälfte miteinzubeziehen, aber werfen Sie ein Auge auf die weiße Gruppe am rechten Rand.

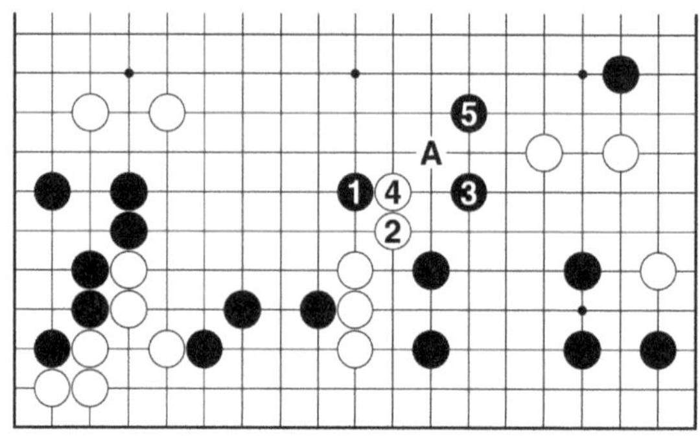

Abbildung 1

Den Fluchtweg in die Brettmitte blockieren

Abb. 1 – Trennen
Schwarz 1, was den Gegner davon abhält, ins Zentrum zu laufen, ist die richtige Lösung. Verschiedene weiße Antworten können in Erwägung gezogen werden. Wenn Weiß mit 2 herausläuft, jagt Schwarz ihn mit dem Keima 3 und springt auf 5, um gleichzeitig die Gruppe am rechten Rand anzugreifen.

Abb. 2 – Der Angriffspunkt
Da Weiß einen schwarzen Zug auf 6 nicht tolerieren kann, muss er selbst hier spielen. Das erlaubt Schwarz, mit 7 einen anderen Angriffspunkt zu besetzen. Nun wird es schwierig für Weiß, am rechten Rand zu leben.

Machen Sie sich bewusst, welches Konzept hinter dem schwarzen Angriff 1, 3 und 5 im letzten Diagramm steht. Schwarz 3 auf A wäre ebenfalls ein kraftvoller Zug, aber längst nicht so listig und gerissen wie Schwarz 3 in der Abbildung.

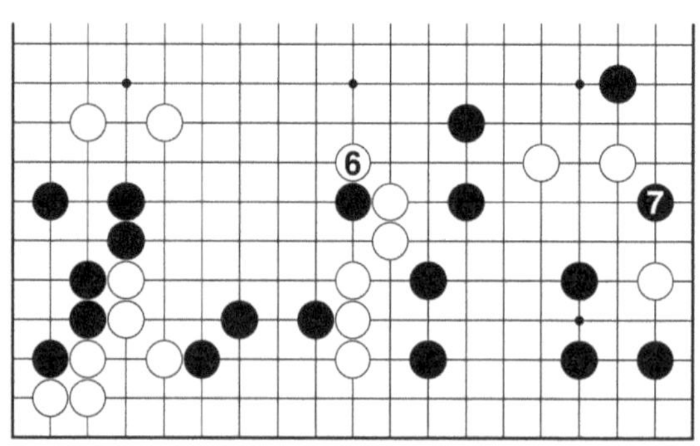

Abbildung 2

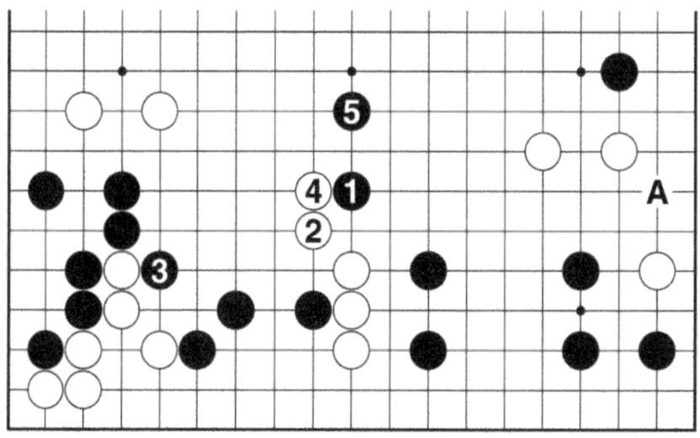

Abbildung 3

Abb. 3 – Angemessen

Da die Ergebnisse in den beiden letzten Abbildungen für Weiß furchtbar waren, muss er überlegen, mit 2 auf der anderen Seite herauszulaufen. Für Schwarz ist es ausreichend zu verteidigen, zum Beispiel auf 3. Er vermeidet auf diese Weise eine gefährliche Jagd. Läuft Weiß auf 4 weiter, dann springt Schwarz auf 5 und hat noch immer die Option, später auf A zu invadieren.

Abb. 4 – Suboptimal

Auf Schwarz 1 anzugreifen ist ebenfalls eine gute Idee, aber nachdem Weiß den Angriff mit 2 und 4 beantwortet hat, führt Weiß 6 plötzlich zu einem Tausch der Rollen von Jäger und Gejagtem.

Sieht man von diesem unangenehmen Effekt auf der linken Seite ab, dann kann Schwarz sich über eine beachtliche Stärke im Zentrum freuen, die die Invasion auf A zu einer ernstzunehmenden Drohung macht.

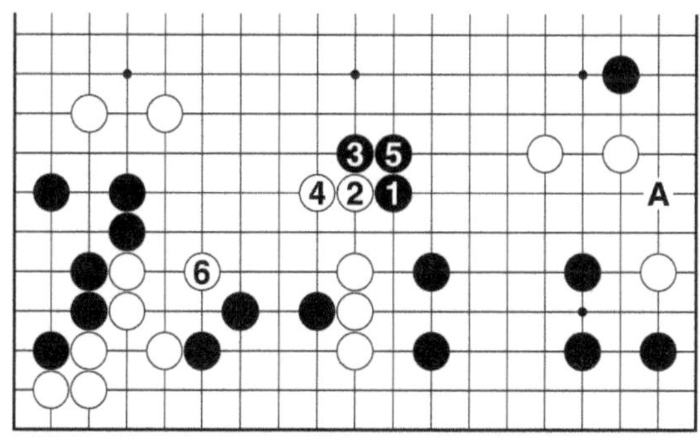

Abbildung 4

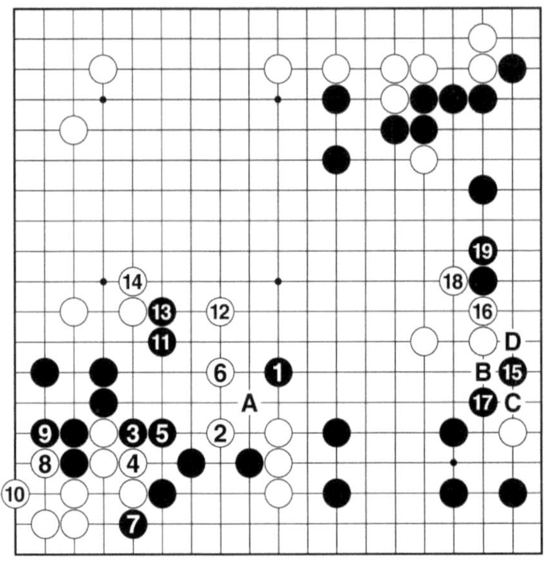

Abbildung 5

Abb. 5 – Die Partie
Weiß beantwortete den schwarzen Angriff auf 2, um die drei schwarzen Steine unter Druck zu setzen. Schwarz deckte solide auf 3 und sicherte so die Verbindung.

Da Weiß auf 6 weglaufen muss, nutzt Schwarz mit 7 die Zeit, um Weiß zu einem kleinen Leben in der Ecke zu zwingen. Danach trennt er die äußeren weißen Gruppen mit 11 und 13. Die weiße Gruppe in der Brettmitte scheint entkommen zu sein, aber Schwarz kann später mit einem Zug auf A noch Schnitte erzeugen.

Zuerst besetzt Schwarz jedoch den Angriffspunkt 15. Weiß bleibt nicht viel übrig, als mit 16 das Beste aus der Situation zu machen und eine leichte, flexible Form zu finden. Weiß 16 auf B scheitert an Schwarz C, und Weiß auf 17 wird mit dem Zug Schwarz D beantwortet, der der gesamten weißen Gruppe die Basis nimmt.

Das Fangen mit Schwarz 17 ist eine gute Fortsetzung. Obwohl Weiß den Formpunkt auf 18 bekommt, ist Schwarz 19 eine ernste Gefahr, da er einen Angriff auf die gesamte weiße Gruppe vorbereitet. Kurz, der schwarze Angriff auf 1 brachte einen überwältigenden Erfolg.

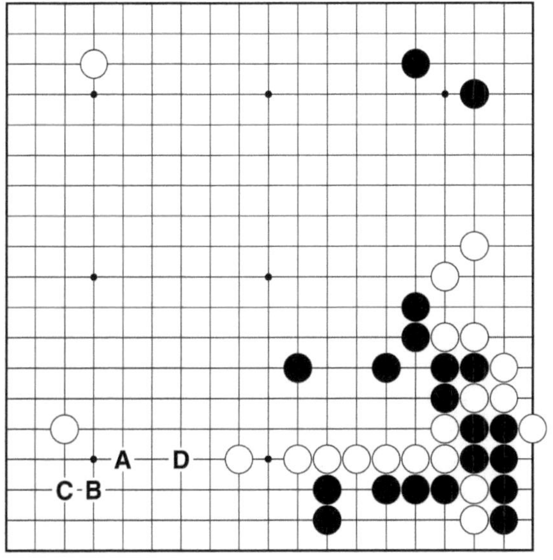

Problem 2

Problem 2 – Schwarz am Zug

Wie sich annähern?

Das Mittelspiel beginnt. Es ist nicht ganz klar, welche Gruppe hier attackiert werden soll, aber sicher ist, wer in dieser Situation angreift, der übernimmt die Initiative.

Angenommen, Sie wollen gegen die linke untere Ecke vorgehen, auf welchen Punkt wollen Sie spielen: A, B oder C? Oder doch lieber D, um die weiße Gruppe ins Zentrum zu treiben?

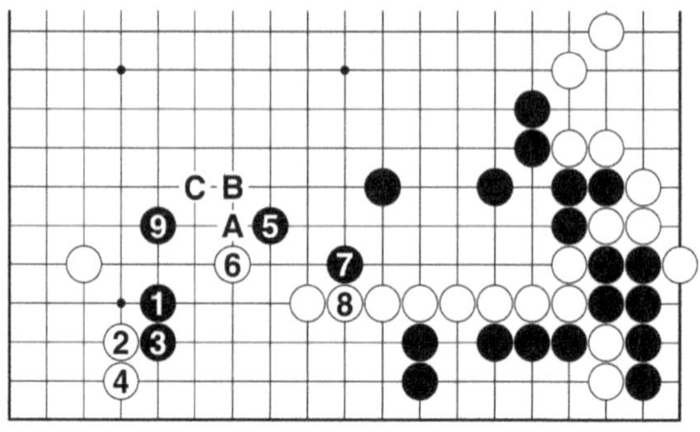

Abbildung 1

Trennen

Abb. 1 – Das hohe Kakari
Das hohe Kakari mit Schwarz 1, das die beiden weißen Gruppen trennt, ist ein außerordentlich scharfer Angriff. Verteidigt Weiß die Ecke mit 2 und 4, so greift Schwarz die Gruppe zur Rechten mit dem Zug auf 5 an. Bevor er Weiß 6 mit dem Sprung auf 9 beantwortet, festigt Schwarz seine Form mit dem Abtausch 7 und 8.

Die weiße Gruppe ist somit umschlossen und offensichtlich in einer misslichen Lage. Wie wir später noch sehen werden, braucht Schwarz den Gegenangriff mit Weiß A, Schwarz B und Weiß C nicht zu fürchten.

Abb. 2 – Unbegründet
Verteidigt Weiß auf 1 hier, statt auf 4 in der letzten Abbildung, dann spielt Schwarz wieder einfach auf 2. Das Strecken auf 3 anstelle von Schwarz 2 würde Weiß die Gelegenheit geben, auf A herauszuspringen.

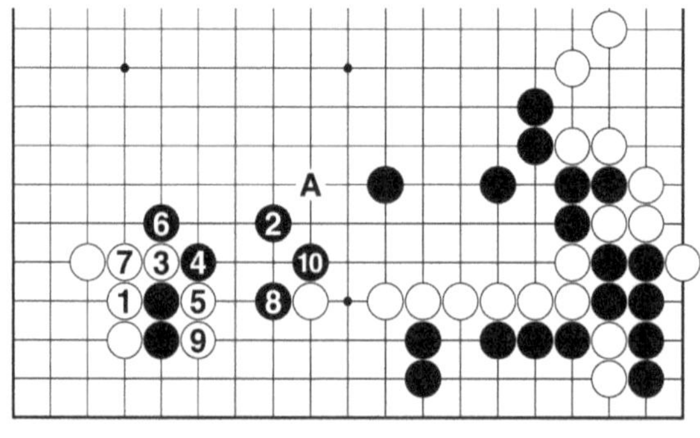

Abbildung 2

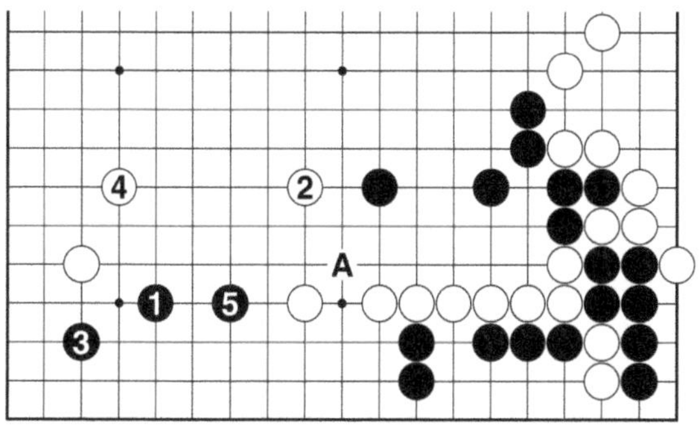

Abbildung 3

Als Antwort auf den weißen Schnitt mit 3 und 5 spielt Schwarz erst das Atari 6 und anschließend das geschickte Tesuji 8. Weiß muss mit 9 zwei Steine gefangen nehmen und danach wird mit Schwarz 10 das weiße Dilemma deutlich.

Abb. 3 – Großes Gebiet

Wählt Weiß auf den schwarzen Angriff die Flucht in die Sicherheit, so kann er zwar einen Kampf vermeiden, aber er überlässt Schwarz einen großen Profit, indem er ihn auf 3-3 in die Ecke springen lässt.

Nicht zuletzt zielt Schwarz 5 weiterhin auf die Schwachpunkte in der dünnen, weißen Position ab, wie zum Beispiel A.

Abb. 4 – Die Partie

Weiß antwortete in der Partie mit dem defensiven Zug 2, um auf diese Weise die Auswirkungen auf die rechte Gruppe so weit wie möglich zu reduzieren. Schwarz 3 ist kraftvoll und erzwingt eine Antwort. Danach umschließt Schwarz 5 wieder die weiße Gruppe.

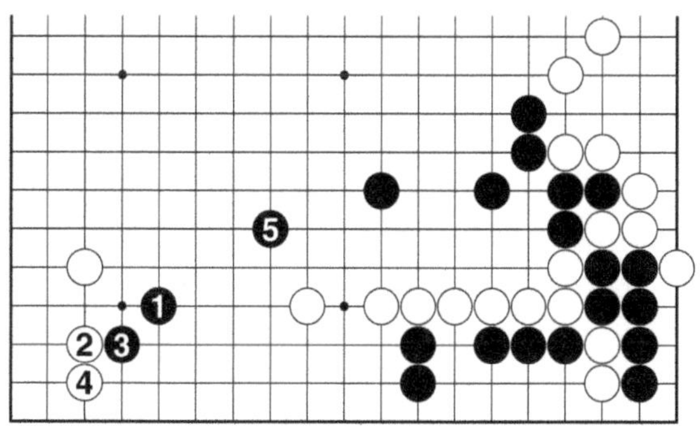

Abbildung 4

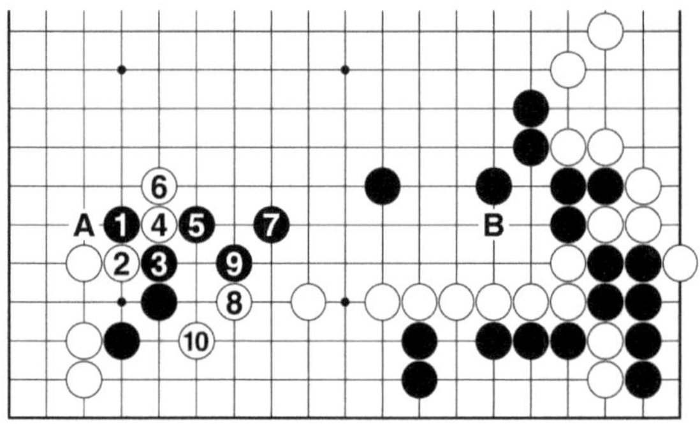

Abbildung 5

Abb. 5 – Unnötiger Verlust
Schwarz 1 ist nur dann ein guter Zug, wenn Weiß auf A antwortet. Aber Weiß wird mit 2 und 4 Widerstand leisten. Das ist schlecht für Schwarz, denn obwohl er mit 5 und 7 Weiß einschließen kann, erweist sich ein Anleger auf B als sehr nützlich für Weiß, der nach 8 und 10 schon so gut wie in Sicherheit ist.

Dem Verlust, den Schwarz auf der linken Seite hinnehmen musste, steht so keine Kompensation gegenüber. Daher stellt diese Abbildung einen Fehlschlag für Schwarz dar.

Abb. 6 – Fortsetzung der Partie I
Dies ist die Fortsetzung von Abbildung 4. Weiß sucht mit 6 einen Fluchtweg, aber Schwarz festigt erst die Form mit 7, um dann auf 9 zu springen. Den weißen Angriff auf 10 und 12 beantwortet Schwarz mit dem Schnitt auf 13. Weiß 14 ist die korrekte Fortsetzung.

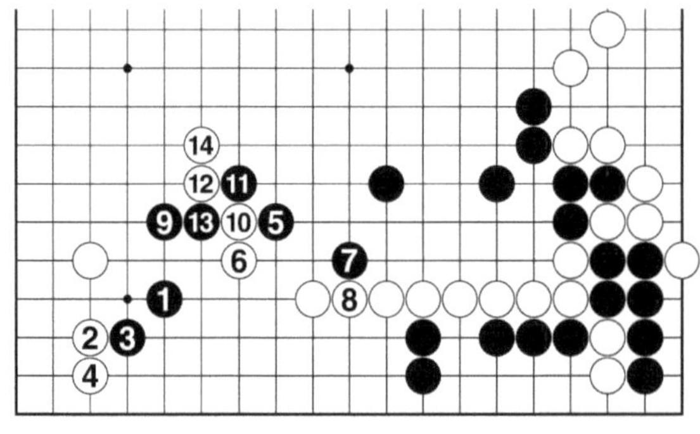

Abbildung 6

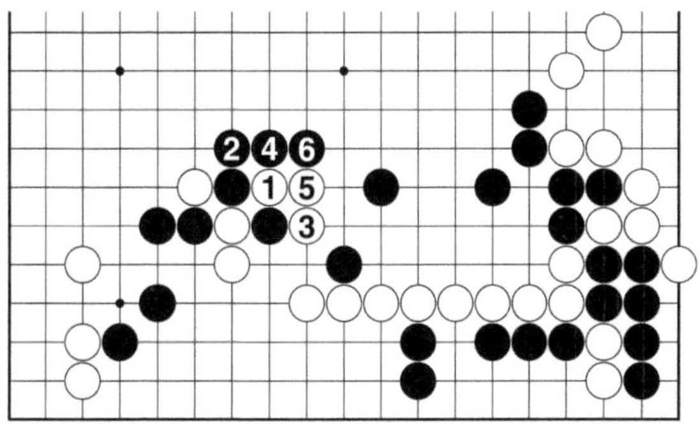

Abbildung 7

Abb. 7 – Eiserner Wall
Mit Weiß 1 schneiden ist eine schwache Reaktion, denn Schwarz baut einen eisernen Wall zum Zentrum.

Abb. 8 – Fortsetzung der Partie II
Ausgehend von Abbildung 6 ist dies die Fortsetzung der Partie. Schwarz stabilisiert seine schwache Gruppe mit 15 bis 19. Den Schnitt auf 21 muss er nicht fürchten, denn er streckt auf A und die beiden weißen Steine werden zum leichten Opfer.

Weiß 20 sichert den vitalen Punkt, aber nach Schwarz 21 und 23 geht die Jagd auf der anderen Seite weiter. Eine andere, kraftvolle Variante ist Schwarz 19 direkt auf 20 zu spielen und nach Weiß B auf 21 zu verbinden. Selbst wenn Weiß ihn mit einem Zug auf C einschließt, lebt Schwarz einfach mit D und die weiße Gruppe sieht dagegen wirklich sterbenskrank aus.

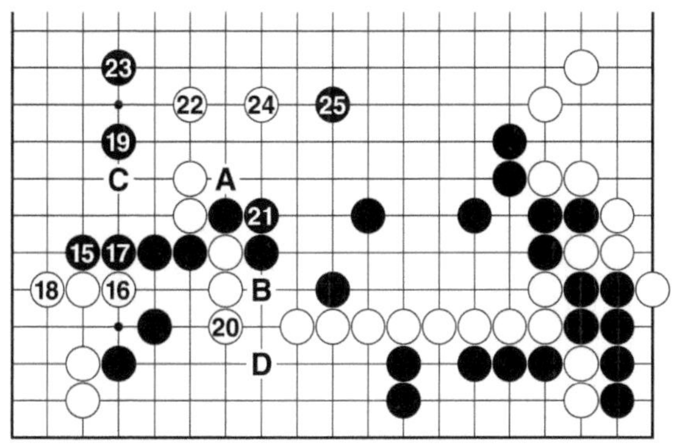

Abbildung 8

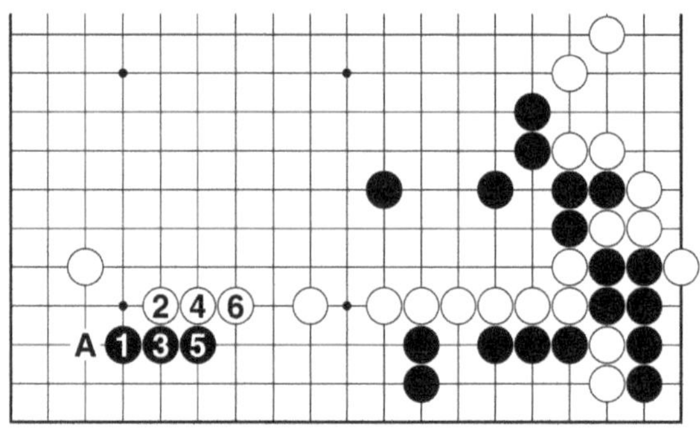

Abbildung 9

Abb. 9 – Solide Wand

Gehen wir zurück zum Anfang. Einige mögen sich für das tiefe Kakari entschieden haben. Wie auch immer, das lässt Weiß mit 2, 4 und 6 drücken und sichert ihm auf diese Weise die Verbindung. Da, wo ursprünglich eine dünne Kette weißer Steine lag, steht nun eine solide weiße Wand. Weiß zu erlauben, eine solche Stärke aufzubauen, ist ein fataler Fehler.

Auch Schwarz 1 auf A, den 3-3-Punkt in der Ecke, wird mit Weiß 2, Schwarz 3 und Weiß 4 gekontert. Das Ergebnis bleibt das gleiche.

Abb. 10 – Vertauschte Rollen

Trennt Schwarz die weißen Gruppen mit 1, so laufen Weiß 2 und 4 in die Brettmitte und es ist Schwarz, der nun in Bedrängnis gerät, denn seine Position ist recht dünn.

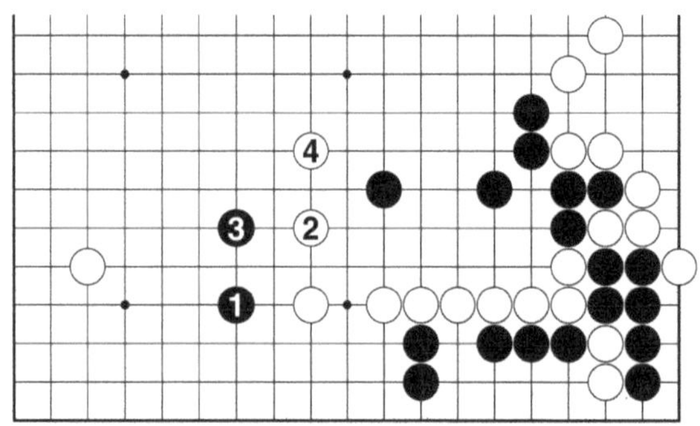

Abbildung 10

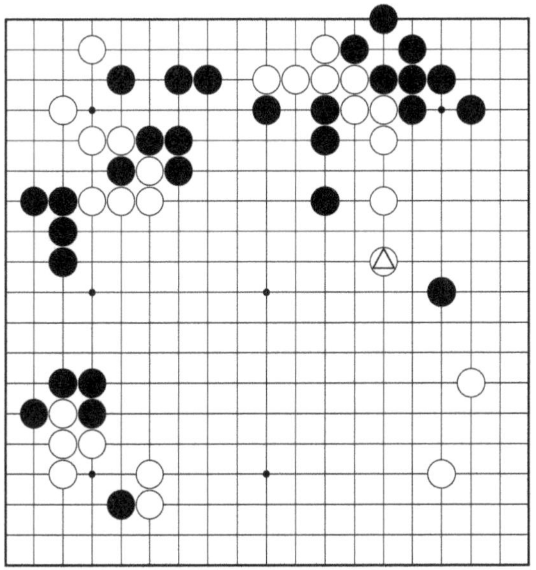

Problem 3

Problem 3 – Schwarz am Zug

Direkter Angriff

In der Absicht, seine Gruppe in Sicherheit zu bringen, ist Weiß soeben mit dem markierten Stein herausgesprungen. Dennoch, der Gefahr ist er noch nicht entronnen. Sie sollten so scharf wie möglich angreifen – das ist leichter gesagt als getan.

Seien Sie resolut und versuchen Sie einen direkten Angriff, um die Schwäche zwischen den weißen Ein-Punkt-Sprüngen auszunutzen.

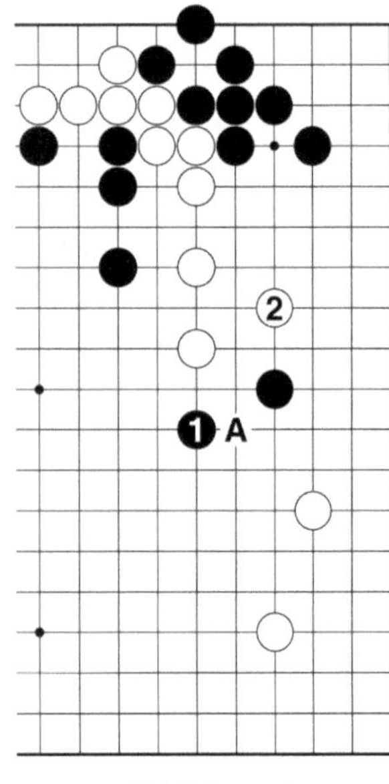

Abbildung 1

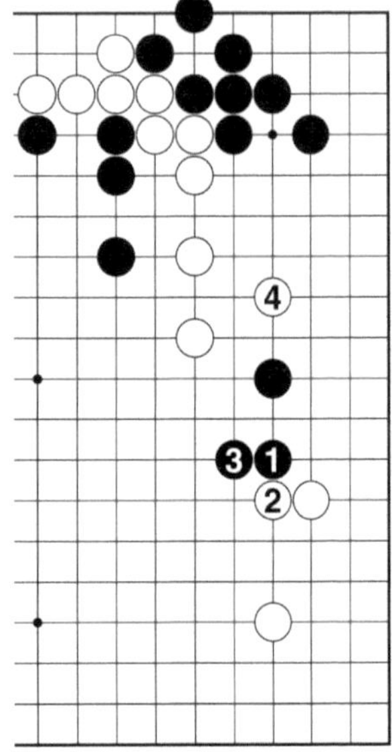

Abbildung 2

Abb. 1 – Lebende Form

Das ist die erste falsche Antwort. Obwohl Schwarz 1 den weißen Fluchtweg in die Brettmitte versperrt, bildet Weiß mit 2 einfach eine lebende Form. Darüberhinaus bietet das schwarze Keima durch seine Schwäche auf A dem Gegner einen guten Angriffspunkt für einen unangenehmen Schnitt. Dieser Angriff ist nicht gut.

Abb. 2 – Suboptimal

Der indirekte Angriff mit 1 ist eine deutlich bessere Alternative als Schwarz 1 in Abbildung 1. Schwarz 3 antwortet mit guter Form auf Weiß 2, aber wieder hat Weiß Zeit, sich mit 4 zu stärken und den Angriff ins Leere laufen zu lassen. Das Ergebnis ist daher nicht optimal.

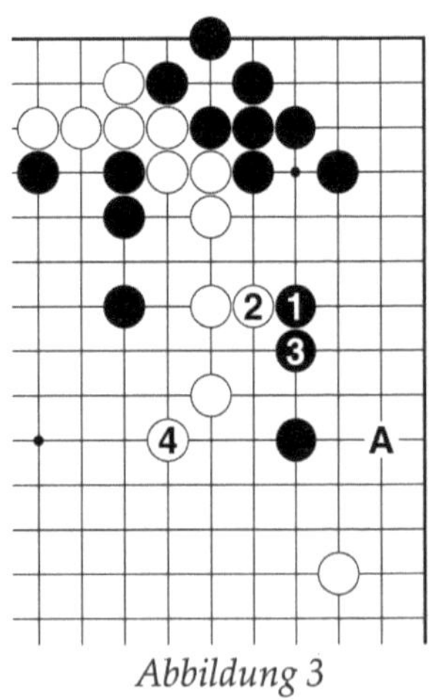

Abbildung 3

Abb. 3 – Unten offen

Der Versuch, mit Schwarz 1 Gebiet zu nehmen, ist ebenfalls nicht überzeugend. Wenn Weiß erst einmal auf 4 gelangt ist, wird er

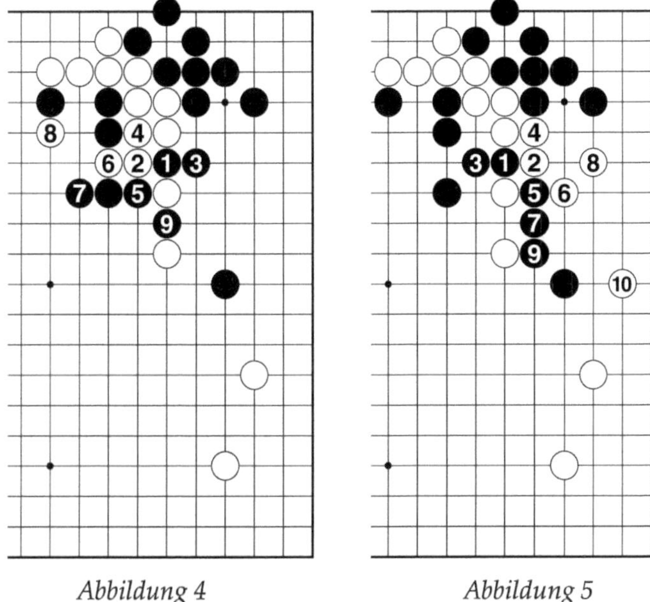

Abbildung 4 *Abbildung 5*

nicht mehr einzufangen sein. Zudem bleibt eine offene Flanke, denn ein weißer Sprung auf A lässt nicht viel von dem erhofften Gebiet übrig.

Da die oben genannten Wege, die weiße Gruppe anzugreifen, nicht überzeugen, müssen Sie eine besondere Methode finden.

Starker Zug

Abb. 4 – Stärke
Haben Sie den Zug gesehen, der sich mitten in die Kette weißer Steine setzt? Das ist die richtige Lösung. Gibt Weiß mit 2 Atari, streckt Schwarz auf 3 und schneidet anschließend auf 5. In der Abfolge bis 9 lebt Weiß, aber Schwarz erlangt eine übermächtige Stärke.

Abb. 5 – Die Partie
In der Partie gab Weiß mit 2 Atari von der rechten Seite. Auf 4 verbinden ist Pflicht. Danach drücken die schwarzen Züge 5 bis 9 Weiß in eine flache Position. Schwarz ist mit dem Ergebnis sehr zufrieden, denn nun kann er ein großes Gebiet im Zentrum des Brettes erwarten.

Abb. 6 – Verdeckte Drohung
Beachten Sie, dass der markierte schwarze Stein eine verdeckte Drohung beinhaltet. Antwortet Weiß nicht, dann schneidet Schwarz mit 1 bis 5.

Ohne den markierten Stein wird Weiß als Antwort auf Schwarz 1 mit Weiß 2 auf 5 spielen und so den Schnitt verhindern. Der markierte Stein gibt Schwarz folglich die Möglichkeit, sich jederzeit in Vorhand mit einer starken Stellung in der Brettmitte zu positionieren.

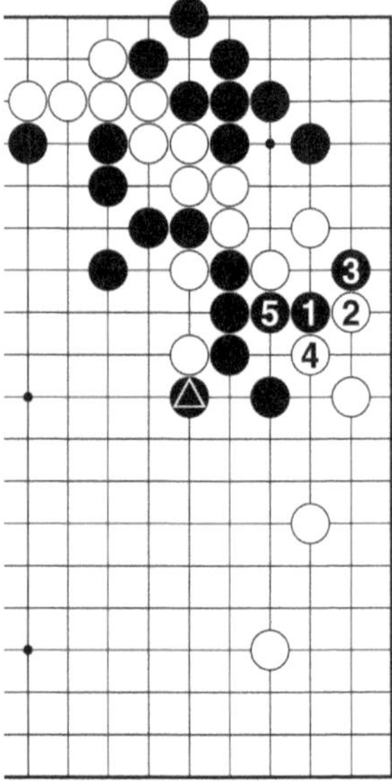

Abbildung 6

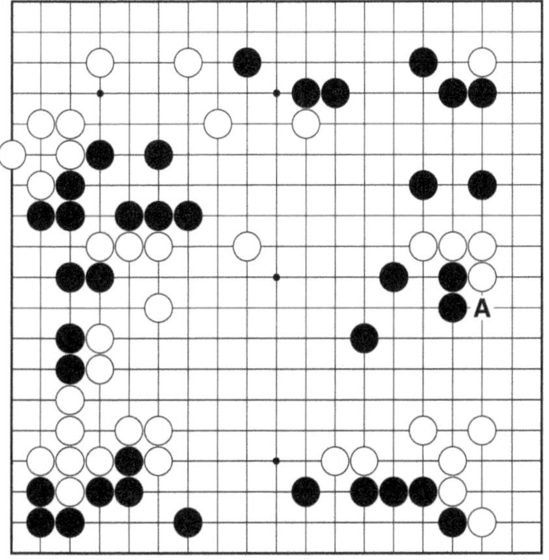

Problem 4

Problem 4 – Weiß am Zug

Angriff und Verteidigung auf der rechten Seite

Wie in der letzten Aufgabe gilt es wieder, einen ganz speziellen Angriff zu finden.

Im Mittelpunkt der Aufmerksamkeit steht der rechte Rand. Ignoriert Weiß den Rand, dann blockt Schwarz auf A und der geschwächten, weißen Gruppe bleibt nur die riskante Flucht ins Brettzentrum.

Aber einfach unten am Rand entlang zu verbinden, ist langweilig und zu passiv. Suchen Sie daher die Lücke, den Schwachpunkt in der schwarzen Stellung – und greifen Sie an!

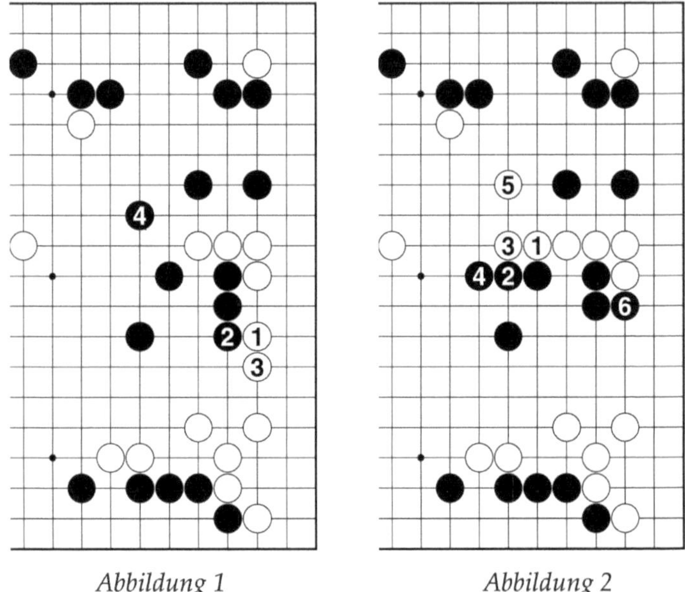

Abbildung 1 *Abbildung 2*

Abb. 1 – Passiv

Weiß verbindet mit 1 – das ist offensichtlich nicht die richtige Antwort. Schwarz spielt 4 und ein aktives Vorgehen ist für Weiß nicht mehr möglich. Schwarz mag mit 4 auch am unteren Rand spielen, in beiden Fällen sieht Weiß 1 nicht aktiv genug aus.

Abb. 2 – Wirkungslos

Das Strecken und Herauslaufen mit 1 sieht vernünftig aus, aber dies ist kein echter Angriff gegen die schwarzen Steine.

Nach 6 lebt Schwarz so gut wie sicher. Selbst wenn Weiß mit 5 am Rand verbindet und so Schwarz 6 verhindert, wird es Schwarz ein Leichtes sein, zu leben.

Abb. 3 – Guter Zug

Die richtige Lösung ist das Hineinstechen mit 1 und die anschließende Zange auf 3. Das ist eine ganz spezielle Angriffstechnik. Streckt Schwarz auf 4, so schneidet Weiß mit 5. Schwarz kann wiederum auf 6 schneiden, aber das bringt ihm keinen Nutzen, denn die Treppe auf A läuft nicht.

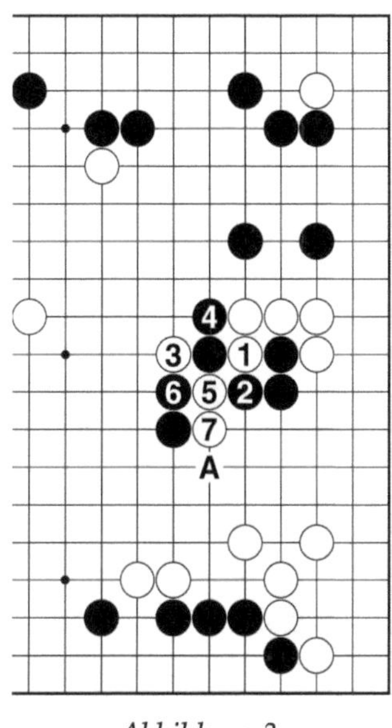

Abbildung 3

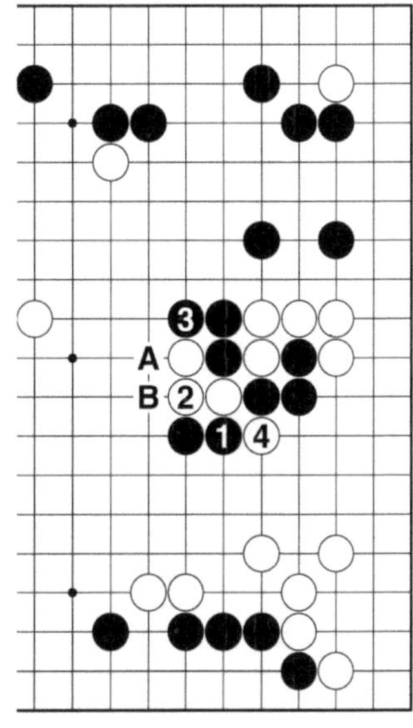

Abbildung 4

Abb. 4 – Treppen
Verzichtet Schwarz auf das Schneiden und spielt statt 6 in der letzten Abbildung auf 1, dann verbindet Weiß mit 2. Keine der beiden Treppen, weder A noch B, läuft für Schwarz, womit seine Position aussichtslos ist.

Abb. 5 – Noch eine Treppe
Statt 3 in der letzten Abbildung mag Schwarz auch die hängende Verbindung auf 1 in Erwägung ziehen, aber Weiß 2 startet eine Treppe, die diesmal läuft.

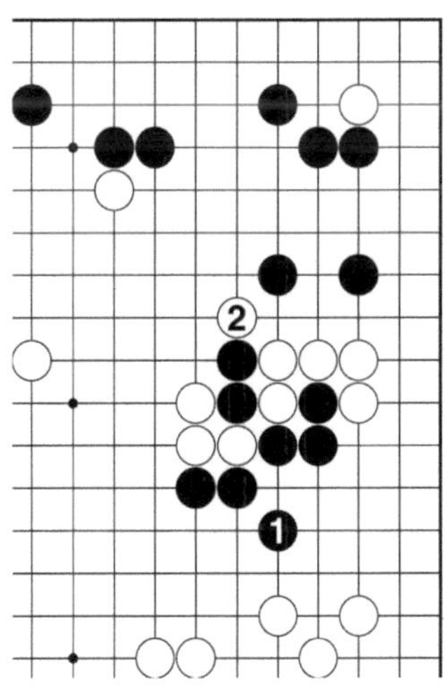

Abbildung 5

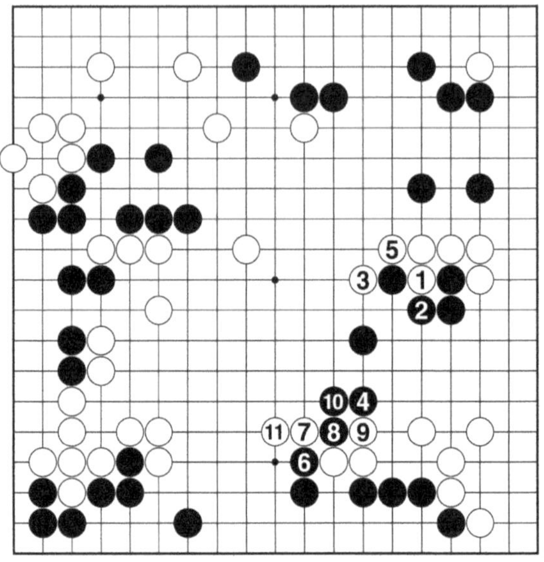

Abbildung 6

Abb. 6 – Die Partie

Gegen die starken weißen Züge 1 und 3 ist Schwarz 4 unerlässlich. Dies ist die tatsächlich gespielte Fortsetzung der Partie. Die Abfolge bis Weiß 11 bewirkt, dass die schwarze Gruppe am unteren Rand in Schwierigkeiten gerät. Die schwarze Gruppe im Brettzentrum ist daher nur mit größten Schwierigkeiten zum Leben zu bringen.

Weiß 1 und 3 sind die entscheidenden Züge, die Weiß aus der Verteidigung heraus in einen aktiven Angriff führen.

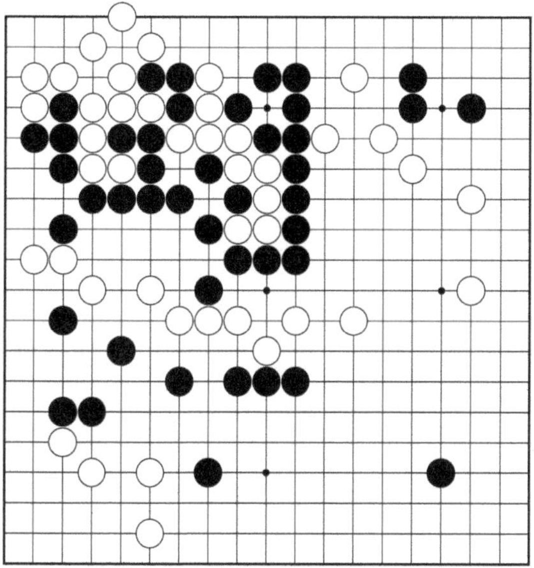

Problem 5

Problem 5 – Schwarz am Zug

Genießen Sie!

Richten Sie Ihr Augenmerk auf die große, weiße Gruppe, die sich quer über das Brettzentrum schlängelt, und auf die weißen Steine am rechten Rand.

Sie starten Ihren Angriff mit einem Zug, der diese beiden Gruppen trennt – aber wo beginnen Sie?

Es ist nicht notwendig, sich über die richtige Lösung den Kopf zu zerbrechen, denn einfache Mittel erfüllen hier ihren Zweck. Also lehnen Sie sich zurück und genießen Sie!

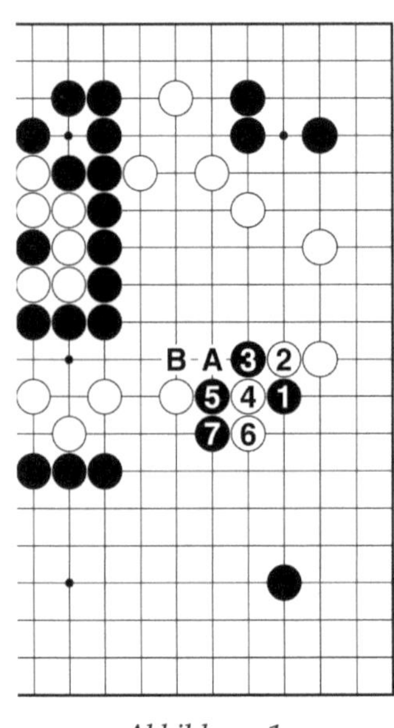

Abbildung 1

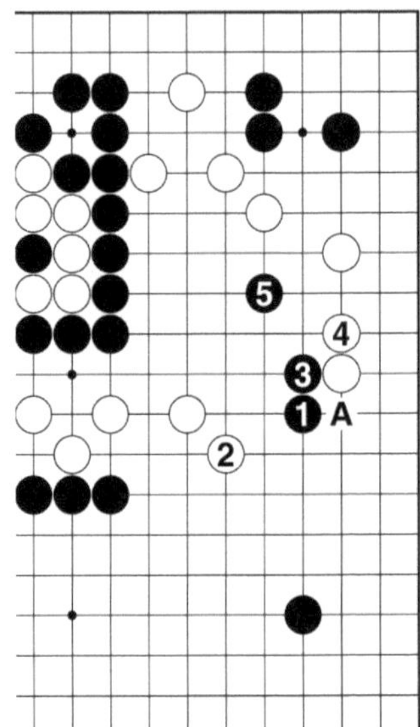

Abbildung 2

Schulterangriff

Abb. 1 – Katastrophe für die große Gruppe
Die richtige Lösung ist der Schulterangriff auf 1. Weiß stiftet etwas Verwirrung mit Zügen wie 2 und 4, aber Schwarz hält ihn mit 5 und 7 sicher getrennt. Weiß A und Schwarz B als Nächstes würden der weißen Mittelgruppe jede Hoffnung rauben.

Abb. 2 – Guter Stil
Weiß wird daher eventuell den Kopf auf 2 herausstrecken. Schwarz 3 und 5 trennen die weißen Gruppen und setzen den Angriff in gutem Stil fort. Wieder steckt Weiß in einer Zwickmühle. Mit A zu schieben, würde der Mittelgruppe unweigerlich Schaden zufügen. Ein Blocken von Schwarz auf A ist zu gut und darf daher auch nicht zugelassen werden.

Abb. 3 – Zu viel gewollt
Ich entschied mich für 1. Antwortet Weiß auf 2, dann ergibt sich nach der Abfolge bis 7 die gleiche Stellung wie in Abbildung 1, aber das war zu viel gewollt.

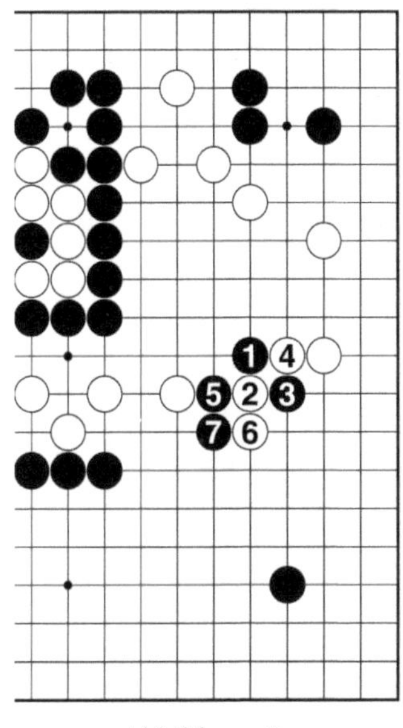

Abbildung 3

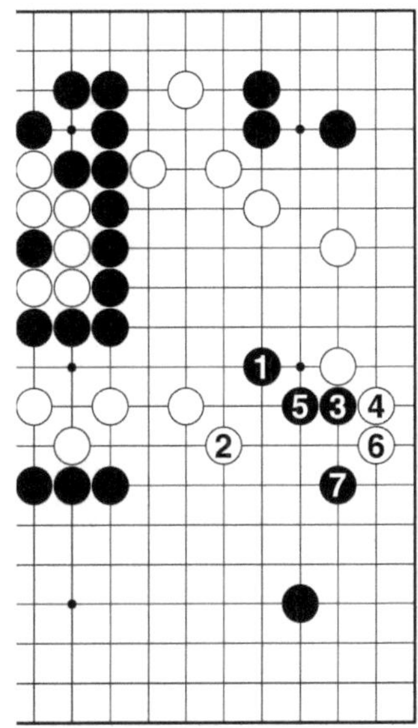

Abbildung 4

Abb. 4 – Die Partie

Natürlich wich Weiß meinem Angriff mit 2 aus. Wie nachlässig und kraftlos Schwarz 1 ist, sieht man daran, dass Weiß nun auf Schwarz 3 und 5 mit 4 und 6 Widerstand leisten kann. Auch der Angriff auf die Mittelgruppe verlief längst nicht so, wie ich es mir gewünscht hatte. Schwarz 7 ist der beste Zug, um die weißen Gruppen zu trennen, aber er reicht bei Weitem nicht aus.

Abb. 5 – Der Angriff wankt

Der nächste Zug war Weiß 1, der geschickt die schwarze Reaktion ausloten sollte. Obwohl Schwarz mit 2 und 4 Gegenwehr leistete und mit 6 und 8 trennte, war es Weiß ein Leichtes, mit 11 und 13 zu leben. Der Angriff kam ins Stottern und schlug fehl.

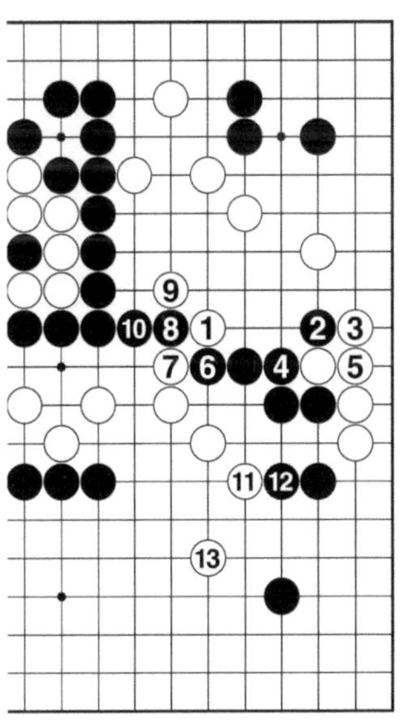

Abbildung 5

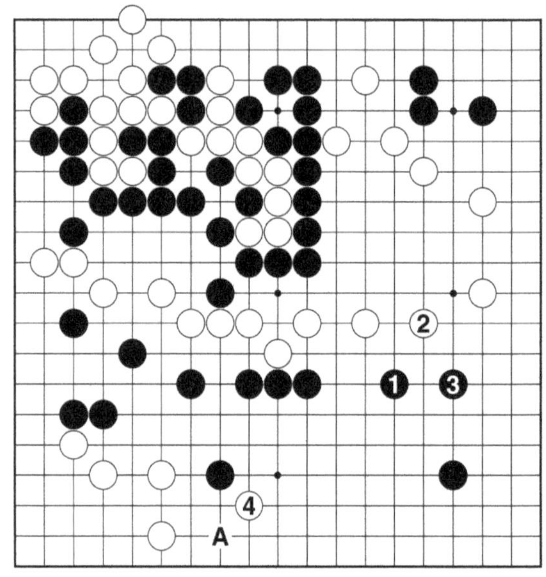

Abbildung 6

Abb. 6 – Kampf um Gebiet
Schwarz 1 geht am Thema vorbei, denn er lässt Weiß kampflos verbinden.

Obwohl es Schwarz gelingt, seine Gebietsansprüche in der rechten unteren Bretthälfte mit 3 zu markieren, wird Weiß auf 4 invadieren und einen Kampf um die letzten zu verteilenden Gebietsfläche beginnen. Das wird zu knapp für Schwarz, um sich zurückzulehnen. Schwarz 3 gehört daher auf A, aber selbst das ist deutlich schlechter als Abbildung 1 oder 2.

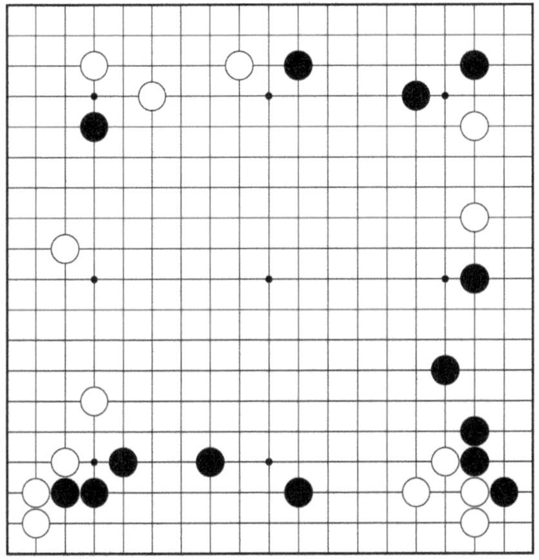

Problem 6

Problem 6 – Schwarz am Zug

Angriff gegen eine Ausdehnung

Dies ist ein schwieriges Problem.

Ihr Ziel sollte sein, durch einen Angriff gegen die weiße Zwei-Punkte-Ausdehnung am rechten Rand die Initiative zu ergreifen. Sie können es auf zweierlei Weise versuchen: die weiße Stellung von oben flachdrücken oder von unten angreifen und ins Brettzentrum treiben.

Welche Methode ist hier die richtige?

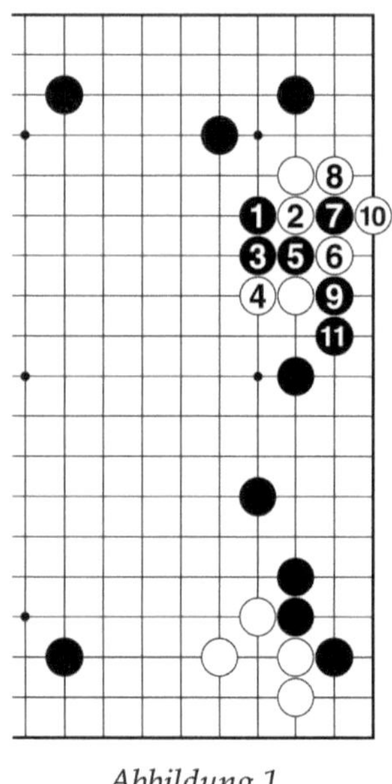

Abbildung 1

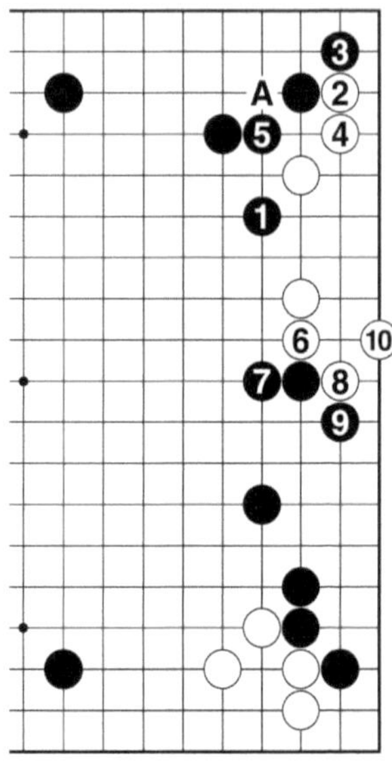

Abbildung 2

Abb. 1 – Vielversprechend
Schauen wir uns zuerst Schwarz 1 an. Wenn Weiß sich genötigt fühlt, auf 2 zu antworten, dann sieht die Abfolge Schwarz 3 bis 11 sehr vielversprechend aus.

Abb. 2 – Unbefriedigend
Weiß wird jedoch etwas flexibler mit seiner Gruppe reagieren und mit dem Anlegen auf 2 antworten. Blockt Schwarz auf 3, dann muss er auch Weiß 4 mit 5 beantworten, da ein weißer Zug auf A droht. Dann schließt Weiß seine Verteidigung mit 6 bis 10 ab. Das Ergebnis ist unbefriedigend für Schwarz.

Abb. 3 – Tausch
Antwortet Schwarz auf Weiß 2 mit 3, dann tauscht Weiß den Rand gegen die Ecke.

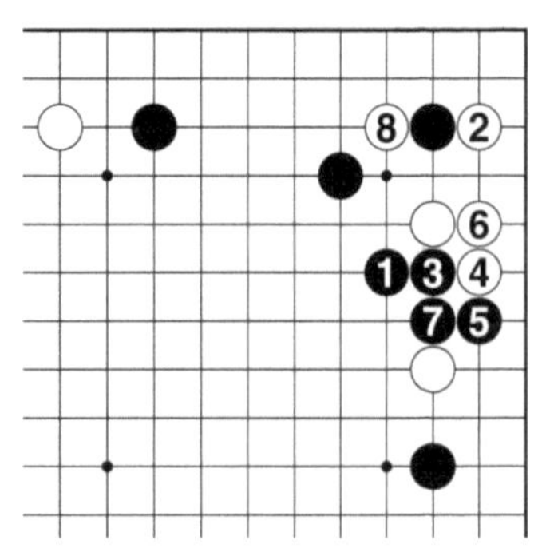

Abbildung 3

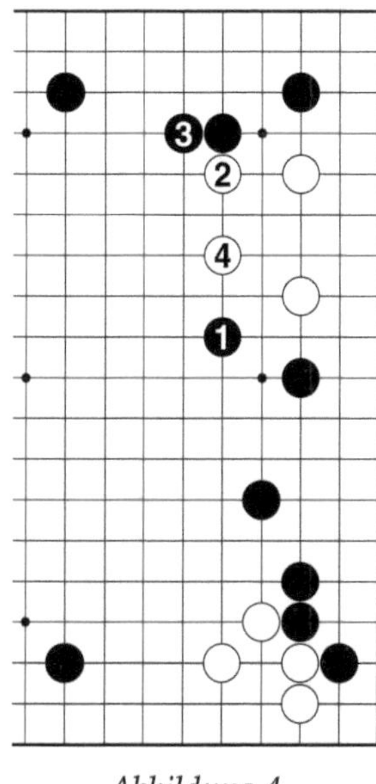

Abbildung 4

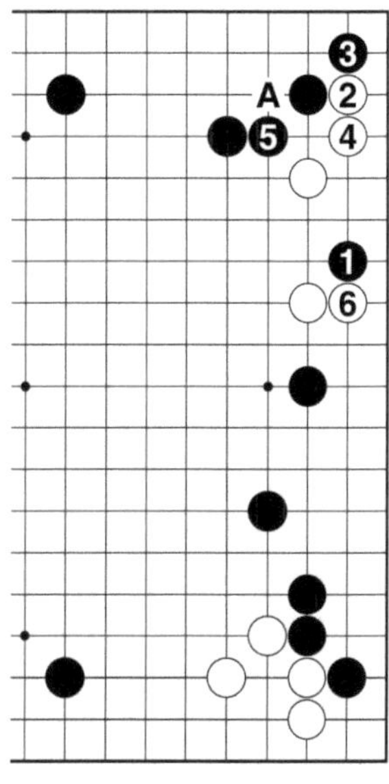

Abbildung 5

Abb. 4 – Gute Form für Weiß

Der Angriff mit dem Keima auf 1 ist hier nicht angebracht. Wenn Schwarz hinter dem Keima eine große Gebietsanlage aufbauen könnte, wäre dieser Zug angemessen, aber hier entsteht nichts dergleichen. Stattdessen macht Weiß mit 2 und 4 gute Form und schon ist der Angriff abgewehrt.

Abb. 5 – Gute Idee, aber...

Mit Schwarz 1 auf die Basis der weißen Stellung zu zielen, ist eine gute Idee, aber Weiß wird wieder mit 2 Gegenwehr leisten, um die schwarze Reaktion zu testen. Verteidigt Schwarz mit 3, dann erzwingt Weiß 4 wieder den Deckungszug auf 5, der das Anlegen auf A verhindert. Danach blockt Weiß auf 6 und fängt den Invasionsstein.

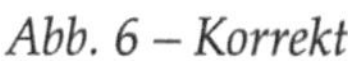

Abb. 6 – Korrekt

Der Boshi Schwarz 1 ist die korrekte Lösung. Zieht Weiß auf 2 heraus, dann ist Schwarz 3 ein glänzender Zug, denn er entfaltet seine volle Wirkung in Kombination mit Schwarz 1.

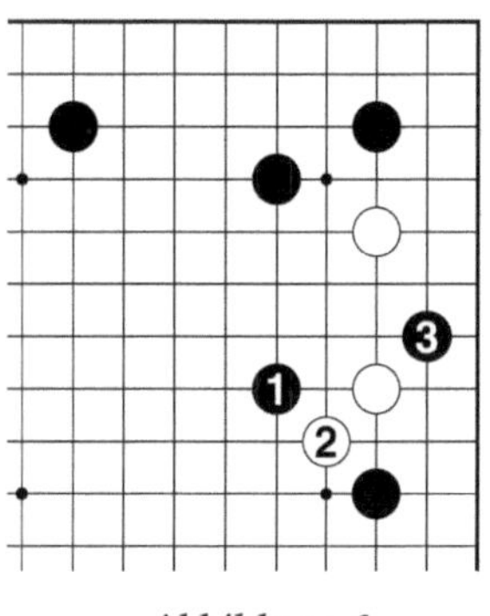

Abbildung 6

Abb. 7 – Opfer
Falls Weiß auf Schwarz 3 in der letzten Abbildung mit 4 blockt, dann schneidet Schwarz mit 5 und 7 und opfert mit einer Standardtechnik zwei Steine. Nach Weiß 14 hat er zwei Alternativen; er kann den Angriff auf A fortsetzen oder seine Stärke zum Brettzentrum mit dem Blocken auf B ausbauen.

Wie könnte Weiß außerdem noch auf den Boshi reagieren?

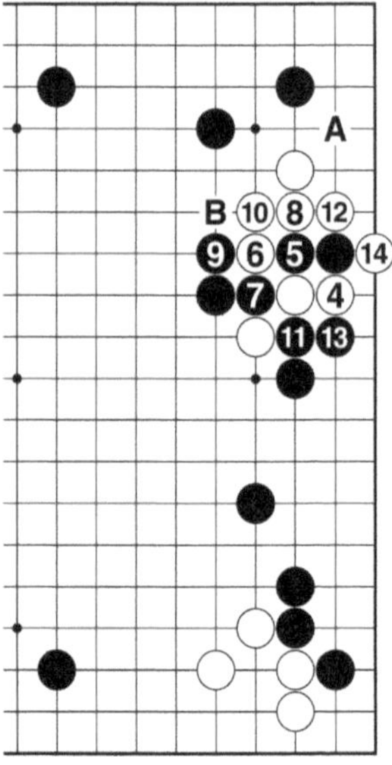

Abbildung 7

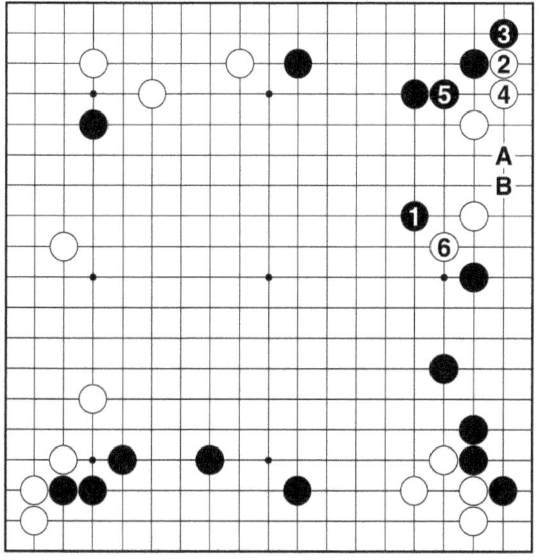

Problem 7

Problem 7 – Schwarz am Zug

Zwei Angriffspunkte

Dies ist die Fortsetzung des letzten Problems. Weiß wich in seiner Verzweiflung wieder auf die Kombination 2 und 4 in der Ecke aus, die Schwarz natürlich mit 3 und 5 beantworten musste. Anschließend zog Weiß auf 6 heraus.

Wie greifen Sie *jetzt* an? Welcher der beiden Punkte A und B ist der richtige für den Angriff? Sie müssen diesmal Ihre Lesefähigkeit einsetzen, um das Problem zu lösen.

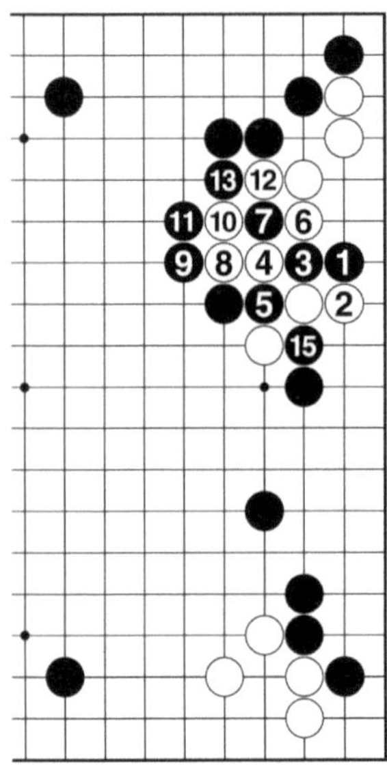

Abbildung 1
Weiß 14 verbindet auf 7

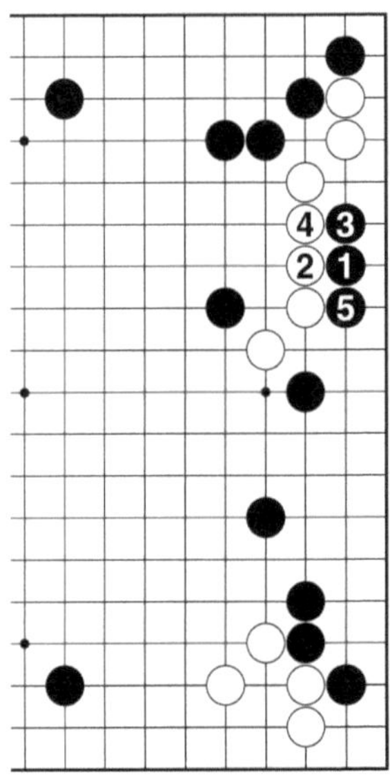

Abbildung 2

Abb. 1 – Geschickt
Beginnen wir mit Schwarz 1. Blockt Weiß auf 2, dann streckt Schwarz auf 3 und schneidet dann auf 5. Schwarz 7 leitet wieder die Shibori-Technik ein, die ihren krönenden Abschluss im Schnitt auf Schwarz 15 findet. Ein riesiger Erfolg!

Allerdings ist das ein bisschen zu viel des Guten für Schwarz.

Abb. 2 – Schwacher Widerstand
Weiß 2 ist eine gute Antwort auf die schwarze Invasion, aber die Verbindung auf 4 ist nicht der richtige Weg, dem weiteren Hereindrängen von Schwarz 3 zu begegnen. So kann Schwarz auf 5 entkommen und die weiße Basis zerstören.

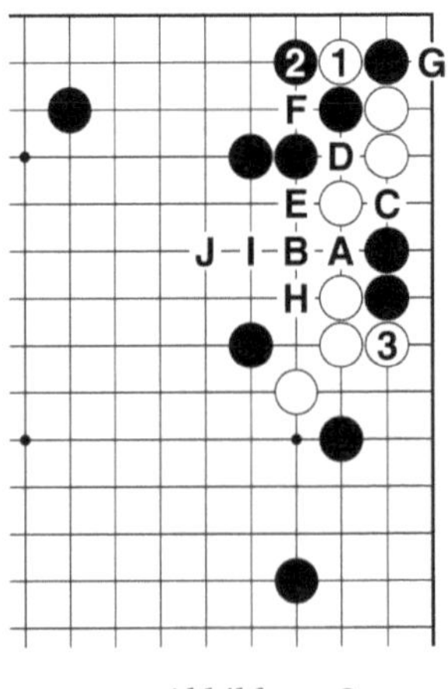

Abbildung 3

Abb. 3 – Weiß ist sicher
Statt 4 in der letzten Abbildung muss Weiß nach dem Abtausch Weiß 1 gegen Schwarz 2 auf 3 blocken. Nach all den Mühen, die

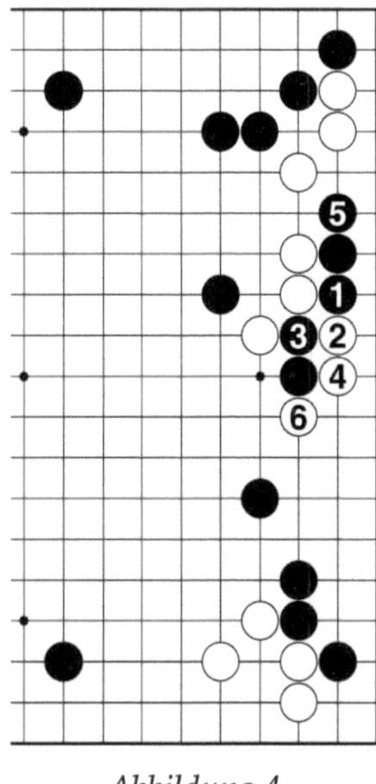

Abbildung 4

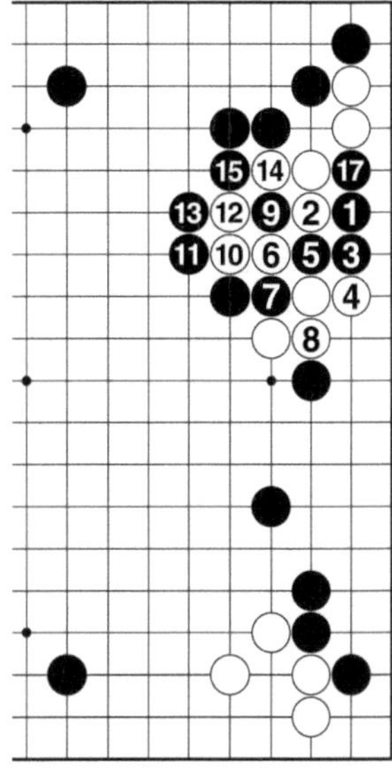

Abbildung 5
Weiß 16 verbindet auf 9

Schwarz mit dem Angriff gegen die weiße Gruppe hatte, ist das Ergebnis gleich null.

Beachten Sie, dass das sofortige Blocken (ohne den Austausch 1 für 2) in einer Katastrophe für Weiß endet: Schwarz A, Weiß B, Schwarz C, Weiß D, Schwarz E, Weiß 1, Schwarz F, Weiß G, Schwarz H, Weiß I und Schwarz J.

Abb. 4 – Vorteilhaft für Weiß

Zieht Schwarz sofort auf 1 zurück, antwortet Weiß mit 2, 4 und 6. Es kommt zu einem Tausch, der sichtlich vorteilhaft für Weiß ist. Es lässt sich also feststellen, dass Schwarz 1 in Abbildung 1 nicht der richtige Angriffspunkt ist.

Abb. 5 – Weiß wird zerstört

Schwarz 1 ist der richtige Angriffspunkt. Selbst wenn Weiß mit 2 und 4 Widerstand leistet, streckt Schwarz auf 3 heraus und schneidet mit 5 und 7. Deckt Weiß auf 8, so bricht die weiße Stellung in der erzwungenen Abfolge bis 17 komplett zusammen.

Spielt Weiß stattdessen mit 8 auf 17, um Schwarz eine Freiheit zu nehmen, dann wird Schwarz mit dem Ausquetschen 9 bis 15 und dem Schnitt auf 8 das gleiche Ergebnis wie in Abbildung 1 herstellen.

Abb. 6 – Treibgut
Weiß hat kaum eine andere Wahl, als Schwarz 1 und 3 durch Verbinden auf 2 und 4 zu beantworten. Schwarz läuft jetzt einfach auf 5 heraus und ist bereit, die weiße, wie Treibgut herumschwimmende Gruppe zu attackieren.

Dieses Beispiel zeigt sehr eindrucksvoll, welchen Unterschied eine Linie ausmachen kann.

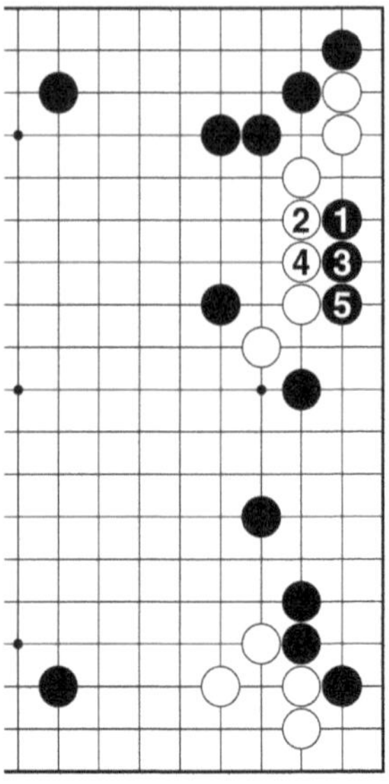

Abbildung 6

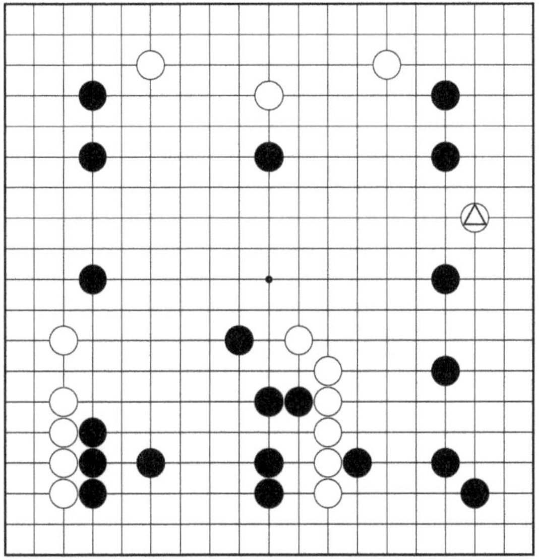

Problem 8

Problem 8 – Schwarz am Zug

Vorgabepartie Nr. 1

Da Sie eine ganze Reihe von schwierigen Problemen zu lösen hatten, möchte ich Ihrem Gehirn eine kleine Pause gönnen und Ihnen ein leichtes Problem aus einer Vorgabepartie vorlegen.

Weiß hat soeben eine Invasion mit dem markierten Stein gespielt. Was soll Schwarz tun? Weiß einschließen und Stärke aufbauen? Den weißen Stein attackieren und in die Brettmitte treiben? Oder die große, weiße Gruppe unten angreifen?

Nun, Sie sind gefragt.

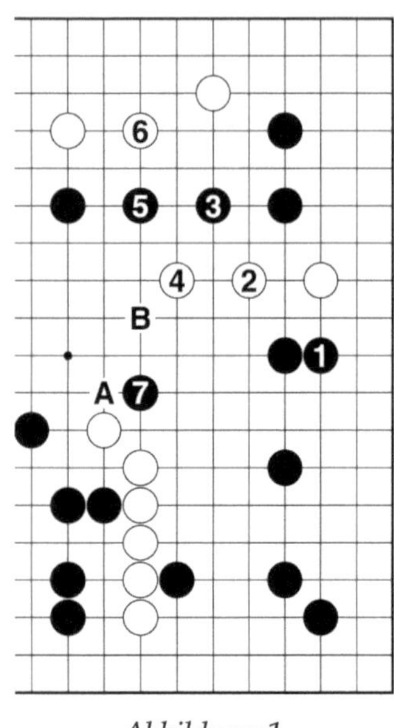

Abbildung 1

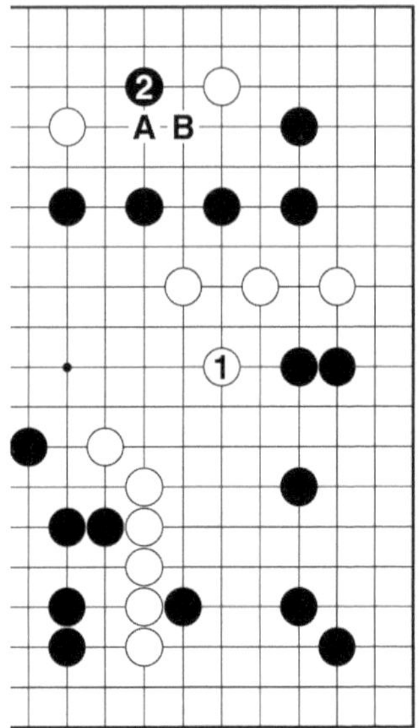

Abbildung 2

Jagd in die Brettmitte

Abb. 1 – Korrekt
Schwarz 1, der Eisenturm, ist der korrekte Zug. Läuft Weiß daraufhin mit 2 und 4 in die Brettmitte, folgt Schwarz mit den guten Zügen 3 und 5. Verteidigt Weiß nun mit 6 den oberen Rand, dann nimmt Schwarz den wichtigen Angriffspunkt 7 in Beschlag und startet so einen Doppelangriff gegen die beiden weißen Gruppen. Spielt Weiß jetzt auf A, dann antwortet Schwarz mit B.

Abb. 2 – Invasion
Entscheidet sich Weiß anstatt 6 in Abbildung 1 für Weiß 1 hier, um seine Gruppen zu verbinden, so sind Schwarz Tür und Tor geöffnet für eine Invasion auf 2. Weiß A wird jetzt mit Schwarz B beantwortet.

Abb. 3 – In der Klemme
Wenn Weiß auf den Eisenturm mit dem Sprung auf 2 reagiert, dann verbindet Schwarz auf 3. Nach Weiß 4 ist Schwarz 5 der richtige Angriffspunkt und nach der Abfolge bis Schwarz 9 gibt es für Schwarz zwei Fortsetzungen, den Schnitt auf A oder die Invasion auf B. Weiß steckt in der Klemme.

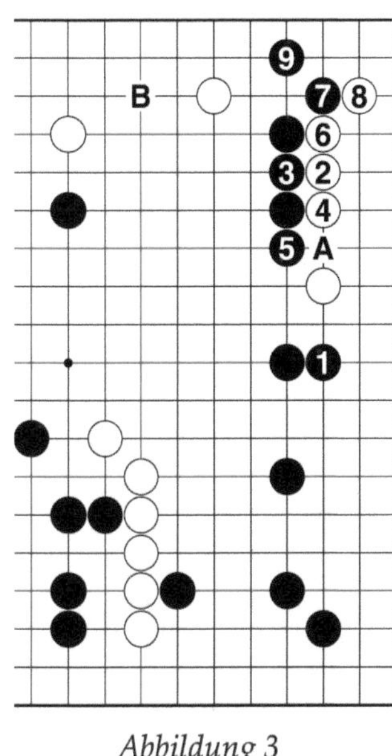

Abbildung 3

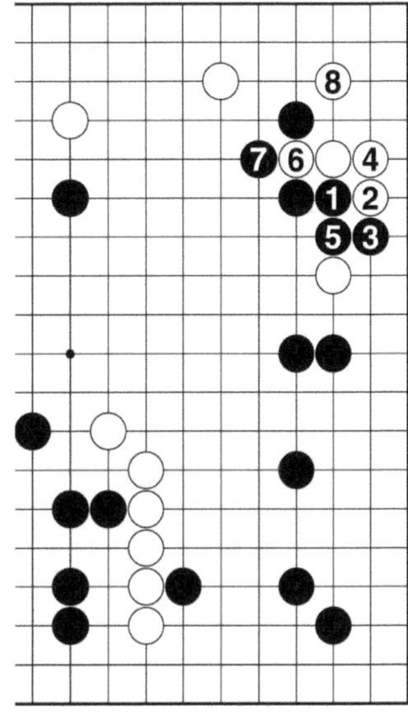

Abbildung 4

Abb. 4 – Fehler

Ein Fehler ist das Blocken mit Schwarz 1 nach Weiß 2 in der vorherigen Abbildung. Nach Weiß 8 bleiben ober- und unterhalb von Schwarz 7 zwei Schnitte zurück, die Schwarz unmöglich gleichzeitig decken kann. Es ist daher viel besser, mit 3 auf 6 zu decken, so lange noch Zeit dafür ist.

Abb. 5 – Wand ohne Wirkung

Die Idee hinter Schwarz 1 und der folgenden Sequenz ist Weiß einzuschließen, aber Weiß 10 neutralisiert die Wirkung der schwarzen Wand.

Schwarz 1 ist daher nicht die richtige Lösung.

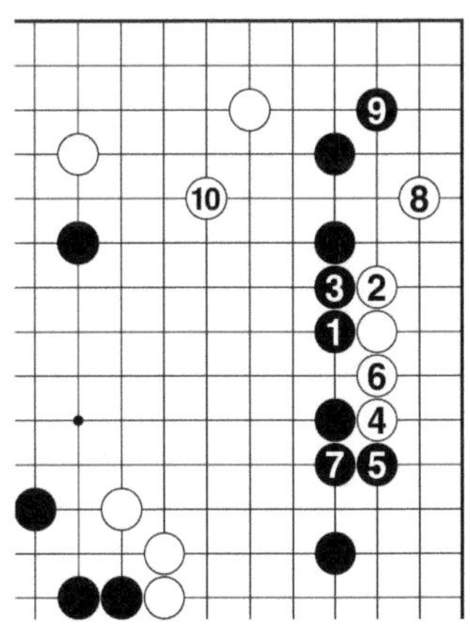

Abbildung 5

Abb. 6 – Schwach
Mit 1 zuerst die eigene Basis zu sichern, ist in dieser Situation eine schwache Herangehensweise. Weiß kann mit A herausspringen, um so jeden Ärger zu vermeiden, oder auf B anlegen und sich so Augenraum sichern. Welchen Weg er auch wählt, Weiß wird auf jeden Fall zufrieden sein.

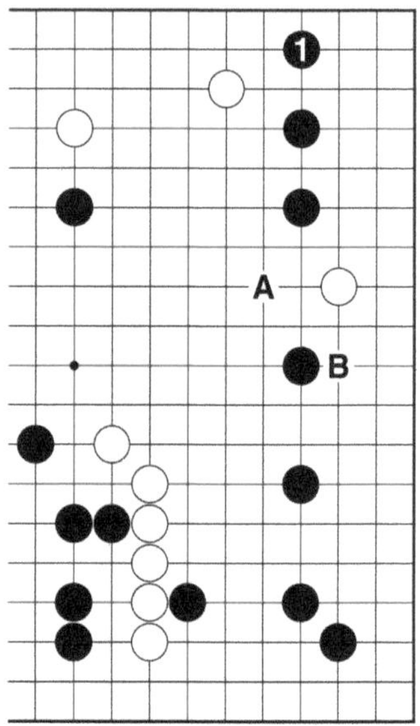

Abbildung 6

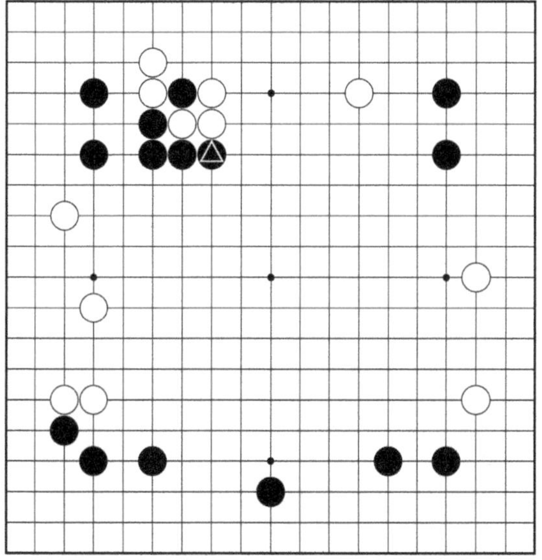

Problem 9

Problem 9 – Schwarz am Zug

Vorgabepartie Nr. 2

Hier sehen Sie eine Vier-Steine-Partie. Angenommen Schwarz möchte Weiß angreifen, so sehen wir weder auf der rechten noch auf linken Seite ein wirkliches Angriffsziel.

Das Problem fokussiert somit auf den oberen Brettrand. Die Kraft des markierten Steins ausnutzend, kann Schwarz in den Rand einbrechen und die weißen Gruppen trennen. Doch wo genau ist der richtige Angriffspunkt für eine Invasion?

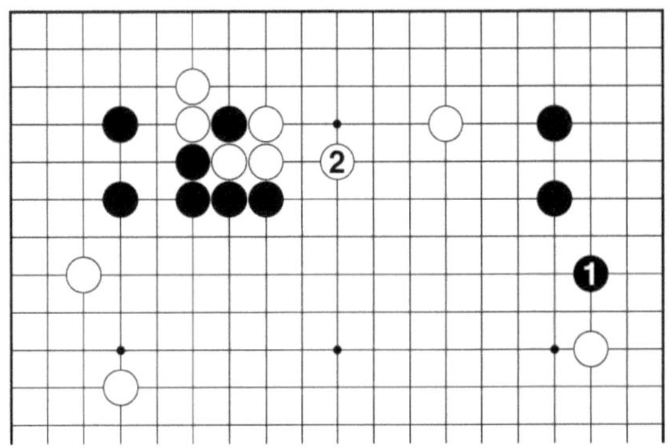

Abbildung 1

Abb. 1 – Unzureichend

In der Partie spielte Schwarz auf 1. Weiß schnappte sich den guten Punkt auf 2, um seine Stellung zu verteidigen. Damit ist ein Gleichgewicht zwischen den Gebieten hergestellt und die Partie ist schon knapp geworden. Weiß kann sie nun ruhig und in seinem eigenen Tempo zu Ende spielen.

Schwarz zeigt hier ein wenig Unentschlossenheit, er sollte wirklich über eine Invasion nachdenken.

Abb. 2 – Korrekt

Schwarz 1 ist der korrekte Angriffspunkt. Weiß wird mit dem Anlegen auf 2 antworten, aber Schwarz drängt mit 3 und 5 nach draußen und fängt schließlich mit 7 einen Stein. Ein klarer Erfolg. Schneidet Weiß auf A, dann gibt Schwarz einfach Atari auf B.

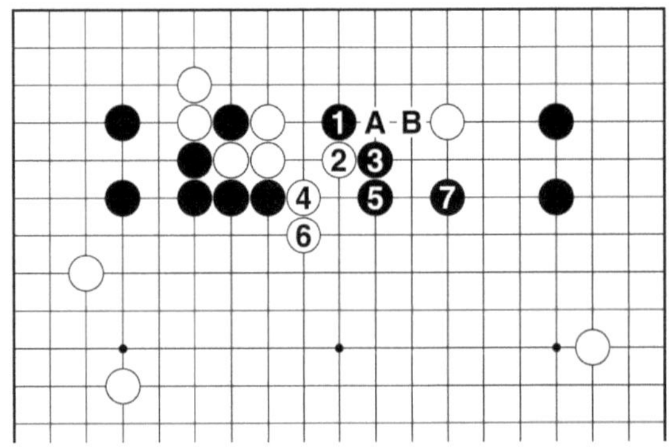

Abbildung 2

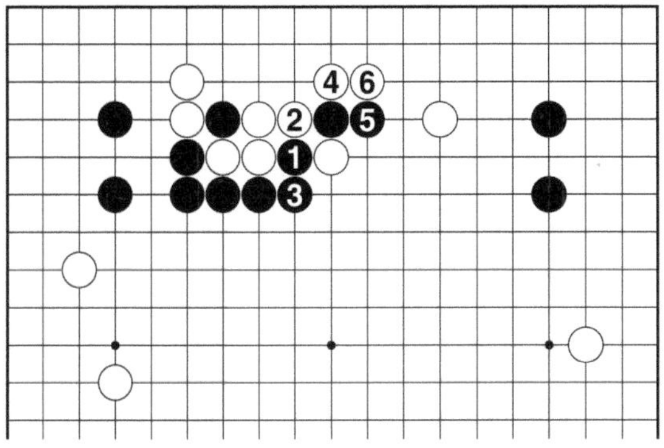

Abbildung 3

Abb. 3 – Kein Profit
Schwarz darf mit 3 aus der letzten Abbildung nicht auf 1 spielen. Quetscht er sich dennoch zwischen die weißen Steine, so verbindet Weiß problemlos mit 2 bis 6 und Schwarz erhält nichts aus seinem Angriff. Die Idee des Doppelangriffs wurde nicht konsequent ausgeführt und muss folglich scheitern.

Abb. 4 – Variante
Läuft Weiß mit einem leeren Dreieck in schlechter Form davon, dann genügt Schwarz 3, um die Trennung aufrechtzuerhalten. Biegt Weiß dann auf 4 um, springt Schwarz auf 5 und freut sich über die zwei guten Fortsetzungen auf A und B. Wie schon Abbildung 2, so ist auch dieses Ergebnis nicht tragbar für Weiß.

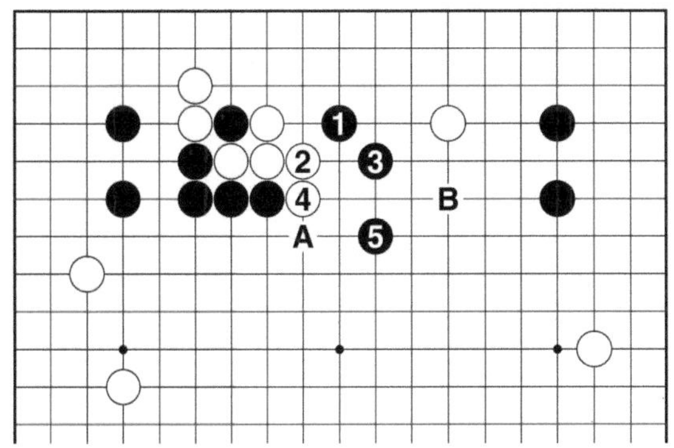

Abbildung 4

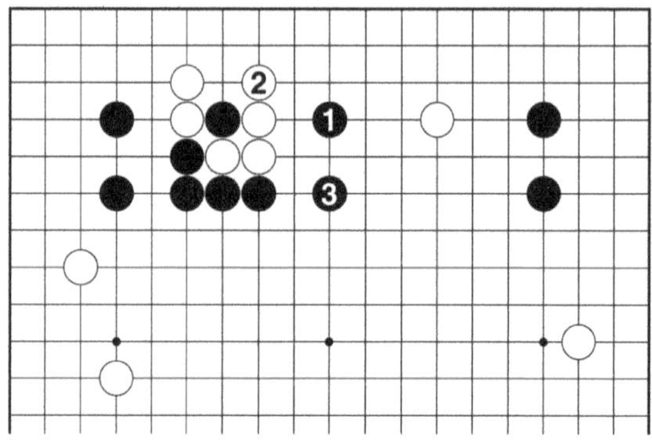

Abbildung 5

Abb. 5 – Ausreichend
Um zu vermeiden, dass Schwarz außen gute Form erhält, könnte Weiß auf 2 nachgeben. Aber Schwarz springt einfach auf 3 und ist zufrieden.

Abb. 6 – Leichter Sieg für Schwarz
Schließlich sollten wir einen Blick darauf werfen, was passiert, wenn Weiß auf die schwarze Invasion nicht antwortet. Schwarz 3 ist ein gefährliches Tesuji. Schlägt Weiß sofort auf 6, dann streckt Schwarz auf 4 und die weiße Gruppe bleibt ohne Augen zurück. Weiß 4 ist daher notwendig, aber Schwarz streckt auf 7, um zwei Steine zu opfern. Nach 11 hat Schwarz eine exzellente Position und der Sieg sollte ein Leichtes sein.

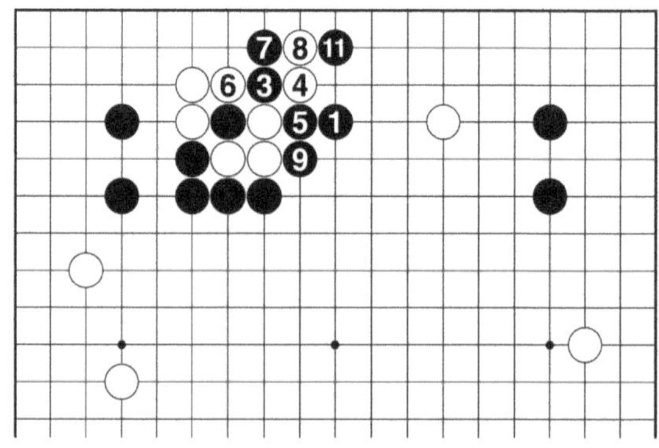

Abbildung 6
Weiß 2 Tenuki, Weiß 10 deckt.

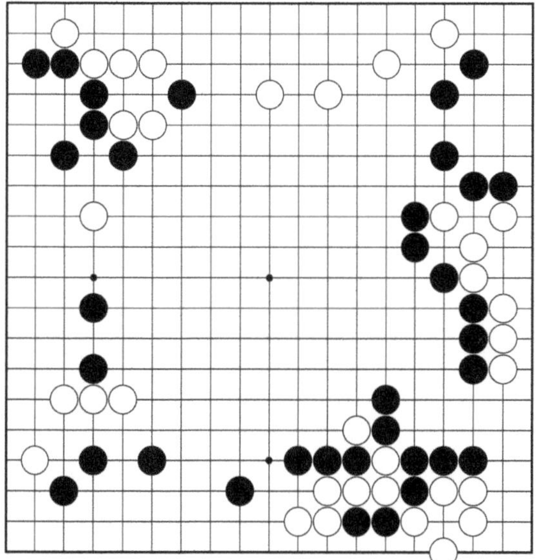

Problem 10

Problem 10 – Schwarz am Zug

Angreifen?

Dieses Problem ist ebenfalls einer Vorgabepartie entnommen. Es ist eine Drei-Steine-Partie. Schwarz hat bis hierhin sehr sorgfältig gespielt und den Vorsprung aufrecht halten können. Nun möchte er diesen Vorteil nutzend den Sieg nach Hause bringen.

Eine Betrachtung des gesamten Bretts zeigt, dass nur der linke Rand noch nicht ausgespielt wurde. Ihre Aufmerksamkeit sollte daher auf diese Seite gerichtet sein. Wollen Sie die vier weißen Steine attackieren oder ein großes Gebiet aufbauen?

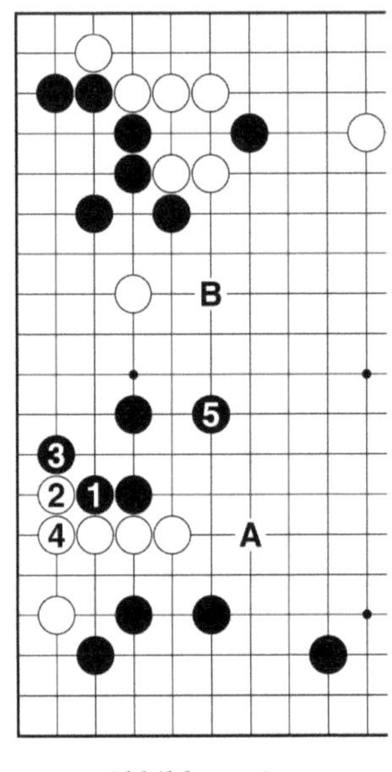

Abbildung 1

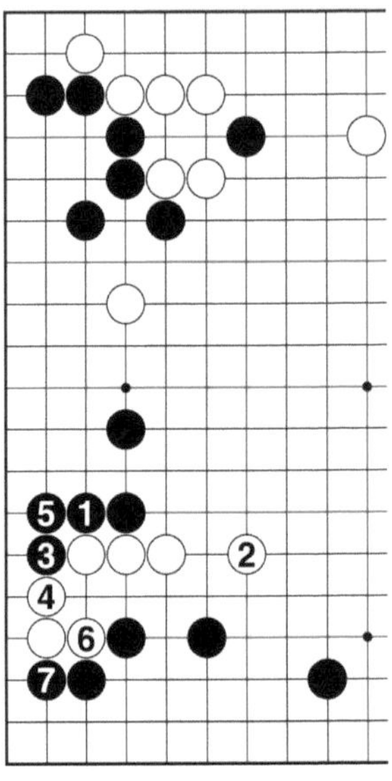

Abbildung 2

Angriffspunkte

Abb. 1 – Alternativen
Der Angriffspunkt ist Schwarz 1. Weiß muss jetzt leiden, weil er den letzten Zug des Josekis weggelassen hat. Biegt Weiß mit 2 um und deckt auf 4, dann springt Schwarz auf den guten Punkt 5, der ihm die beiden Boshi A und B als Alternativen für eine aktive Fortsetzung bietet.

Abb. 2 – Keine Basis
Springt Weiß sofort mit 2 ins Zentrum, so sind 3 und 5 gute Züge, denn Schwarz nimmt Weiß auf diese Weise die Basis. Schwarz 7 lässt vom Angreifen nicht ab und Weiß findet keine Zeit, dem einzelnen Stein am oberen Rand Unterstützung zukommen zu lassen.

Abb. 3 – Ausbau der Gebietsanlage
Mit Schwarz 1 dem Weißen den Weg in das Zentrum zu versperren, ist ebenfalls ein starker Zug, denn er legt das Augenmerk auf den Ausbau einer riesigen Gebietsanlage in der Brettmitte. Einige Profi-Spieler würden – weil das zumeist ihrem eigenen Spielstil entspricht – sagen, das ist der richtige Zug. Aber ich denke, er ist ein bisschen kraftlos.

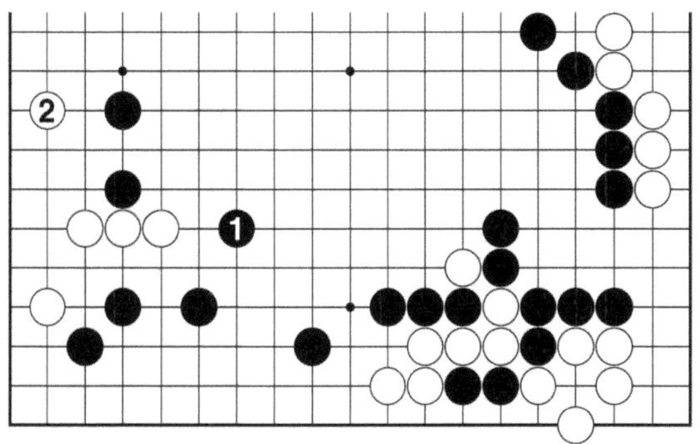

Abbildung 3

Abb. 4 – Kein Angriff
Schwarz 1 ist groß und bringt gut 20 Punkte, missachtet aber den weißen Sprung auf 2. Jetzt gibt es keinen Angriffspunkt mehr, doch viel schlimmer ist, dass den zwei schwarzen Steinen am linken Rand die Basis genommen wurde.

Abb. 5 – Falsche Richtung
Den einzelnen weißen Stein anzugreifen, geht in die falsche Richtung, denn es lässt Weiß wieder auf den guten Punkt 2 springen. In der Fortsetzung bis Schwarz 9 wird deutlich, dass Schwarz 1 ein verschwendeter Zug war.

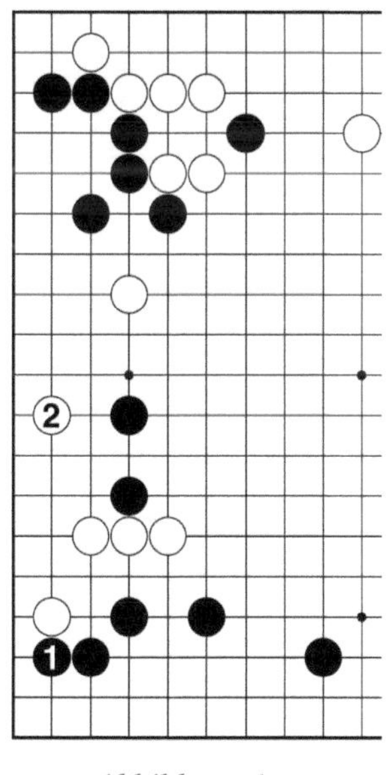

Abbildung 4

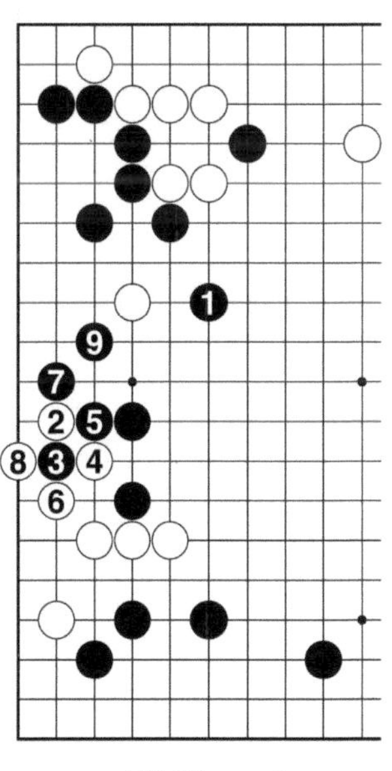

Abbildung 5

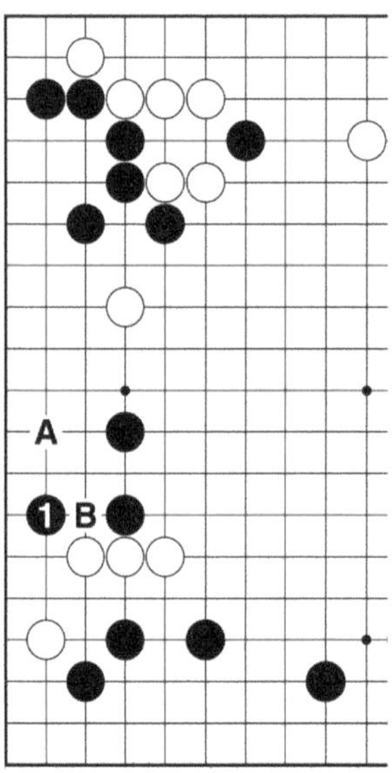

Abbildung 6

Abb. 6 – Auch korrekt

Der schwarze Sprung auf 1 ist auch eine richtige Lösung. Es ist wichtig, sich klar zu machen, dass Weiß im Joseki den Basis machenden Zug auf A weggelassen hat und Schwarz nun auf 1 oder B blocken muss, um zu verhindern, dass Weiß seinen Fehler nachträglich korrigieren kann.

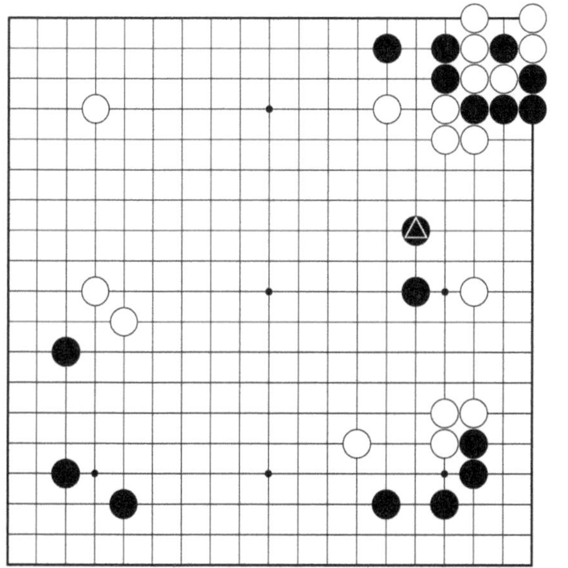

Problem 11

Problem 11 – Weiß am Zug

Die Stärke nutzen

Schwarz hat zuletzt den markierten Stein gespielt, um seinen Stein zu stabilisieren und den drohenden weißen Gebietsaufbau einzuschränken. Was ist die beste Methode, um die beiden schwarzen Steine anzugreifen?

Schwarz kontrolliert Gebiet in drei Ecken, doch Weiß verfügt über Stärke im Zentrum. Wie sollte Weiß die Stärke am besten zum Einsatz bringen?

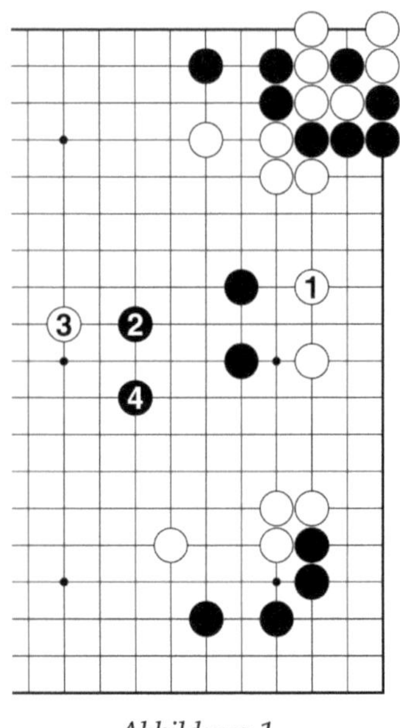

Abbildung 1

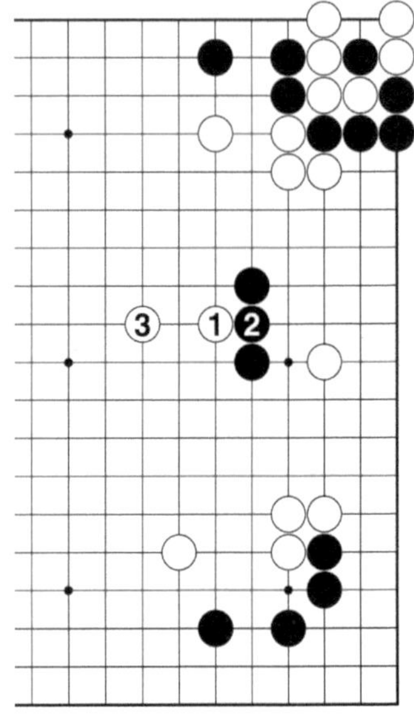

Abbildung 2

Abb. 1 – Zu passiv

Zuerst den Rand mit Weiß 1 zu verteidigen ist zu passiv, denn Schwarz macht mit 2 gute Form und jeder weitere Angriffsversuch von Weiß läuft ins Leere. Weiß 3 kann nunmehr die Flucht des Schwarzen nicht mehr verhindern. Schwarz 4 sorgt für eine solide Basis inmitten dessen, was einmal eine weiße Gebietsanlage war.

Abb. 2 – Die Partie

In der Partie entschied sich Weiß für das Nozoki auf 1 um anschließend mit 3 einen großräumigen Angriff zu starten.

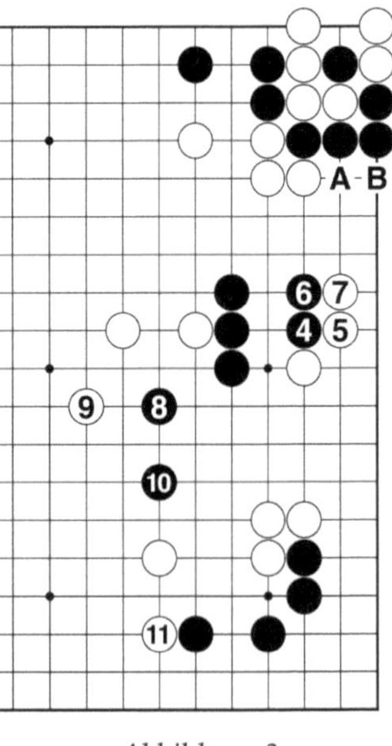

Abbildung 3

Abb. 3 – Indirekter Angriff

Da Weiß jederzeit die Vorhandzüge A und B gegen die Ecke spielen kann, braucht er sich vor dem schwarzen Einbruch auf 4 nicht fürchten. Läuft Schwarz

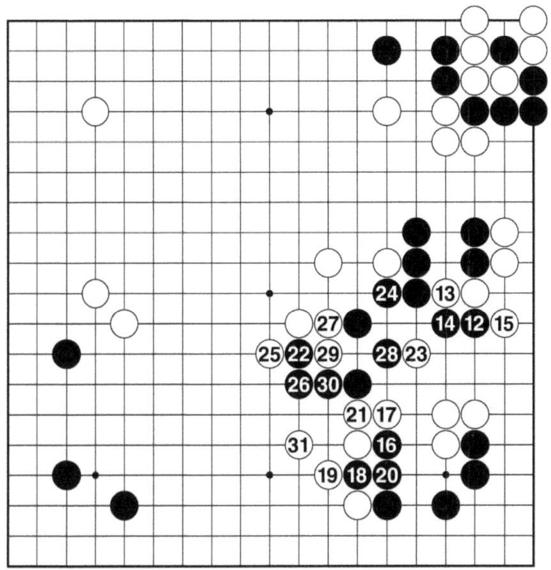

Abbildung 4

mit 8 davon, nimmt Weiß mit dem Keima auf 9 die Verfolgung auf. Weiß 11 ist ein klassischer indirekter Angriff.

Abb. 4 – Der Angriff zahlt sich aus
Die Züge Schwarz 12 bis 16 sind erzwungen und nach der Abfolge bis 31 hat die schwarze Gruppe immer noch keine Augen. Weiß nimmt während des Angriffs Gebiet mit und baut eine schöne Anlage auf.

Abb. 5 – Richtige Antwort 2
Der Abtausch Weiß A für Schwarz B ist sicher nützlich, aber ein Angriff auf Weiß 1 ist genauso richtig. Versucht Schwarz mit 2 bis 6 zu entkommen, dann startet Weiß 7 wieder einen indirekten Angriff.

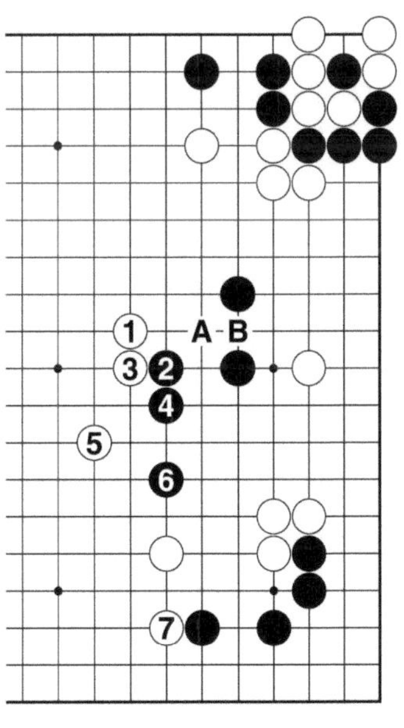

Abbildung 5

Abb. 6 – Richtige Antwort 3
Weiß 1 ist ebenfalls eine richtige Lösung. Wenn Schwarz mit 2 anlegt und auf 4 streckt, wird Weiß mit den Zügen bis 9 schneiden und Schwarz steckt in der Klemme. Daher hat Schwarz kaum eine andere Wahl als mit 2 auf 8 loszulaufen, aber Weiß wird mit einem Keima auf A den Angriff fortführen.

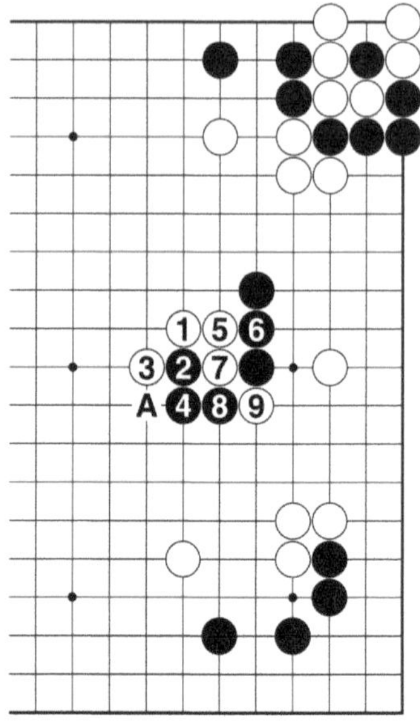

Abbildung 6

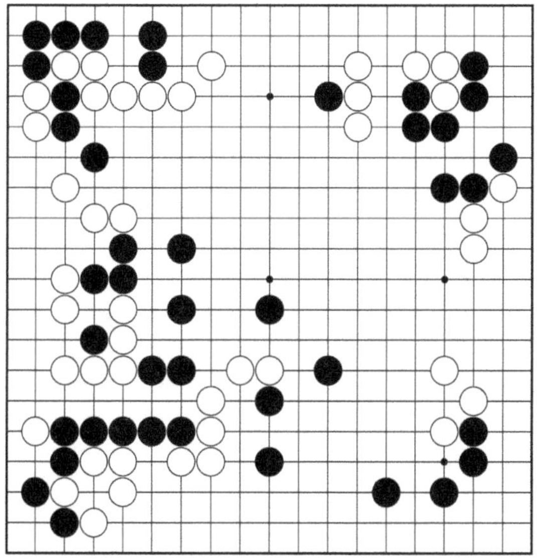

Problem 12

Problem 12 – Schwarz am Zug

Ein ruhiger Zug

Dies ist eine meiner Partien, in der ich 1968 bei meiner ersten Teilnahme an der Honinbo-Liga mit Weiß gegen Rin Kaiho, den damaligen Meijin, spielte.

Ich denke, dass ich bis hierhin sehr gut gespielt hatte, aber der nächste Zug von Rin zerstörte jede Hoffnung auf einen Sieg.

Der folgende Zug von Schwarz ist ruhig, aber exzellent.

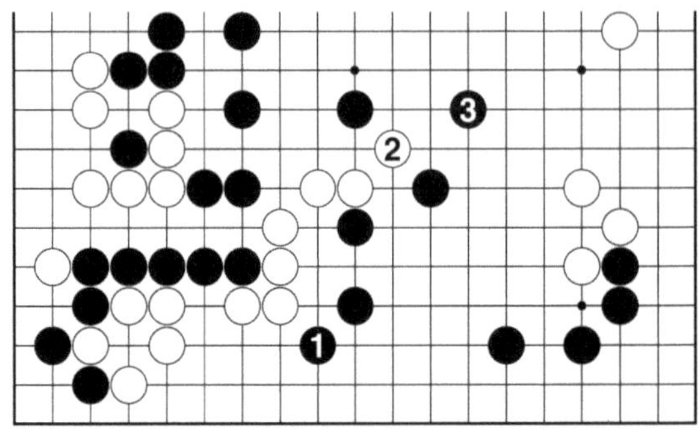

Abbildung 1

Abb. 1 – Korrekt

Das schlichte, ruhige Kosumi auf 1 ist der stärkste Zug und die korrekte Lösung, denn er raubt Weiß die Basis. Da Weiß am Rand keine zwei Augen mehr bilden kann, ist er gezwungen, mit 2 die Flucht anzutreten, aber Schwarz 3 bleibt ihm auf den Fersen.

Abb. 2 – Leichter Sieg

Das Einschließen mit Schwarz 1 ist ein schwacher Zug. Weiß 2 und 4 sichern nicht nur die Gruppe, sondern nehmen auch Punkte mit. Auf diese Weise wird es ein leichtes Spiel für Weiß. Der springende Punkt an dieser Stelle ist, ob Weiß seine Gruppe stabilisieren oder ob Schwarz ihr die Basis nehmen kann.

Abb. 3 – Doppelangriff

In der Fortsetzung von Abbildung 1 muss Weiß mit 1 fliehen. Seine Gruppe ist nun weitesgehend aus der Gefahrenzone entkommen, aber Schwarz konnte sich eine Position verschaffen, die ihm die Invasion auf 2 ermöglicht. Schwarz 2 ist ein kraftvoller und für Weiß gefährlicher Doppelangriff.

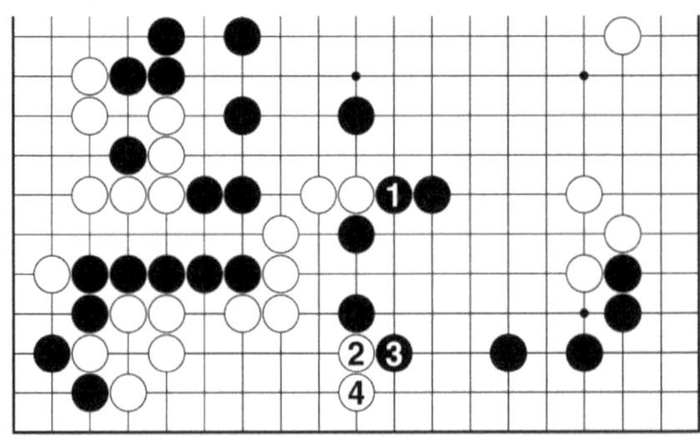

Abbildung 2

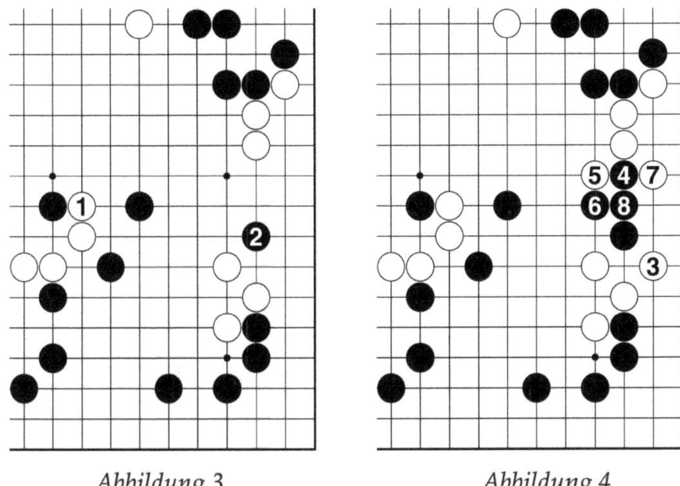

Abbildung 3 *Abbildung 4*

Abb. 4 – Harter Angriff
Schwarz 4 ist streng, er verhindert die weiße Verbindung. Schwarz 8 ist die richtige Antwort auf Weiß 7.

Abb. 5 – Hoffnung
Statt Schwarz 8 in der letzten Abbildung mit 1 hier ein Ko zu beginnen, ist ungeduldig. Schwarz hat bei 3 keine ausreichende Ko-Drohung zur Verfügung und so kann Weiß mit 4 die gröbsten Probleme bereinigen. Nach Schwarz 5 geht Weiß zu 6 über. Mit der Möglichkeit, in der Ecke links unten ein Ko auf A zu beginnen, kann Weiß optimistisch in die Zukunft blicken.

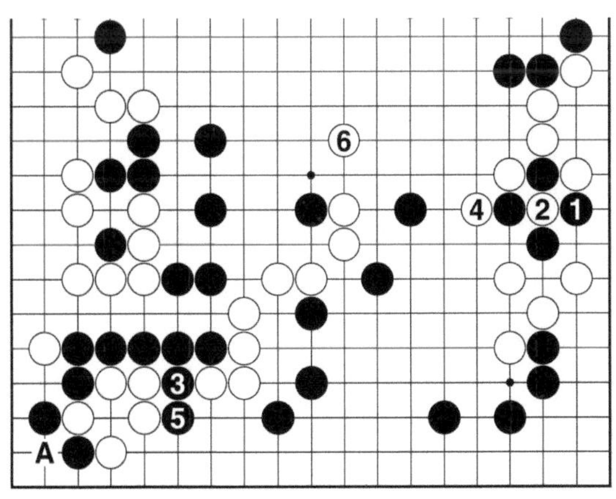

Abbildung 5

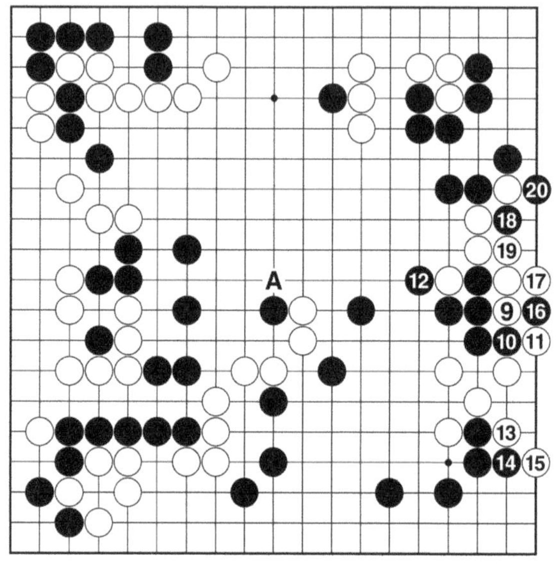

Abbildung 6

Abb. 6 – Überwältigende Niederlage

Das ist die Fortsetzung der Partie. Obwohl es Weiß gelingt, am Rand zu verbinden und auch zum Hane auf 15 kommt, greift Schwarz mit 18 und 20 Profit ab und macht es für Weiß schwierig, am Rand zu überleben. Darüber hinaus muss sich Weiß wegen eines schwarzen Zugs auf A Sorgen machen – eine überwältigende Niederlage.

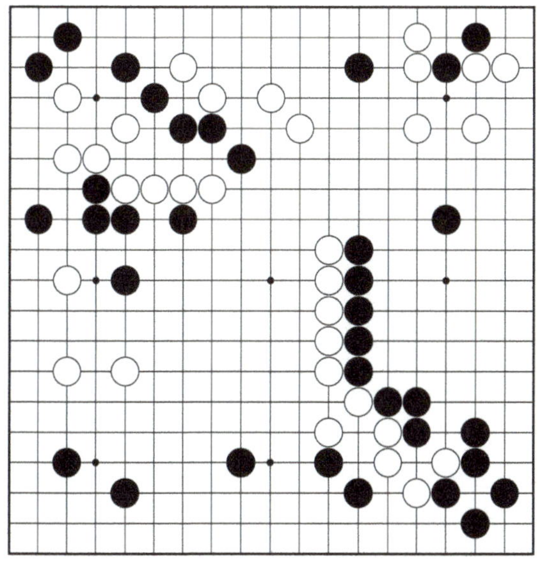

Problem 13

Problem 13 – Weiß am Zug

Doppelangriff

Die hier gezeigte Partie ist in eine schwierige Phase gekommen. Weiß plant einen Doppelangriff gegen die beiden schwarzen Gruppen in der linken oberen Ecke.

Finden Sie den richtigen Angriffspunkt, an dem man hier ansetzen muss?

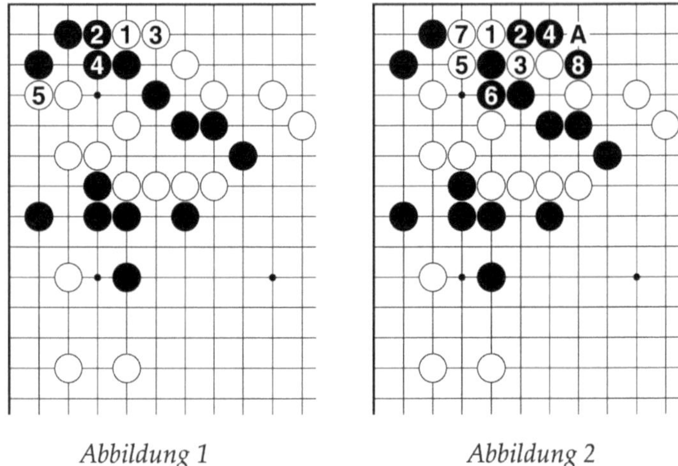

Abbildung 1 *Abbildung 2*

Den vitalen Punkt treffen

Abb. 1 – Korrekt
Das Anlegen auf 1 trifft den vitalen Punkt der schwarzen Gruppe, den Angriffspunkt. Antwortet Schwarz auf 2, dann verhindern Weiß 3 und 5 das Leben in der Ecke.

Abb. 2 – Die Partie
In der Partie leistete Schwarz mit 2 und 4 Widerstand. Würde Weiß auf A antworten, dann wären das auch gute Züge, aber stattdessen kontert er mit 5 und 7, wonach auch Schwarz 8 nicht mehr hilft.

Abb. 3 – Keine Augen
Weiß 9 und 11 halten Schwarz einäugig.

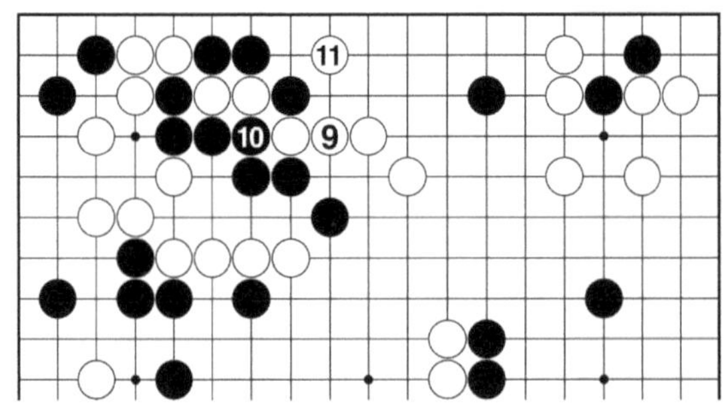

Abbildung 3

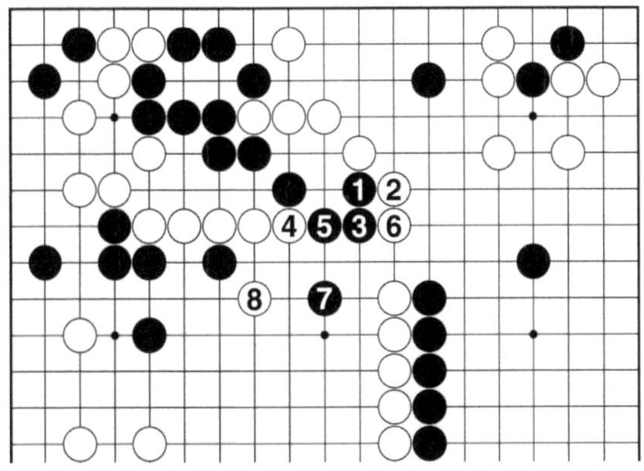

Abbildung 4

Abb. 4 – Doppelangriff
Schwarz hat also keine andere Wahl, als mit 1 und 3 die Flucht zu ergreifen. Dies gibt Weiß die ideale Gelegenheit, einen Doppelangriff zu starten.

Abb. 5 – Aufgabe
Nach Weiß 18 gibt Schwarz auf. Wenn Schwarz den Zug 15 nutzt, um der Mittelgruppe zu helfen, dann überlebt die Gruppe am linken Rand nicht.

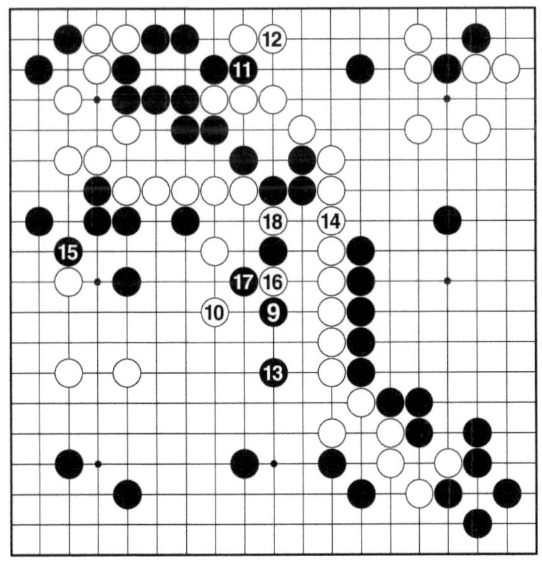

Abbildung 5

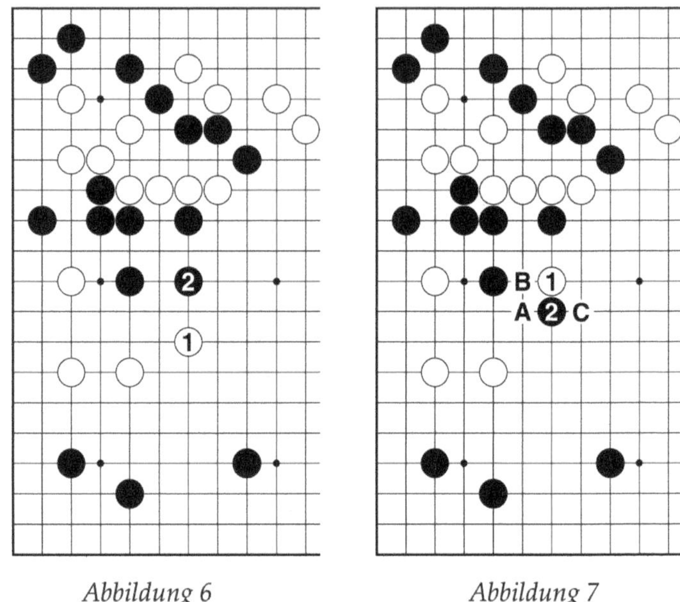

Abbildung 6 *Abbildung 7*

Abb. 6 – Falsche Richtung
Der Angriff mit Weiß 1 ist fragwürdig, denn er lässt Schwarz auf 2 verteidigen. Keine der beiden weißen Gruppen am linken Rand ist wirklich sicher und das verheißt nichts Gutes für den Fortgang der Partie.

Abb. 7 – Riskant
Wenn Weiß dennoch von dieser Seite angreifen möchte, ist Weiß 1 der richtige Angriffspunkt, aber diese Spielweise ist sehr riskant, denn sie provoziert Schwarz 2. Spielt Weiß jetzt auf A, dann schneidet Schwarz auf B, und entscheidet sich Weiß für C, dann zieht Schwarz auf A zurück. Wie auch immer, beide Varianten lassen die Schwäche der weißen Gruppe zu Tage treten.

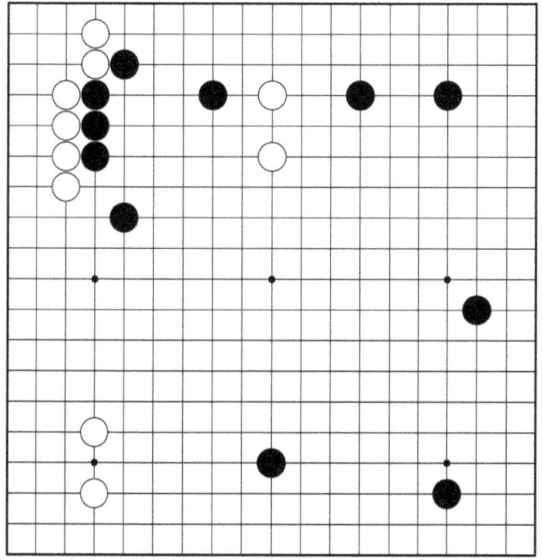

Problem 14

Problem 14 – Weiß am Zug

Angriff in der Eröffnung

Noch liegen nicht viele Steine auf dem Brett und es ist schwer zu entscheiden, welche Steine man angreifen kann und soll. Selbst unter den Profi-Spielern gibt es hier keine einhellige Meinung.

Ich möchte Sie bitten, Ihre Aufmerksamkeit auf die linke obere Ecke zu richten und das Prinzip „Die Mitte von drei Steinen", das Sie im ersten Kapitel kennengelernt haben, anzuwenden.

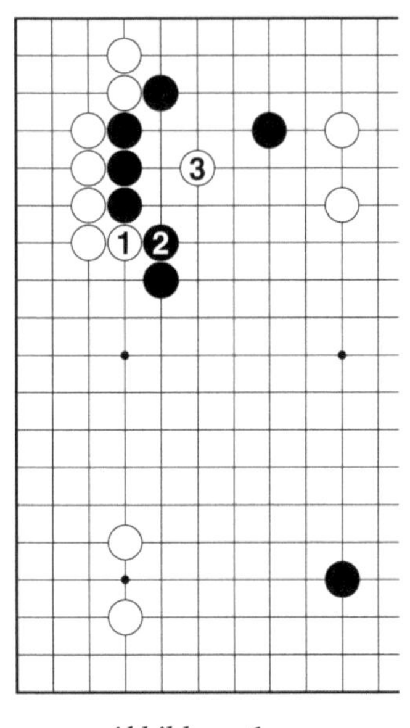

Abbildung 1

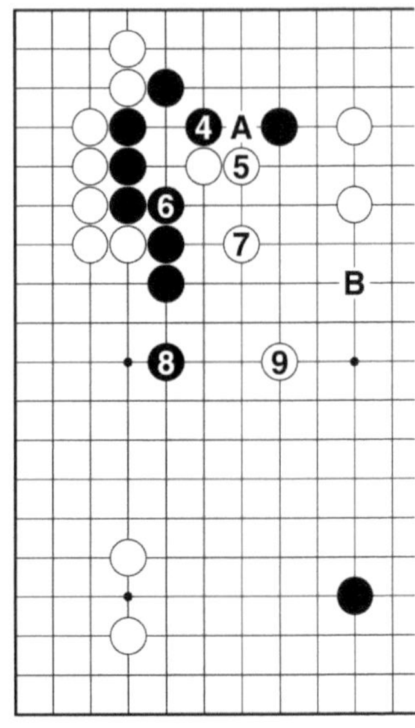

Abbildung 2

Abb. 1 – Korrekt

Nach der Vorbereitung durch Weiß 1 besetzt Weiß 3 den vitalen Angriffspunkt – die Mitte von drei Steinen. Obwohl man für gewöhnlich nur sehr widerwillig Züge wie Weiß 1 spielt, ist er hier notwendig, um den Angriffspunkt zu aktivieren.

Abb. 2 – Angriff

Schwarz 4 ist die einzige Antwort auf Weiß 3. Weiß zieht ruhig auf 5 zurück, ohne den Fehler zu machen, auf 6 zu schneiden. Weiß 5 nimmt die ganze Gruppe aufs Korn. Weiß 7 und 9 ergreifen die Initiative und greifen die Gruppe großräumig an. Weiß macht hier ganz klar das bessere Spiel, denn die Schwäche auf A bleibt ebenfalls zurück. Deckt Schwarz auf A, dann ist das Verteidigen auf Weiß B gut genug.

Abb. 3 – Nur Gebiet

Weiß 1 ist schwach. Mit diesem Zug denkt Weiß nur an Gebiet. Schwarz macht Form auf 2 und nun sind es die zwei weißen Steine, die unter Druck kommen.

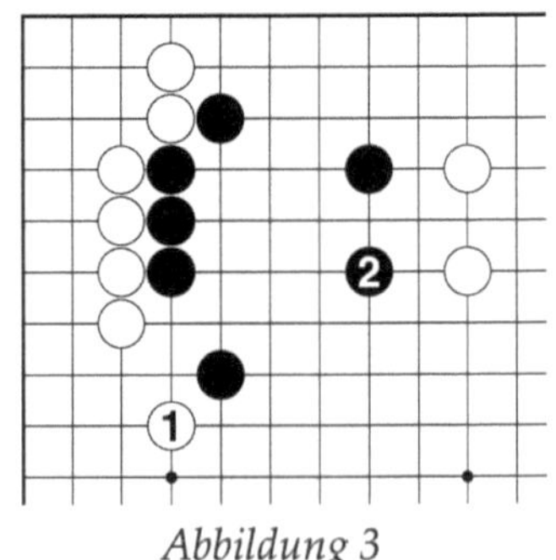

Abbildung 3

Abb. 4 – Keine Fortsetzung
Weiß 1 ist ein guter Punkt, aber er überlässt Schwarz die Verteidigung des Angriffspunktes. Die dünne Form der drei weißen Steine bleibt ein Grund zur Sorge für Weiß.

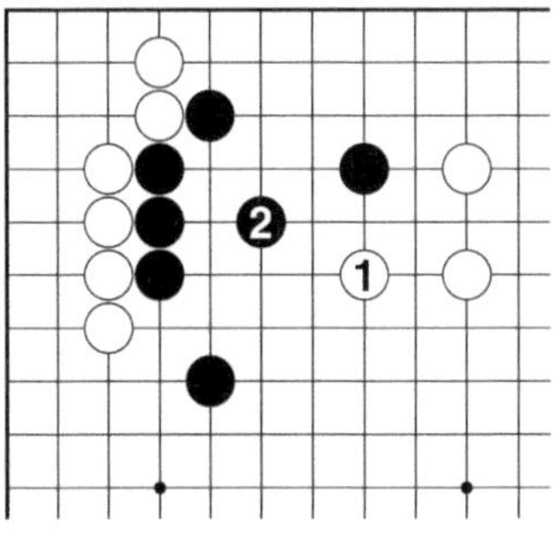

Abbildung 4

Abb. 5 – Thema verfehlt
Wie sieht es mit Weiß 1 aus, der das Kakari gegen den Eckstein rechts unten spielt?

Das Joseki bis 7 gibt Weiß ein kleines Leben, aber Weiß hat das Wichtigste außer Acht gelassen. Schwarz 8 ist wie eine Bestätigung dafür, denn während Weiß nun mit 9 hastig Sicherheit sucht, kombiniert Schwarz Angriff und Verteidigung mit dem schönen Zug auf 10. Die weiße Form ist noch immer sehr dünn.

Springt Weiß mit 9 auf A, dann ist ein schwarzer Sprung auf B, der die rechte Seite ausbaut, für Schwarz ebenfalls möglich. Gleichzeitig hält Schwarz den Angriff auf die weiße Gruppe aufrecht. Da ein schwarzer Zug auf C eine Antwort von Weiß rechts unten erzwingen würde, ist Weiß in die Defensive gedrängt. Priorität für Weiß sollte haben, dass er die Initiative ergreift, und das bedeutet, Weiß 1 in Abbildung 1 zu spielen.

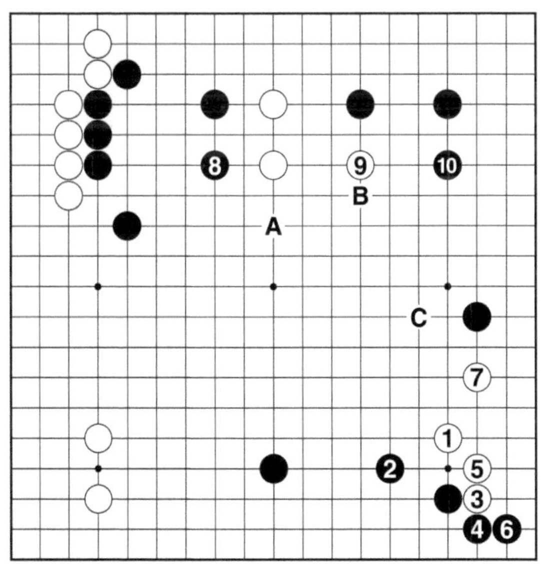

Abbildung 5

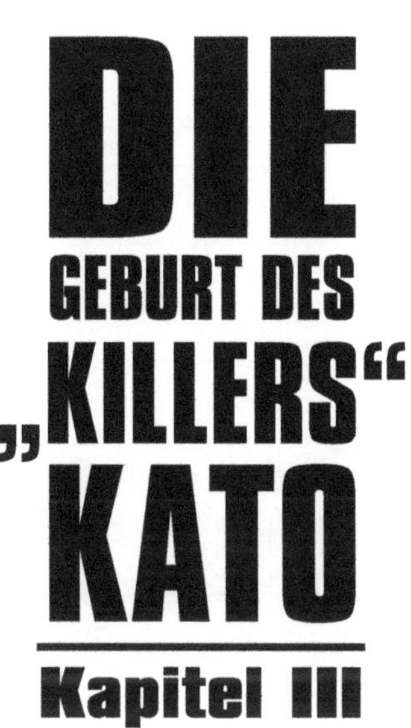
DIE
GEBURT DES
„KILLERS“
KATO
Kapitel III

PARTIE 1

Weiß: Kawamoto Noboru, 4-Dan
Schwarz: Kato Masao, 3-Dan
Honinbo Vorkämpfe 1965, 4,5 Komi

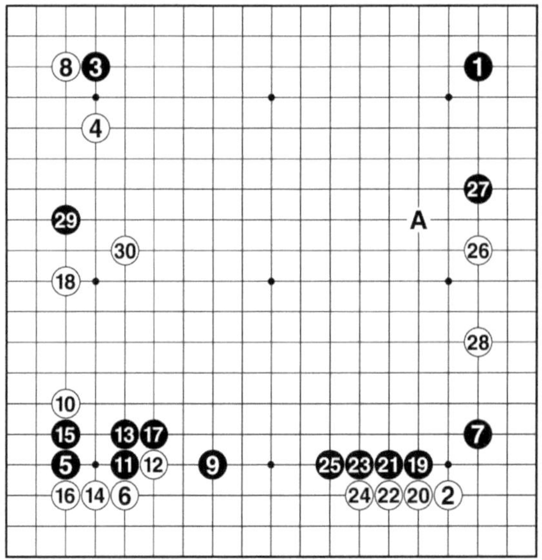

Figur 1 (1 – 30)

Figur 1 – Der erste Schlüsselpunkt
Der weiße Gegenangriff mit 10 als Antwort auf Schwarz 9 und die darauffolgenden Züge bis 17 sind ein bekanntes Joseki. Weiß 18 besetzt einen großen Punkt, der die schwarze Stärke entwerten soll. Aber er lässt noch genügend Raum für die Invasion auf 29, daher ist Weiß 18 vielleicht nicht so gut. Es wäre sicherer, diesen Zug einen Punkt weiter oben zu spielen.

Der schwarze Plan sieht vor, Weiß mit 19 in eine flache Position zu drücken. Es ist daher nur natürlich für Weiß, mit 22 und 24 Vorhand zu nehmen und mit 26 einen Keil zwischen die schwarzen Stellungen zu treiben.

Abb. 1: Spielt Weiß mit 22 den Josekizug auf 1, dann bekommt Schwarz genau das, was er wollte. Mit Schwarz 2 steckt er eine riesige Einflusssphäre ab.

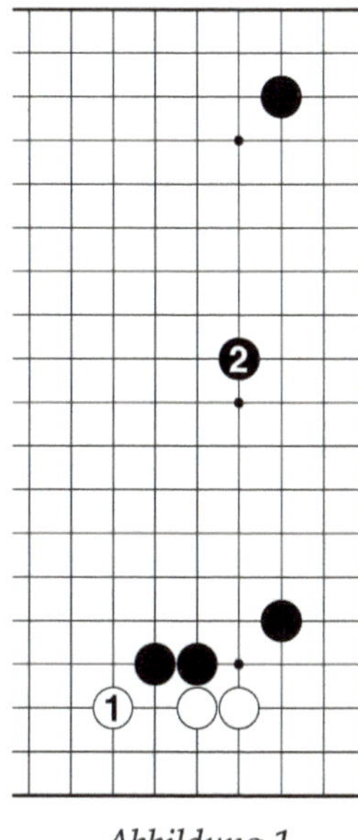
Abbildung 1

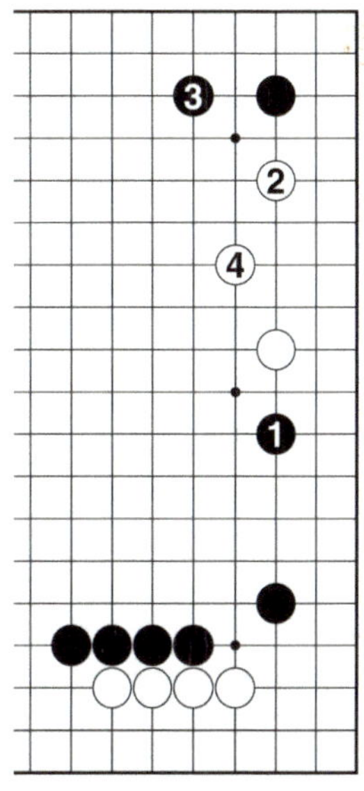
Abbildung 2

Abb. 2: Schwarz 27 auf 1 zieht keinen Nutzen aus der Stärke. Weiß baut sich eine kleine, aber feine Basis und es bleibt der schale Beigeschmack, dass Schwarz hier nicht alles gegeben hat.

Schwarz 27 zielt darauf ab, die schwarze Stärke effektiv einzusetzen und einen Angriff auf A zu starten.

Schwarz 29 ist jetzt der erste Schlüsselpunkt. Es ist eine scharfe Invasion, unterstützt von der Stärke, die über das gesamte Brett strahlt. Der Zug zeigt, dass Weiß 18 als Ausdehnung vom oberen Rand zu weit gespielt wurde. Die Eröffnung ist bereits abgeschlossen und die Bühne ist frei für ein Mittelspiel, in dem ein Kampf um Alles oder Nichts toben wird.

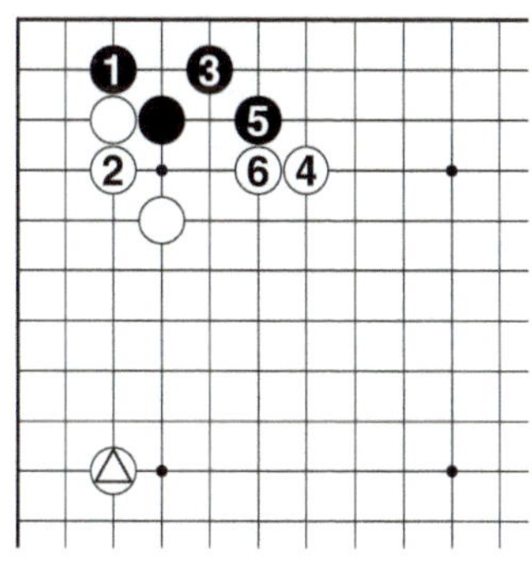
Abbildung 3

Abb. 3: Der natürliche und vernünftige Zug an dieser Stelle ist Schwarz 1, aber Weiß drückt mit 4 und 6 und baut so eine eigene starke Wand auf. Nun steht der markierte weiße Stein genau in der richtigen Entfernung. Auf diese Weise spielt Schwarz dem Weißen direkt in die Hände. Somit ist dies ein Fehlschlag für Schwarz.

Abb. 4: Mit Schwarz 5 aus der letzten Abbildung auf 1 zu schneiden, ist keine gute Alternative, denn nach der Abfolge bis 14 hängen die drei schwarzen Zentrumssteine in der Luft.

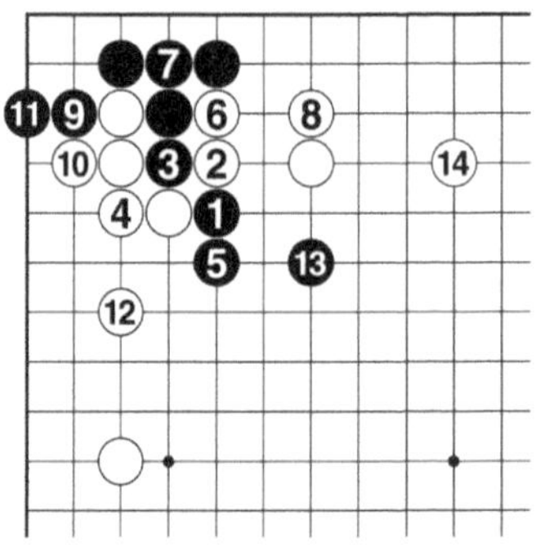

Abbildung 4

Abb. 5: Weiß 30 bedarf sorgfältiger Überlegung. Springt Weiß auf 1, dann werden beide Spieler ins Zentrum laufen. Weiß muss jedoch zurückkommen und die Ecke mit 7 verteidigen. Schwarz 8 erzwingt Weiß 9 und anschließend übernimmt Schwarz 10 die Initiative in der Brettmitte. Die weißen Gruppen rechts und links werden somit getrennt und ein eisiger Wind bläst der Zwei-Punkte-Ausdehnung am rechten Rand ins Gesicht. Weiß kann diese Entwicklung nicht zulassen. Spielt er 7 auf A, um den Vorsprung im Wettlauf in die Brettmitte zu halten, dann wird Schwarz das Hane auf B spielen und die weiße Gruppe in der Ecke links oben bekommt Probleme.

Deshalb spielt Weiß in der Partie das Keima auf 30, aber er ist mehr damit beschäftigt, seine eigenen Gruppen zu sichern, als Schwarz anzugreifen.

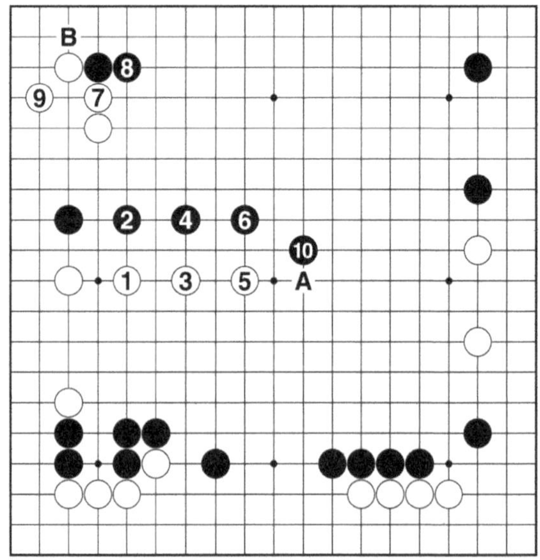

Abbildung 5

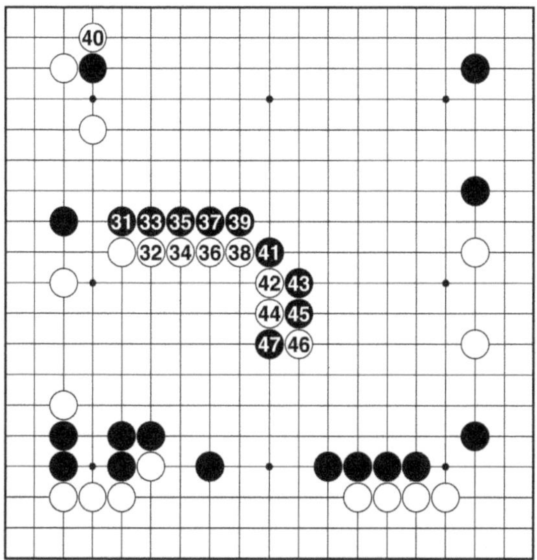

Figur 2 (31 – 47)

Figur 2 – Erfolg der Invasion

Schwarz 31 ist die richtige Antwort auf das Keima. Es ist ärgerlich für Weiß, zurückhaltend auf 32 strecken zu müssen, aber er kann es sich nicht leisten, das resolute Hane auf 33 zu spielen

Abb. 6: Spielt Weiß das Hane auf 1, dann sind Schwarz 2 und 4 eine starke Antwort. Sollte Weiß mit einem weiteren Hane auf 5 fortsetzen, bringen die Züge Schwarz 6 bis 10 die weiße Ecke in eine arge Notlage.

Abb. 7: Wechselt Weiß mit 5 die Richtung und verteidigt die Ecke, dann reicht es für Schwarz, mit 2 und 4 zurückzuziehen. Die Ecke ist noch immer nicht sicher.

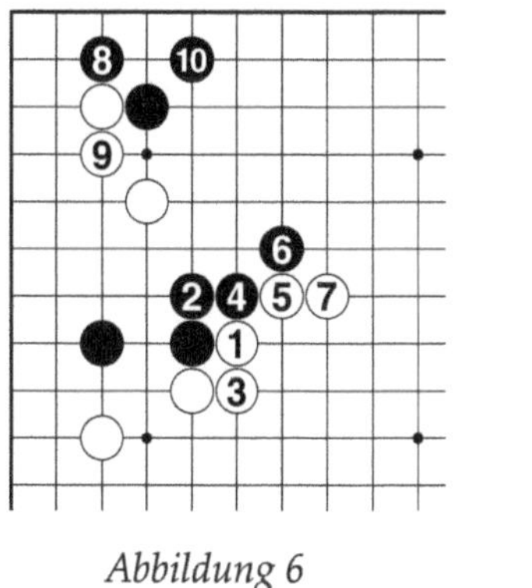

Abbildung 6

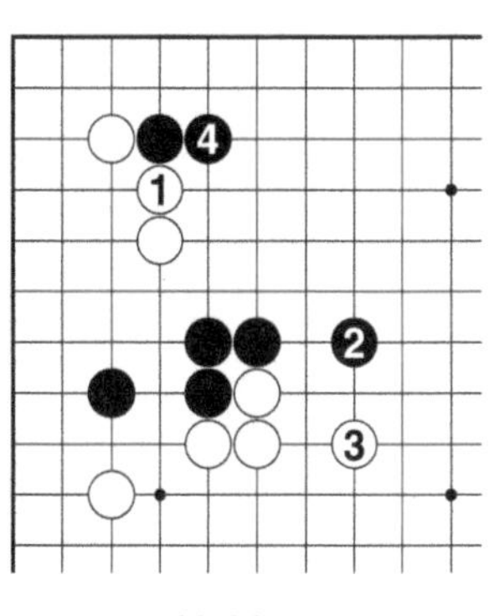

Abbildung 7

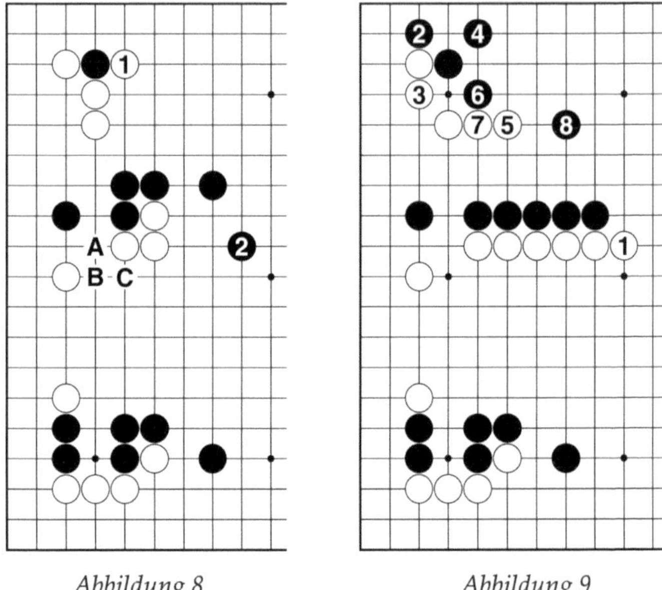

Abbildung 8 *Abbildung 9*

Abb. 8: Falls Weiß anstatt 3 in der letzten Abbildung die Ecke mit 1 sichert, lässt er Schwarz den guten Punkt auf 2 nehmen. Jetzt ist die weiße Gruppe am Brettrand in Gefahr, denn Schwarz A, Weiß B und Schwarz C sind ein sehr scharfer Angriff.

Beginnend mit Weiß 32 führt die Reihe der Streckzüge in der Partie unweigerlich zur Schwächung der weißen Steine in der linken oberen Ecke. Das macht den Sicherungszug Weiß 40 notwendig.

Abb. 9: Verzichtet Weiß auf die Sicherung der Ecke und streckt stattdessen noch einmal auf 1, dann spielt Schwarz erst 2 und 4 und attackiert dann mit 6 und 8. Die Partie ist dann so gut wie vorbei.

Schwarz freut sich über die Züge 41 und 43, die er in der Partie bekommt. Die Invasion war somit erfolgreich. Schwarz schneidet schließlich mit 47 und es ist deutlich, dass er diesen Kampf begrüßt, denn dieser wird die erhofften Auswirkungen auf die beiden weißen Steine am rechten Rand haben.

Figur 3 – Schwacher Zug

Weiß sichert mit 48 die Augenform. Das gibt Schwarz Zeit, mit 49 die Schnitte zu decken und perfekte Form zu machen. Weiß 50 wird von Schwarz mit dem Schnitt auf 51 beantwortet. Die weiteren Züge bis 59 entsprechen dem, was man in dieser

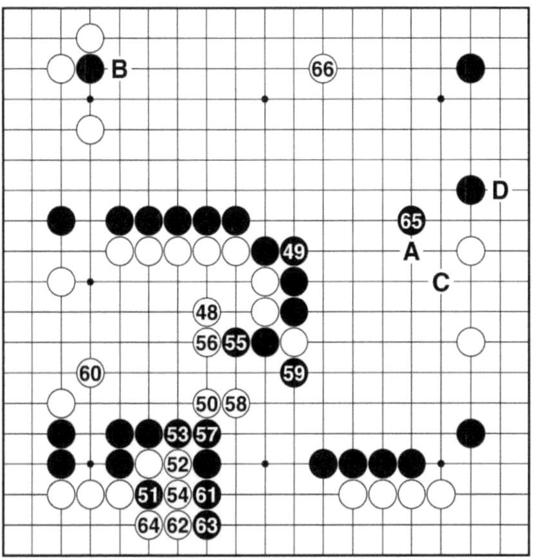

Figur 3 (48 – 66)

Situation erwarten kann. Der weiße Verteidigungszug auf 60 jedoch ist nicht nur schwach, er ist vermutlich der Zug, der die Partie verliert.

Abb. 10: Weiß 60 soll die Invasion auf 1 verhindern, aber Weiß lebt ohne große Schwierigkeiten mit 2 und 4.

Wenn Weiß statt 60 seine Gruppe am rechten Rand mit einem Zug auf A stärkt (obwohl sie dann immer noch nicht ganz sicher ist), mit einem großen Zug auf B die Ecke oben links ausbaut oder den großen Punkt auf 66 besetzt, dann steht die Partie zwar noch lange nicht gut für ihn, aber sie ist auch noch nicht vorbei.

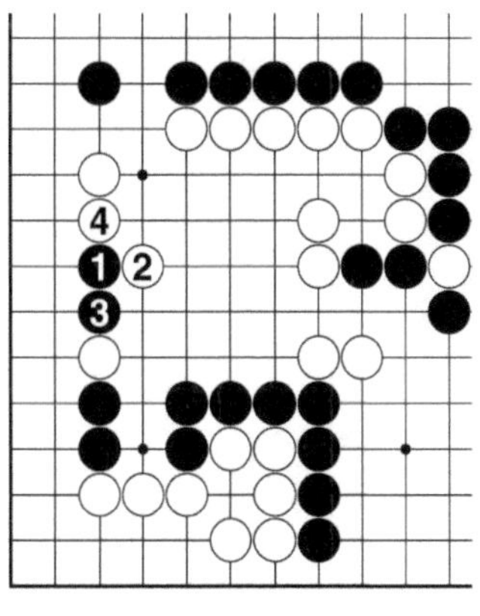

Abbildung 10

Schwarz greift in guter Form mit dem Keima auf 65 an. Die Idee ist, Weiß gegen die schwarze Stärke zu treiben. Das Boshi auf A wäre hier der falsche Angriffszug, denn Weiß würde einfach in die offene freie Fläche entkommen.

Sobald Schwarz den Punkt 65 einmal eingenommen hat, ist Weiß 66 unerlässlich.

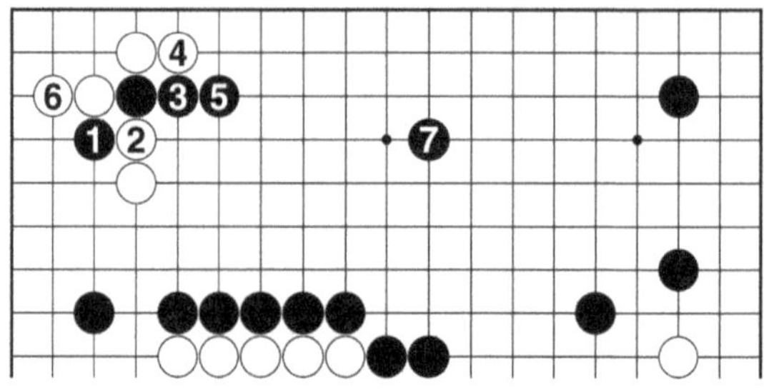

Abbildung 11

Abb. 11: Verteidigt Weiß mit 66 seine Gruppe am rechten Brettrand, dann spielt Schwarz die Sequenz 1 bis 5 in der linken oberen Ecke und steckt anschließend mit 7 ein riesiges Gebiet ab, das ihn in der Partie eindeutig in Führung bringt. Mit dem Zug auf 66 in der Partie verhindert Weiß diese Entwicklung am oberen Rand, aber er muss nun einen Kampf am rechten Brettrand akzeptieren.

Zurück zu Figur 3. Die Frage lautet nun: Wie soll Schwarz mit 67 die beiden weißen Steine angreifen? Die schwarze Stärke rundherum miteinbeziehend, kann Schwarz sogar in Erwägung ziehen, die weißen Steine zu fangen, statt sie nur zu attackieren. Ein schwarzer Angriff auf C lässt Weiß nach D ausweichen und leben. So würde die Stärke nicht genutzt.

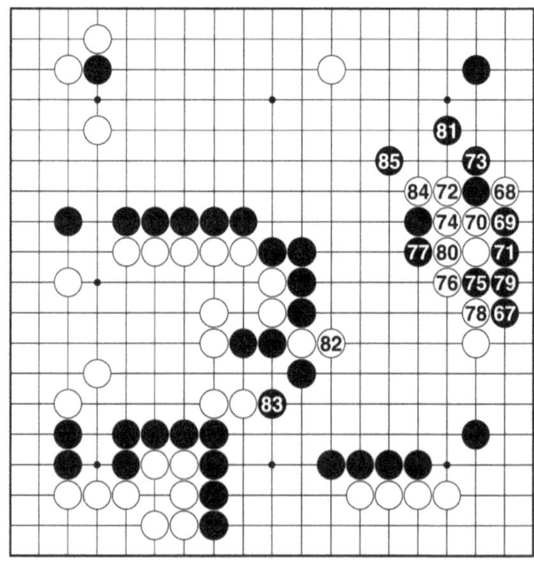

Figur 4 (67 – 85)

Figur 4 – Einseitiger Angriff
Der Sprung mitten in die weiße Stellung, um die Basis zu zerstören, ist der beste Zug. Weiß befindet sich nun in einer hoffnungslosen Lage. Schwarz kontert den weißen Versuch, auf 68 zu leben, mit dem Hane nach innen auf 69.

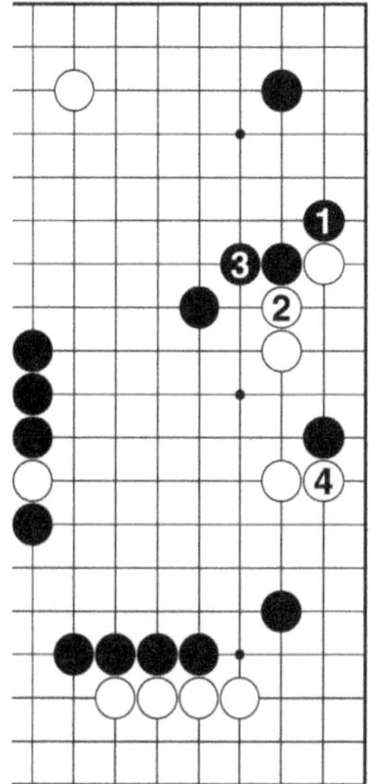

Abbildung 12

Abb. 12: Blockt Schwarz mit dem Hane auf der Außenseite, dann wird Weiß erfreut auf 2 spielen, was die Antwort auf 3 erzwingt, und anschließend auf 4. Nun hat Schwarz keine gute Fortsetzung mehr. Schwarz 69 und 71 in der Partie attackieren die weiße Basis und sind daher kräftigere Züge.

Abb. 13: Was geschieht, wenn Weiß statt 74 erst auf 1 streckt? Nach Schwarz 2 kann er auf 3 verbinden, aber Schwarz 4 besetzt den vitalen Punkt und Weiß scheint in Schwierigkeiten. Selbst wenn Weiß sich jetzt mit 5 und 7 herauskämpft, Schwarz 8 und 10 genügen, um Weiß zu fangen.

Abb. 14: Weiß 1, statt 7 in der vorigen Abbildung, läuft in den offenen Raum hinaus, aber der schwarze Schulterangriff auf 2 ist eine gute Antwort. Dieser Zug ist ein gutes Beispiel für einen Doppelangriff.

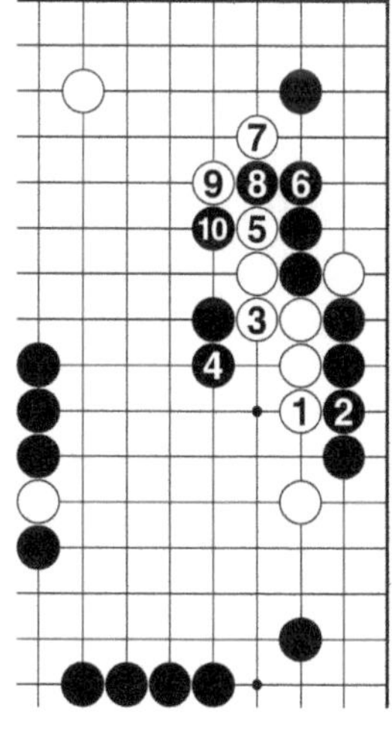

Abbildung 13

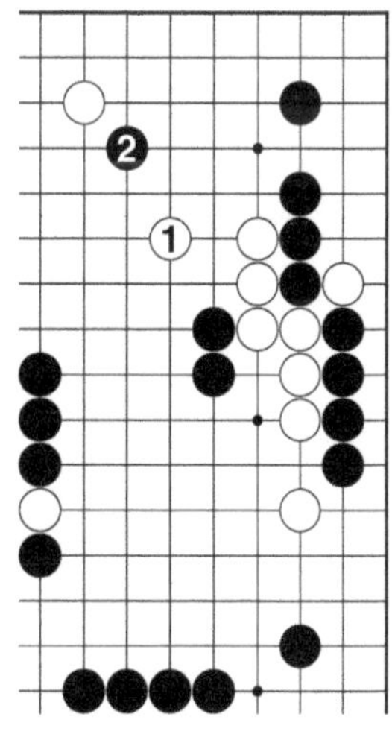

Abbildung 14

Da Weiß sich in der Partie mit 74 für das einfache Verbinden entschied, bekommt Schwarz den Zug 77 in Vorhand und kann anschließend den Sicherungszug 81 spielen. Weiß streckt auf 82, um etwas Potenzial zu erzeugen, das später vielleicht genutzt werden kann. Mit 84 versucht Weiß, irgendwie zu leben, aber die Stellung bleibt weiterhin ziemlich hoffnungslos.

Wie würden Sie jetzt mit Schwarz 85 zum letzten Schlag ausholen? Mir schien Schwarz 85 gut genug, um Weiß das Leben zu nehmen. Aber vielleicht gibt es einen besseren Weg.

Abb. 15: Schwarz 1, statt 85 in der Partie, ist ebenfalls ein sehr kraftvoller Zug. Für den Fall, dass Weiß versucht, mit 2 zu entkommen, hält Schwarz den schönen Doppelangriff auf 3 bereit. Nach Schwarz 5 ist Weiß weit davon entfernt, schnell und einfach zum Leben zu kommen. Möglicherweise bringt diese Sequenz die Entscheidung schneller als der tatsächliche Partieverlauf.

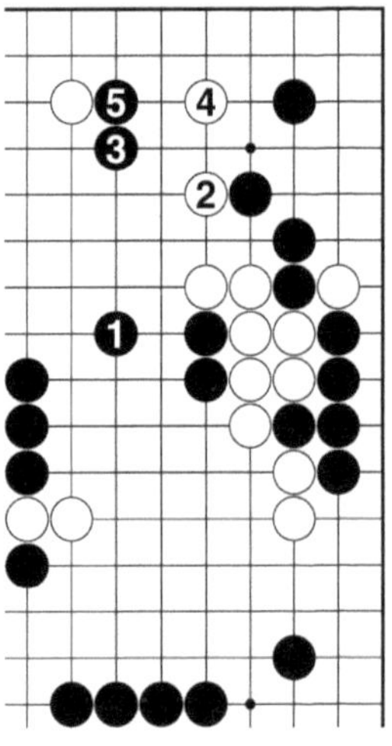

Abbildung 15

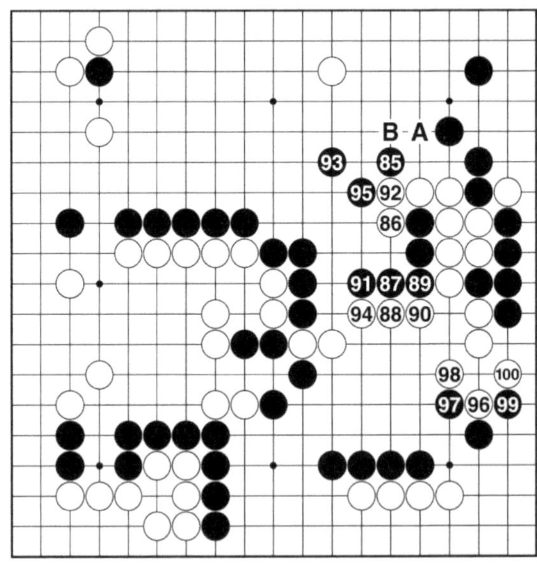

Figur 5 (85 – 100)

Figur 5 – Erfreuliches Ko

Aber auch so lässt Schwarz seinen Gegner mit 85 Weiß nicht zur Ruhe kommen und Schwarz 87 zerstört die weiße Augenform. Schwarz 93 sieht dünn aus, aber Schwarz kann den weißen Anleger auf A mit B beantworten und muss nichts befürchten.

Weiß 96 ist der einzige Zug, der noch Hoffnung für Weiß verspricht.

Abb. 16: Wenn Schwarz auf Weiß 96 mit 1 antwortet, dann erzwingt Weiß 2 eine Antwort auf 3 und schon lebt Weiß mit 4. Danach hat Schwarz zwar die Möglichkeit, die Ecke mit Schwarz A, Weiß B, Schwarz C, Weiß D und Schwarz E zu attackieren, aber Weiß lebt wieder mit einem Sprung auf F. Folglich ist Schwarz 97 in der Partie erzwungen.

Weiß muss nun mit 98 und 100 sein Schicksal an ein Ko hängen. Für Schwarz ist das Ko sehr erfreulich, denn er hat nichts zu verlieren. Hier war ich mir sicher, dass die Partie gewonnen ist.

Abb. 17: Es gibt jedoch ein kleines Problem, wenn Weiß mit 1 statt 100 versucht, bedingungslos zu leben. Der Zug erzwingt wieder eine Antwort und Weiß scheint um Haaresbreite die zwei lebensnotwendigen Augen zu bekommen. Schwarz hält mit 4 bis 8 die Gegenwehr aufrecht und nach Weiß 9 bedarf es einiger Lesekünste, um zu erkennen, dass Weiß nun lebt.

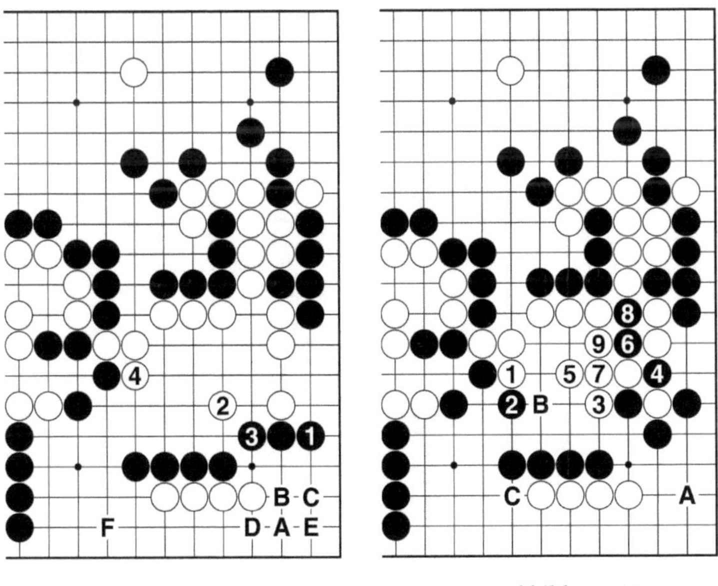

Abbildung 16 *Abbildung 17*

Abb. 18: Schwarz 10 wirft ein und verhindert ein echtes Auge. Auch Schwarz 12 und 14 sind Tesujis, die die Augen stehlen. Schwarz 16 ist notwendig, wenn die gesamte Gruppe vollständig gefangen werden soll, aber dieser Zug erlaubt es Weiß, mit der Abfolge bis 27 die Shibori-Technik anzuwenden, und schließlich ist es nicht Weiß, sondern Schwarz, der gefangen wird.

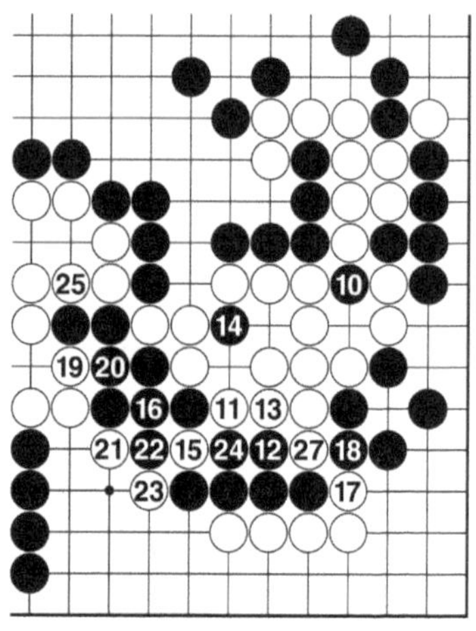

Abbildung 18 (26 deckt)

Schwarz hat auch die Möglichkeit, Weiß 15 auf 22 zu beantworten und ein Ko zu spielen. Aber bei diesem Ko hat Schwarz sehr viel zu verlieren, daher wird er diese Variante nicht begrüßen.

Die in Abbildung 17 und 18 gezeigten Züge sind aber nicht die besten für Schwarz. Anstelle von Schwarz 10 wird er auf A in Abbildung 17 springen, um die weiße Reaktion zu testen. Das ist ein guter Zeitpunkt, denn Weiß muss nun mit B das Leben sichern, aber dann tötet Schwarz mit C die weiße Gruppe am Rand.

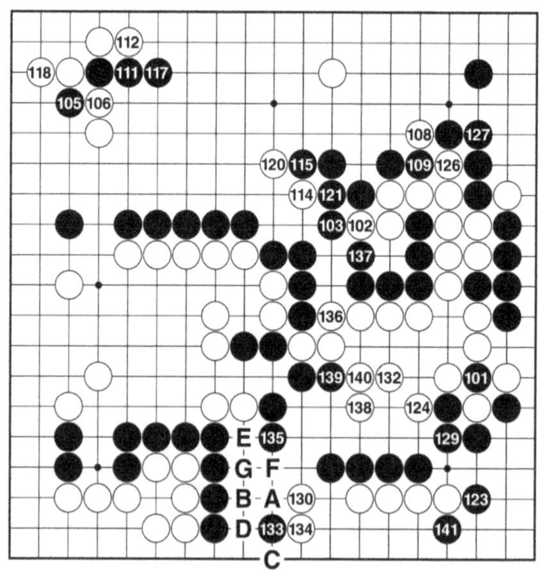

Figur 6 (101 – 141)
Ko: 104, 107, 110, 113, 116, 119, 122, 125, 128, 131

Figur 6 – Zerstörung der Ecke

Letzten Endes bleibt Weiß also nichts anderes übrig, als mit 100 das Ko in der Partie zu beginnen. Schwarz verfügt jedoch über unzählige Ko-Drohungen. Schwarz 123 bedroht das Leben der Eckgruppe und ist ein typischer, effektiver Zug.

Schwarz schlägt mit 125 wieder das Ko und verbindet wegen des weißen Ataris 124 auf 129. Das Ko bleibt jedoch noch bestehen und während Weiß mit 130 Leben sucht, spielt Schwarz mit 133 eine weitere gute Drohung.

Schließlich lebt Weiß mit 138, aber Schwarz 141 ist entscheidend. Spielt Weiß 136 auf A, dann folgen Schwarz B, Weiß C, Schwarz D, Weiß E, Schwarz F, Weiß G, und Schwarz 141 gewinnt den Wettlauf der beiden Gruppen um Freiheiten.

Abb. 19: Statt Weiß 138 in der Partie ist Weiß 1 bis Schwarz 4 eine spielbare Variante, um zu leben.

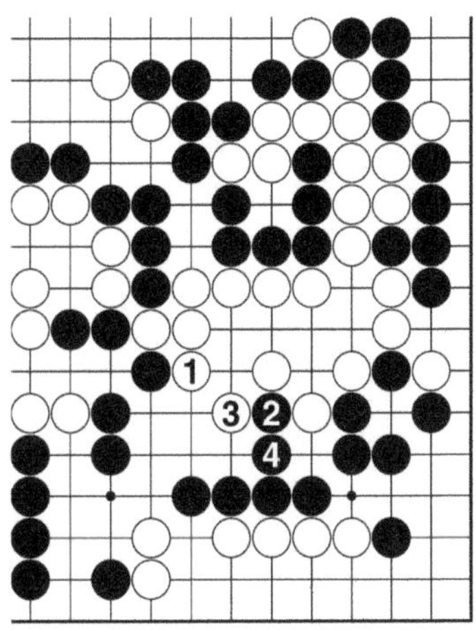

Abbildung 19

Diese Partie war ein klarer Sieg für Schwarz, dem es möglich war, von Anfang bis Ende zu attackieren. Der Grund dafür ist Schwarz 29 in Figur 1, denn mit diesem Zug ergriff Schwarz die Chance, die Initiative zu übernehmen. Weiß verschlimmerte seine Situation mit 60 in Figur 3. Dies führte zu einem Angriff gegen seine Gruppe am rechten Rand und schließlich zur Gefangennahme der rechten unteren Ecke.

Sie sollten insbesondere die Kombination von Schwarz 65 und 67 als Angriffsmethode studieren.

Züge nach 141 weggelassen. Weiß gab auf.

PARTIE 2

Weiß: Sanno Hirotaka, 6-Dan
Schwarz: Kato Masao, 5-Dan
Oteai 1968

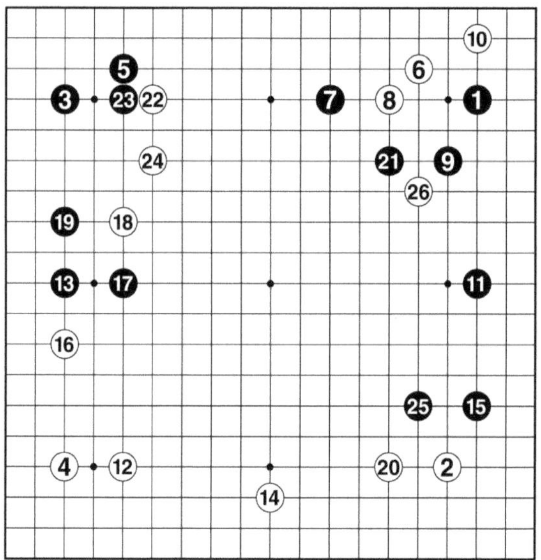

Figur 1 (1 – 26)

Figur 1 – Keine sonderlich gute Eröffnung
Auf meinem Weg vom 5-Dan zum 7-Dan habe ich im Oteai, dem Einstufungsturnier für Profi-Spieler, 28 Siege in Folge errungen. Dies ist eine der Partien aus dieser Serie.

Abb. 1: Schwarz 15 ist die falsche Richtung. Statt eine flache Position am rechten Rand zu errichten, wäre es besser, diese Gruppe mit 1 ins Brettzentrum zu entwickeln. Antwortet Weiß mit 2, dann baut Schwarz auf 3 die Gebietsanlage auf der linken Seite aus. Weiß muss sich dann schon beeilen, diese zu reduzieren, während Schwarz die Initiative in der Partie übernimmt.

Schwarz 19 zieht erst einmal zurück, um für einen späteren Angriff bereit zu sein.

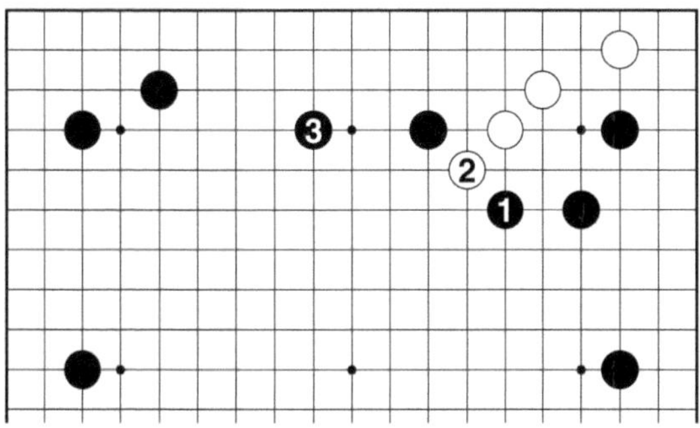

Abbildung 1

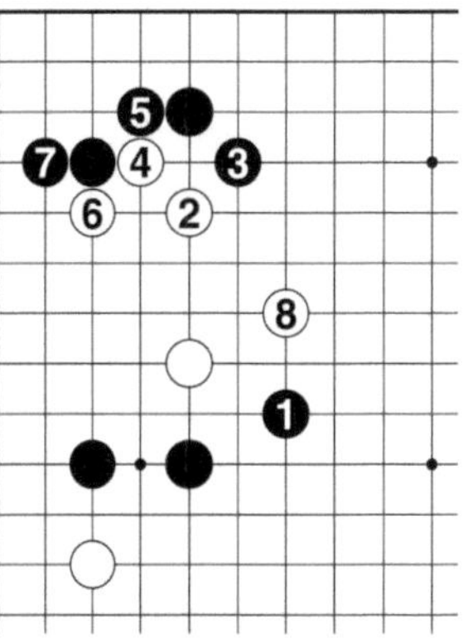

Abbildung 2

Abb. 2: Der Angriff mit dem Keima sieht nicht schlecht aus, aber das ist auch schon alles. Weiß spielt das Boshi auf 2 und macht mit den Zügen bis 8 eine leichte und flexible Form, die ihm trotz Schwarz 3 das Entkommen ermöglicht.

Wie sieht es mit Weiß 20 aus? Schwarz 21 ist ein so guter Punkt, dass ich sehr zufrieden war, ihn selbst spielen zu dürfen. Ich wäre bei weitem nicht so glücklich, wenn Weiß den Zug 20 genutzt hätte, um mit 22 meine Gebietsanlage links oben zu reduzieren oder einfach nur selbst auf 21 zu spielen. Ein weißer Zug auf 21 würde die schwarze Stellung flach halten und zeigen, wie unpassend Schwarz 15 gewesen ist.

Schwarz 21 ist jetzt der richtige Zug, denn Schwarz kann damit eine beachtliche Gebietsanlage oben links oder am rechten Rand erwarten.

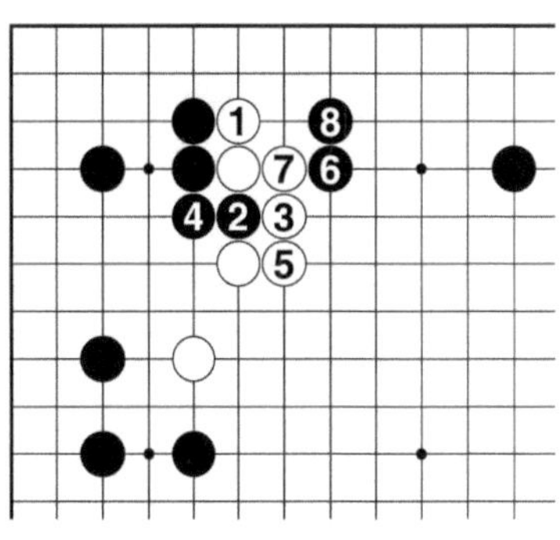

Abbildung 3

Abb. 3: Ich bin überzeugt, dass das Nozoki auf 26 ein großer Fehler war. Weiß muss erst mit 1 die Gruppe links oben sichern. Das Verbinden auf 5 ist jedoch gefährlich, da Schwarz mit 6 und 8 die Augenform zerstört.

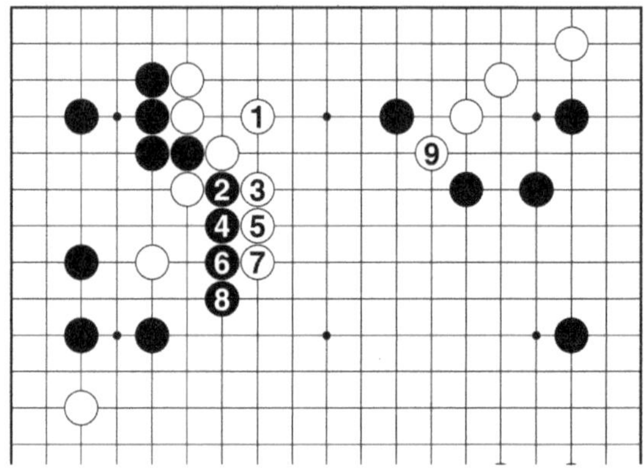

Abbildung 4

Schwarz darf natürlich mit 6 nicht auf 7 schneiden, denn dann wird Weiß ohne große Bedenken zwei Steine opfern. Beachten Sie, dass Schwarz 6 und 8 die vitalen Angriffspunkte sind und einen großräumigen Angriff gegen die weiße Gruppe vorbereiten.

Abb. 4: Weiß 5 in der letzten Abbildung muss daher auf 1 gespielt werden. Nachdem Schwarz auf 2 geschnitten hat, wird Weiß zwei Steine opfern und nach Schwarz 8 kann er dann mit 9 den einzelnen schwarzen Stein angreifen.

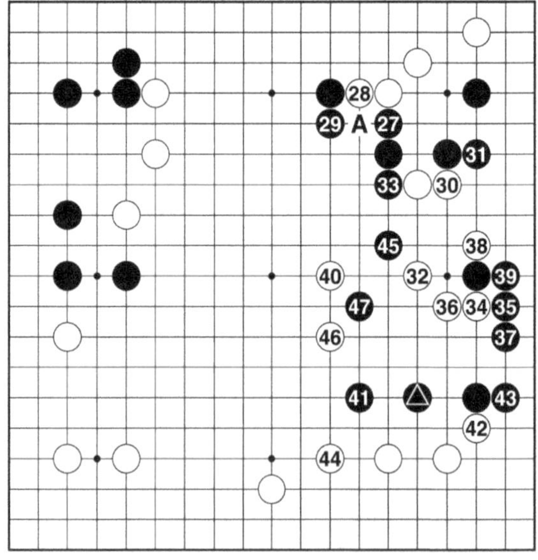

Figur 2 (27 – 47)

Figur 2 – Schlüsselpunkt
Schwarz beantwortet das weiße Nozoki 26 indirekt mit den Zügen 27 und 29. Weiß kann jetzt mit 30 nicht auf A durchstoßen. Dieser Nachteil ist eindeutig auf Weiß 26 zurückzuführen.

Abb. 5: Sollte Weiß mit 1 und 3 dennoch gleich durch die Lücke drängen und schneiden, dann streckt Schwarz auf 4. Wenn Weiß daraufhin auf 5 verteidigt, spielt Schwarz 6 und 8, die einen dunklen Schatten auf die weiße Gruppe auf der linken Seite werfen. Mit dieser Abfolge wird Schwarz die Partie ohne große Anstrengung gewinnen.

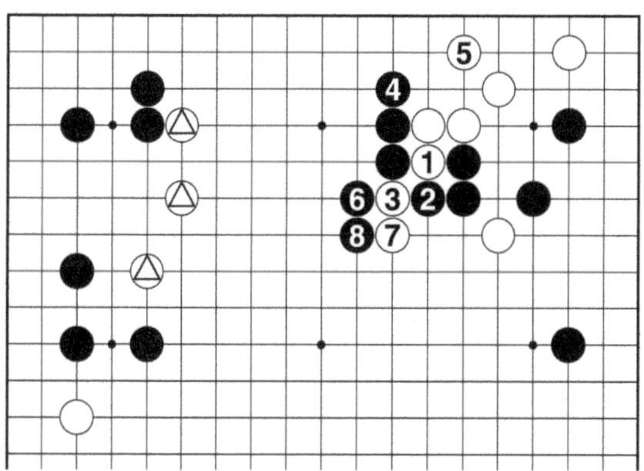

Abbildung 5

Zwar versucht Weiß, seine Gruppe mit 30 und 32 in Form zu bringen, dennoch bekommt Schwarz den wichtigen Punkt auf 33. Das bezieht den markierten Stein mit in den Angriff ein und ermöglicht einen großräumigen Doppelangriff gegen die weißen Gruppen am rechten Rand und oben links.

Mit den Zügen 34 bis 38 erreicht Weiß, dass die schwarze Stellung flachgedrückt wird; dennoch gewinnt er dadurch keine Augenform und muss schließlich mit 40 fliehen. Schwarz 41 verhindert die Verbindung zum unteren Rand. Schwarz ist immer noch auf einen groß angelegten Doppelangriff aus und will so den Druck aufrecht erhalten.

Weiß 44 ist sicher zu selbstgerecht, er sollte mit diesem Zug besser die obere Gruppe stärken. Schwarz schlägt mit 45 sofort zu und treibt die augenlose weiße Gruppe zur Flucht in die Brettmitte. Schwarz 45 ist nicht nur der vitale Angriffspunkt, er ist auch der Schlüsselpunkt in der Partie. Weiß springt auf 46, um in leichter Form zu entkommen, aber Schwarz lässt nicht locker und setzt den Angriff mit 47 fort.

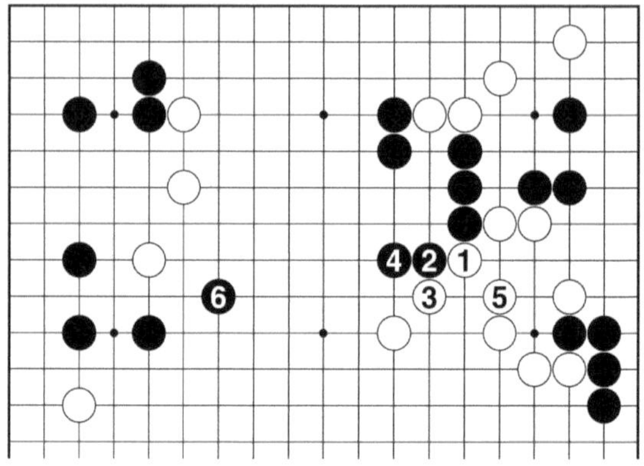

Abbildung 6

Abb. 6: Weiß sollte, statt 44 in der Partie, erst seine Gruppe mit der Abfolge 1 bis 5 stabilisieren. Schwarz kann zwar noch immer die Gruppe links oben mit 6 attackieren, aber Weiß hat in dieser Variante zumindest eine Chance, die Partie zu gewinnen, wenn seine Gruppe überlebt.

Abb. 7: Antwortet Weiß auf Schwarz 45 mit 1, dann fängt Schwarz drei weiße Steine und kann nach Weiß 3 und 5 immer noch mit einem konventionellen Doppelangriff auf 6 und 8 aufwarten.

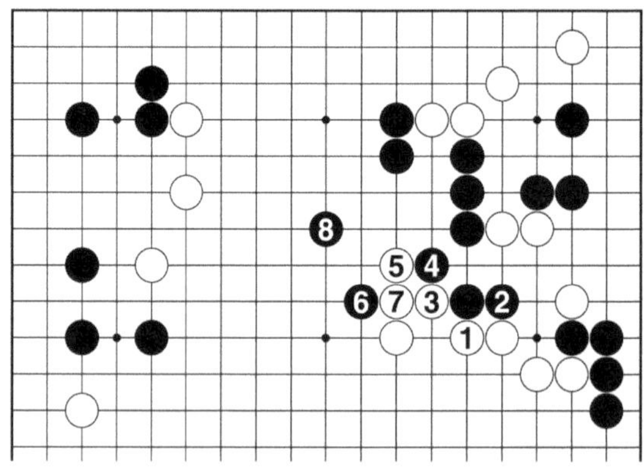

Abbildung 7

Figur 3 – Die Vorbereitungen sind abgeschlossen

Weiß 48 bis 54 sind die korrekte Zugfolge; Weiß entkommt, kann aber nicht die ganze Gruppe retten. Auf Weiß 1 in Abbildung 8 kontert Schwarz mit 2 und 4.

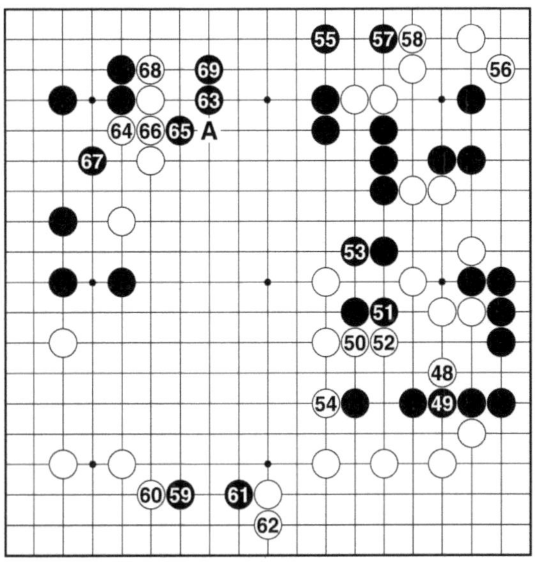

Figur 3 (48 – 69)

Da Schwarz zu jedem beliebigen Zeitpunkt einen Teil der Gruppe abschneiden kann, ist sein Gebiet am rechten Rand sicher. Der weiße Versuch, die schwarze Gebietsanlage zu reduzieren, ist somit fehlgeschlagen.

Abbildung 8

Darüberhinaus hat Schwarz den großen Zug auf 53 bekommen, der auf die Gruppe links oben schielt. Schwarz 55 trifft weitere Vorbereitungen für einen Großangriff. Weiß 56 und 58 sind erzwungene Antworten. Die Invasion auf 59 schließt die Vorbereitungen ab. Die Intention von 59 ist nicht, am unteren Rand zu leben, sondern ein Potenzial für die Zukunft zu schaffen, das zu gegebenem Zeitpunkt genutzt werden kann.

Alle Waffen richten sich auf ein einziges Zielobjekt: die weiße Gruppe links oben.

Abb. 9: Ich beschloss, den Angriff mit 63 zu beginnen, aber heute denke ich, dass Schwarz 1, der Weiß den Fluchtweg abschneidet, der stärkere Zug gewesen wäre, denn er macht es nahezu unmöglich für Weiß, zwei Augen zu bilden. Wenn Weiß zum Beispiel auf 2 blockt, dann spielt Schwarz 3 und deckt auf 5. Setzt Weiß mit A fort, so droht Schwarz auf B, Weiß C deckt und Schwarz D nimmt den vitalen Punkt. Für Weiß gibt es kaum Hoffnung. Deckt Weiß auf D, dann ist Schwarz mit dem Profit, der durch den Schnitt auf C abfällt, zufrieden. Weiß lebt auch dann noch nicht sicher.

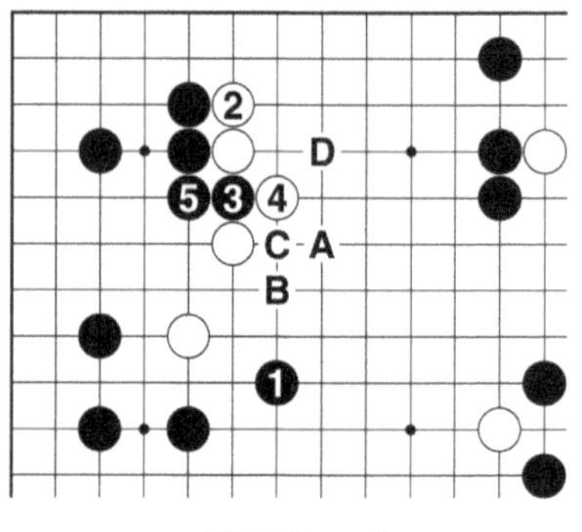

Abbildung 9

Schwarz 63 ist natürlich auch ein starker Angriff und Weiß sieht sich mit Problemen konfrontiert. Nach Weiß 64 ist Schwarz 65 der vitale Punkt. Unterlässt Schwarz es, diesen Punkt zu besetzen, dann springt Weiß auf A und findet leicht einen Weg, seine Gruppe zu retten. Schwarz spielt also 67 erst, nachdem er Weiß zum Verbinden auf 66 gezwungen hat. Schwarz 69 ist ein harter Schlag gegen Weiß, denn er lässt keinen Raum, um Augen zu bilden.

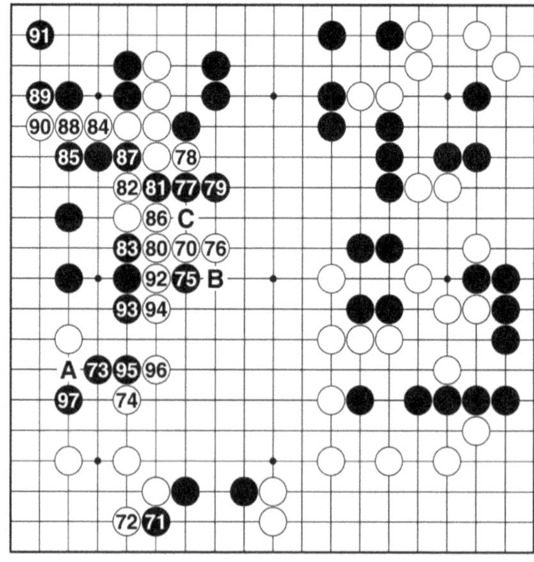

Figur 4 (70 – 97)

Figur 4 – Ein Teil wird abgeschnitten
Da weißes Leben in der linken oberen Ecke undenkbar geworden ist, muss Weiß mit 70 die Flucht antreten. Schwarz 73 ist einerseits ein Testzug, der die weiße Reaktion prüfen soll, ist andererseits aber auch Bestandteil des großen Plans, die weiße Gruppe zu fangen. Antwortet Weiß mit 74 auf A, dann war 73 eine gute Vorhand.

Abb. 10: Leistet Weiß mit 1 und 3 Widerstand, dann bekommt Schwarz genau das, was er sich erhofft hat. Nach Schwarz 4 und 6 gibt es keine Möglichkeit für Weiß zu leben.

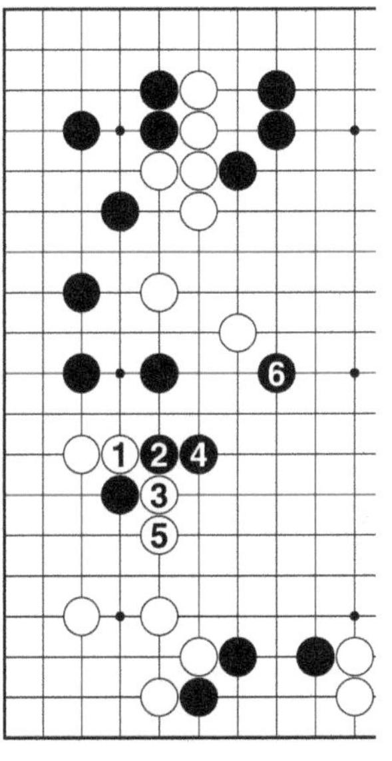

Abbildung 10

Unter diesen Umständen ist Weiß 74 vermutlich unvermeidbar, obwohl es ein etwas seltsam anmutender Zug ist. Die Idee dahinter ist, den linken Rand zu opfern, um im Gegenzug ein großes Gebiet vom unteren Rand bis in die Brettmitte aufziehen zu können.

Antwortet Weiß auf den schwarzen Anleger 75 mit einem Zug auf B, dann bricht die Stellung mit Schwarz 80, Weiß C und Schwarz 76 zusammen. Weiß streckt daher auf 76, aber Schwarz führt mit 77 den entscheidenden Schlag aus. Nun kann Weiß nur noch beten.

Abb. 11: Antwortet Weiß mit 1, dann trennt Schwarz 2. Drängt Weiß mit A heraus, braucht Schwarz nur auf B strecken.

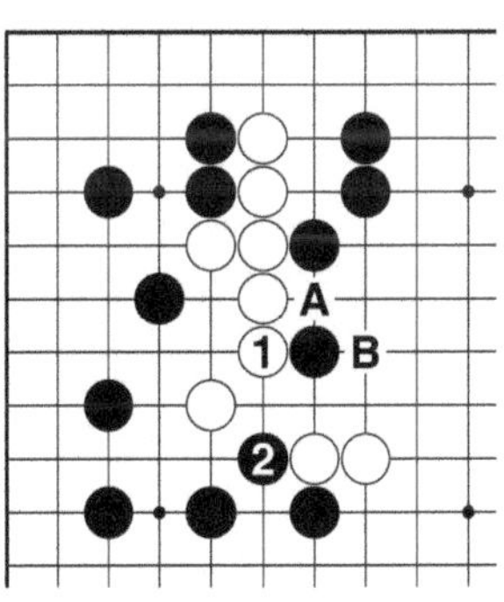

Abbildung 11

Obwohl Weiß mit 78 herausläuft, muss er auf 80 zurückkommen. Nachdem Schwarz auf 81 schneidet, ist die Partie vorbei. Schwarz 85, 89 und 91 sind solide Antworten auf Weiß 84, 88 und 90, die Weiß keine Chance geben, einen letzten Kampf um die Ecke zu provozieren. Obwohl Weiß 92 und 96 ein großes Gebiet in der Mitte abschließen, sind die schwarzen Gebiete insgesamt größer. Diese Partie endete in einem klaren Sieg, nur weil Weiß ein Fehler in der Eröffnung unterlief.

Züge nach 97 weggelassen. Weiß gab auf.

PARTIE 3

Weiß: Kato Masao, 5-Dan
Schwarz: Miyazaki Hiroshi, 3-Dan
Oteai 1968, ohne Komi

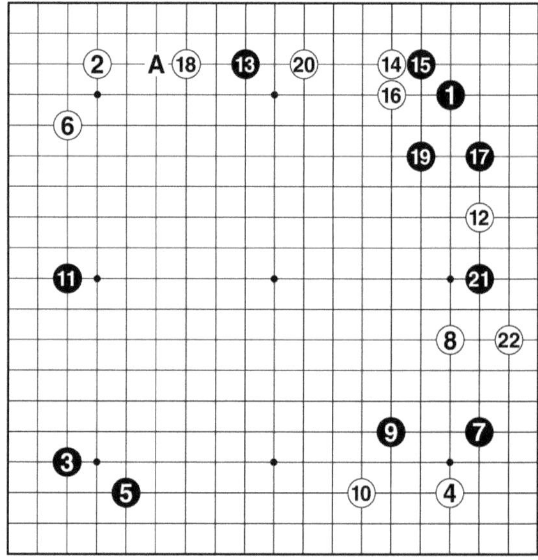

Figur 1 (1 – 22)

Figur 1 – Seitenwechsel
Nach dem Austausch Schwarz 9 für Weiß 10 wechselt Schwarz zur linken Seite und spielt den großen Punkt 11.

Abb. 1: Für gewöhnlich bleibt Schwarz auf der rechten Seite und greift mit 1 an. Wenn Weiß dann auf 2 oder A springt, dann drückt Schwarz auf 3, um einen großräumigen Angriff auf die oberen zwei weißen Steine vorzubereiten. Aufgrund dieser Befürchtung ist Weiß 12 nur natürlich.

Es ist immer wieder eine quälende Frage, ob man sich bis 13 ausdehnen soll oder doch lieber eine Linie weiter rechts bleibt. Der letztere Fall wäre günstig für Weiß, denn er könnte dann mit 18 einen Punkt weiter rechts spielen. Andererseits ist nach Schwarz 13 in der Partie das Kakari auf Weiß 14 ein idealer Zug.

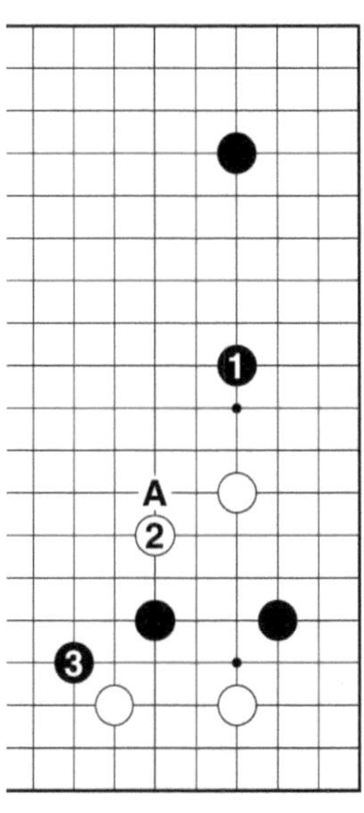

Abbildung 1

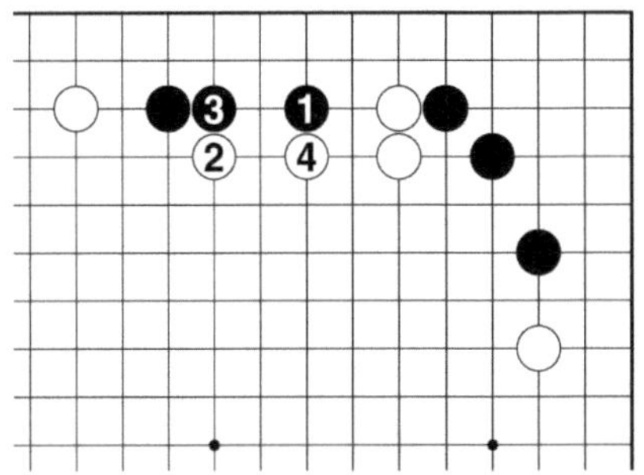

Abbildung 2

Weiß 18 wird gewöhnlich auf 20 gespielt, woraufhin Schwarz sich auf A ausdehnt. Aber in diesem Fall ist eine Annäherung von der linken Seite aktiver.

Schwarz 19 ist ein ruhiger, aber sehr guter Zug. Er gibt Schwarz zwei gute Fortsetzungen, entweder am oberen Rand anzugreifen oder am rechten Rand zu invadieren.

Abb. 2: Wenn Schwarz sich fälschlicherweise gleich auf 1 ausdehnt, dann wird Weiß mit den Zügen 2 und 4 seine Gruppe stabilisieren. Schwarz hatte hier überlegt, 1 eine Linie höher auf 4 zu spielen.

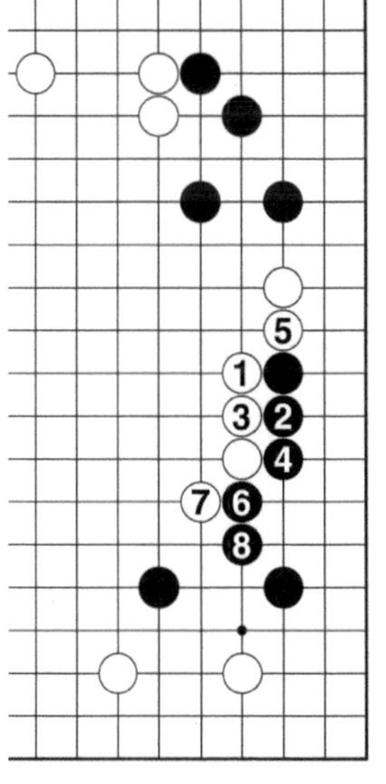

Abbildung 3

Die Invasion auf 21 ist ein kraftvoller Zug auf den ersten Schlüsselpunkt und nun beginnt das Mittelspiel. Wie soll Weiß auf die Invasion reagieren?

Abb. 3: Normalerweise wird die Invasion auf 23 mit dieser Zugfolge pariert, aber sie ist eher simpel und nicht zufriedenstellend, denn Schwarz macht nicht nur Profit, sondern sichert gleichzeitig seine Stellung. Zudem sind es jetzt die weißen Steine, die zum Angriffsziel werden. Ich zog es daher vor, die zwei schwarzen Steine mit einem Sprung auf 22 anzugreifen. Den oberen Stein wollte ich leicht behandeln, insbesondere weil Schwarz bereits auf 19 gespielt hatte.

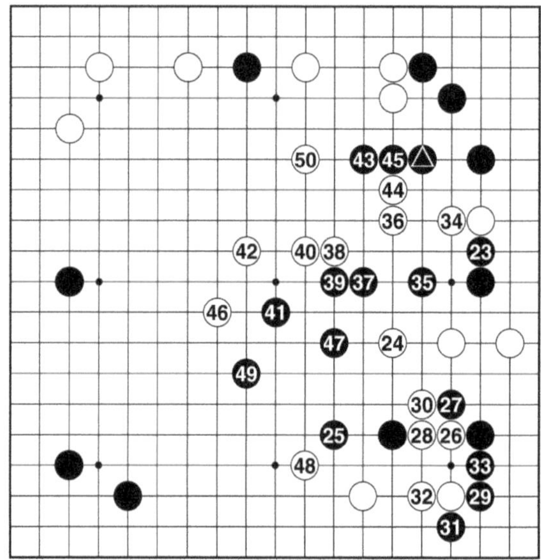

Figur 2 (23 – 50)

Figur 2 – Angriff
Schwarz 23 verhindert die Verbindung der weißen Steine und ist die richtige Reaktion auf Weiß 22. Nach Weiß 24 läuft Schwarz mit 25 davon und Weiß versucht die Situation mit 26 zu klären. Aber was soll Schwarz 29?

Abb. 4: Ich verstehe nicht, warum Schwarz hier nicht einfach auf 1 blockt. Wenn Weiß schneidet, dann gibt Schwarz mit 3 Atari und verbindet auf 5. Weiß 6 und Schwarz 7 sind als Fortsetzung vorstellbar. Ich sehe nichts Schlechtes an dieser Spielweise.

Es war ein großes Geschenk, Weiß 30 in der Partie spielen zu dürfen, denn dies erlaubte mir, eine starke Position aufzubauen.

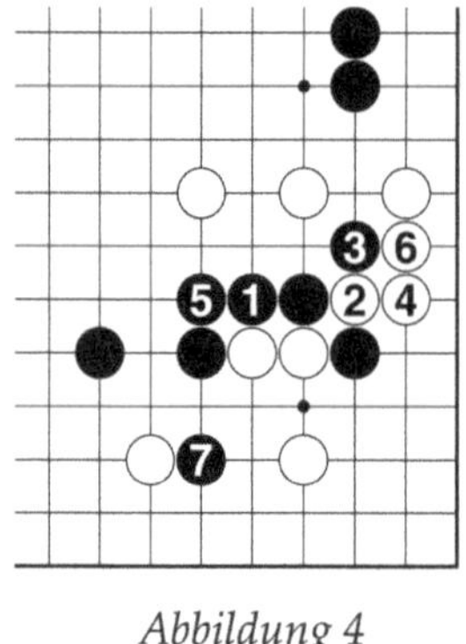

Abbildung 4

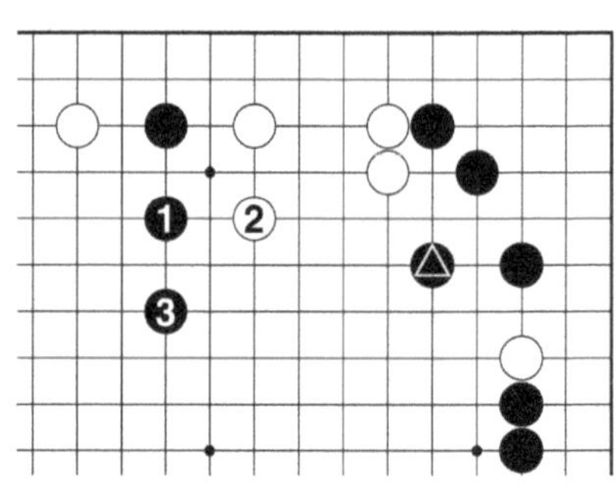

Abbildung 5

Abb. 5: Schwarz 33 ist ebenfalls ein schwacher Zug. Da Schwarz auch ohne diesen Zug in der Ecke lebt, ist es besser auf 1 und 3 zu spielen, denn so wird auch der markierte Stein besser ins Spiel gebracht.

Nach Weiß 34 hat der markierte Stein einen großen Teil seiner Wirkung eingebüßt. Da Weiß hier an Stärke gewinnt, wird das Kämpfen immer schwieriger für Schwarz.

Mit dem Sprung auf 36 plant Weiß einen Doppelangriff gegen die schwarze Gruppe am rechten Rand und den einzelnen Stein am oberen Rand. Weiß 38 sieht wie eine natürliche und gute Antwort auf Schwarz 37 aus, aber in Wahrheit ist er überzogen.

Abb. 6: Der diagonale Zug auf 1 verhindert, dass die schwarze Gruppe aus der Ecke ins Zentrum läuft und stärkt somit die weiße Position. Wenn Schwarz auf 2 springt, um ein weißes Boshi auf diesen Punkt zu verhindern, dann läuft Weiß mit 3 weiter. Schwarz 4 verhindert wieder einen Boshi und Weiß 5 fängt den einzelnen schwarzen Stein weiträumig. So schmerzhaft dies auch für Schwarz ist, es gibt hier keine Alternative für ihn.

Obwohl Weiß 38 und 40 die gleiche Idee des Umschließens verfolgen, so bleibt doch eine Lücke auf 43, die den Effekt zu einem guten Teil mindert. Dennoch ist es fragwürdig, ob Schwarz den Zug 43 so früh spielen sollte. Weiß 46 ist der strategische Schlüsselpunkt in diesem Spiel und es ist für Schwarz unannehmbar zuzusehen, wie seine Stärke unter den Zügen 46 und 48 dahinschwindet. Schwarz 43 wäre daher besser auf 46 platziert. Da Weiß 50 den Eindringling zurückhält, war Schwarz 43 nur zum Teil erfolgreich.

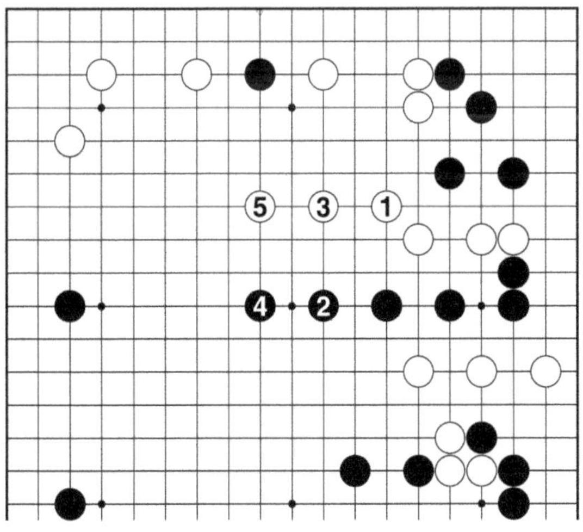

Abbildung 6

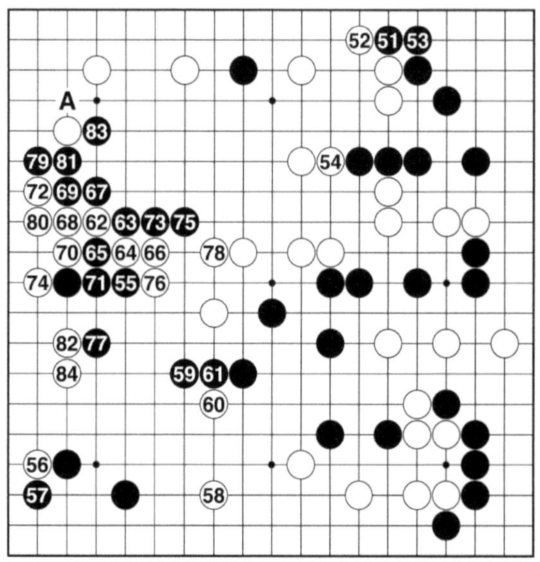

Figur 3 (51 – 84)

Figur 3 – Kräftespiel

Es ist äußerst ärgerlich für Schwarz, die Ecke mit 51 und 53 verteidigen zu müssen, jetzt da es noch so viele andere wichtige Punkte auf dem Brett gibt, aber die beiden Züge sind notwendig.

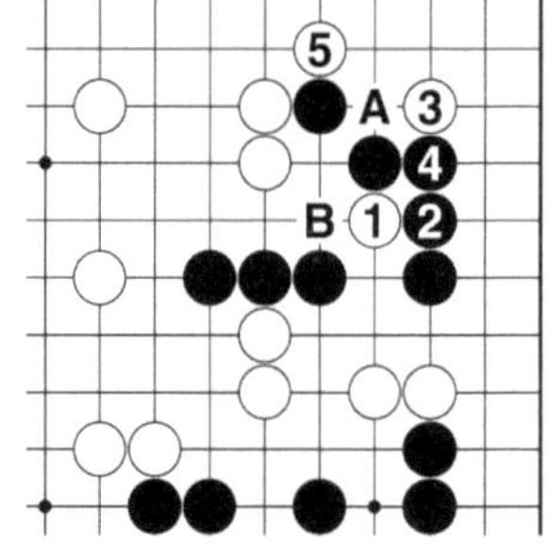

Abbildung 7

Abb. 7: Unterlässt es Schwarz, die Ecke mit 51 und 53 zu sichern, dann sind Weiß 1 und 3 eine gefährliche Kombination. Antwortet Schwarz mit 4, dann biegt Weiß in Vorhand auf 5 um. Spielt Schwarz 4 auf A, dann streckt Weiß erst auf B zurück und schneidet anschließend auf 4.

Schwarz 55 besetzt einen sehr guten Punkt. Für einen Moment lässt Weiß vom Angriff ab, um den Testzug auf 56 zu spielen und anschließend die Gruppe am unteren Rand mit 58 zu stabilisieren. Der letzte Zug erzwingt die schwarze Antwort auf 59. Auch wenn es aus meinem eigenen Mund kommt, Weiß 62 ist ein beeindruckender Zug.

Abb. 8: Der erste Gedanke ist sicher Weiß 1, aber das lässt Schwarz mit 2 gute Form machen. Somit erreicht dieser Zug nicht viel. Selbst wenn Weiß nun mit 3 blockt, dann sichert Schwarz

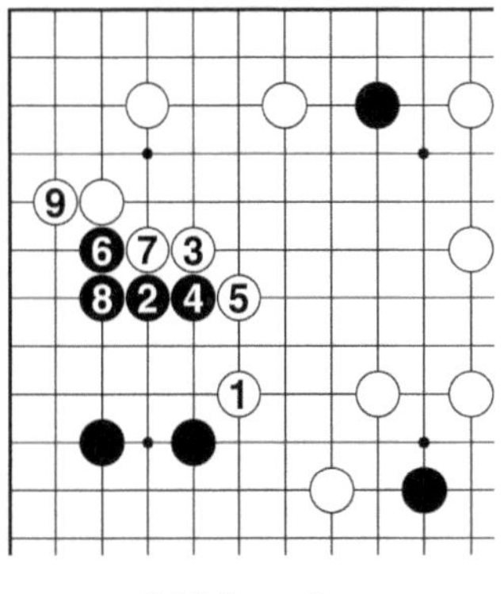

Abbildung 8

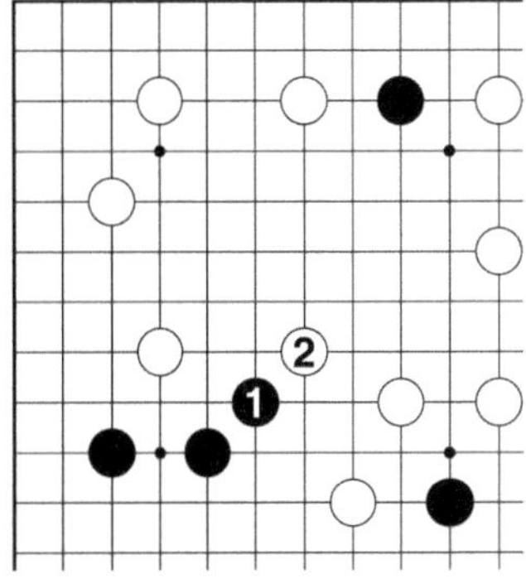

Abbildung 9

ein ansehnliches Stück Gebiet. Bedenkt man, dass es keine Komi für Weiß gibt, dann wäre die Partie schon sehr knapp. Mit der entstandenen Stärke wird Schwarz auch nicht unzufrieden sein.

Abb. 9: Für Schwarz 63 ist der Diagonalzug auf 1 eher üblich, aber Weiß wird mit 2 Widerstand leisten und somit ist dies keine Option für Schwarz.

Nachdem Schwarz den Aufleger 63 gespielt hat, legt Weiß es auf einen Kampf an und trennt mit 64. Schwarz 65 ist die einzige Antwort. Würde Schwarz das Atari auf 66 spielen und Weiß auf 65 verbinden lassen, dann wäre jede Hoffnung zerstört, aus der Situation etwas herauszuholen. Die nun folgende Sequenz sieht kompliziert aus, aber für das Auge von Profi-Spielern läuft sie ganz natürlich ab. Bis Schwarz 83 ist kein Abweichen möglich.

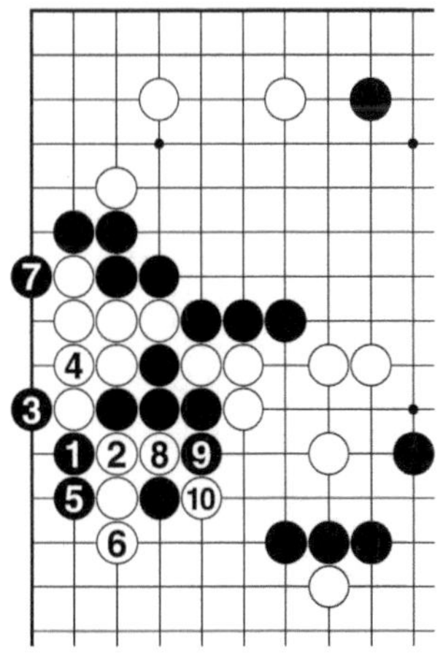

Abbildung 10

Abb. 10: Der Versuch, mit Schwarz 83 die weißen Steine zu fangen, endet nach 10 in einer Treppe, die die schwarze Position völlig zerstört.

Mit der Abfolge bis 83 ist Schwarz in das weiße Gebiet eingedrungen. Weiß hat im Gegenzug Punkte am linken Rand machen können. Weiß 84 ist jedoch ein schwacher Zug, denn wie Abbildung 10 zeigt, braucht Weiß hier keinen Angriff von Schwarz fürchten. Daher sollte er auf A spielen, um die Initiative zu behalten. Für Schwarz wird es dann schwierig, zwei Augen zu bauen.

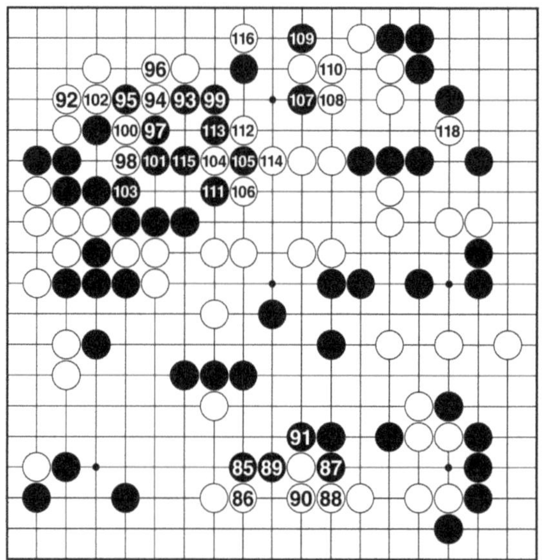

Figur 4 (85 – 118)
117 auf 105

Figur 4 – Einseitiges Ko
Aufgrund des schwachen Zuges auf 84, haben sich die Aussichten für Schwarz wieder gebessert, aber seine Züge 85 bis 91 am unteren Brettrand sind noch schlechter als Weiß 84. Sie sind nur mit dem Schicksal der großen Gruppe in der Brettmitte befasst.

Abb. 11: Schwarz 85 ist noch korrekt, aber Schwarz 87 sollte auf 1 gespielt werden. Wenn diese Gruppe sicher lebt, dann ist Schwarz keinen ernsten Problemen mehr ausgesetzt und kann positiv auf das Endspiel zuarbeiten. Schwarz 85 und die

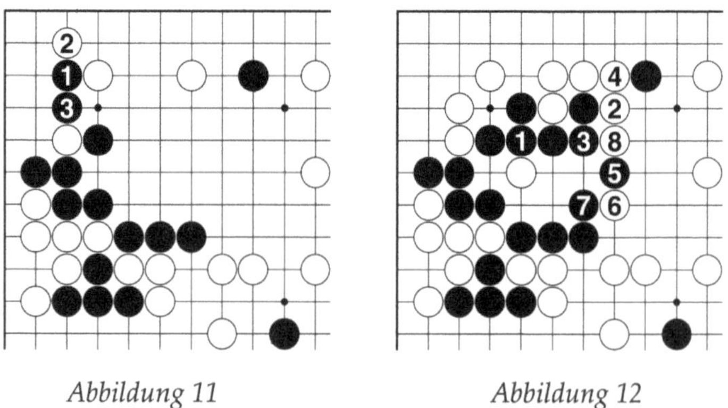

Abbildung 11 *Abbildung 12*

darauffolgenden Züge zeigen kein Selbstvertrauen. Selbst ohne diese Züge ist es nahezu unmöglich, die große schwarze Gruppe zu fangen.

Weiß 92 entscheidet die Partie. Schwarz versucht sich aus dem festen weißen Griff herauszuwinden, doch Weiß besetzt den vitalen Punkt auf 98.

Abb. 12: Spielt Schwarz statt 99 die Verbindung auf 1, dann spielt Weiß 2 und 4, womit das Leben für Schwarz mehr als unwahrscheinlich wird. Nach Schwarz 5 verhindern Weiß 6 und 8 das zweite Auge. Spielt Schwarz 5 auf 6, dann wird Weiß auf 5 die Augenform zerstören.

Nachdem Schwarz auf 99 streckt, zeigt ihm Weiß 100, wo die Reise hingeht. Da die schwarze Gruppe ringsum von soliden weißen Wänden umgeben ist, kann er hier nicht mit der Kraft kämpfen, die er gern hätte. Weiß 104 ist ein Paradebeispiel für das Besetzen eines vitalen Angriffspunkts. Nur wenn es Schwarz gelingt, diesen Stein zu fangen, hat seine Gruppe eine Chance auf zwei Augen.

Mit 105 bis 109 versucht Schwarz verzweifelt, Augen zu bilden, aber Weiß antwortet ruhig und solide. Schwarz 115 kommt dem ersehnten Auge nahe, da Weiß erst 116 spielen muss. Deckt Weiß nämlich fahrlässiger Weise das Ko, dann streckt Schwarz auf 116 und sichert ein zweites Auge am Brettrand. Daher muss Weiß unbedingt zuerst auf 116 spielen.

Doch das Leben der schwarze Gruppe hängt immer noch von dem einseitigen Ko ab, und Weiß musste nur eine Ko-Drohung spielen, damit Schwarz schließlich aufgab.

118 Züge. Schwarz gab auf.

PARTIE 4

Weiß: Naganuma Shin, 5-Dan
Schwarz: Kato Masao, 4-Dan
Oteai 1967

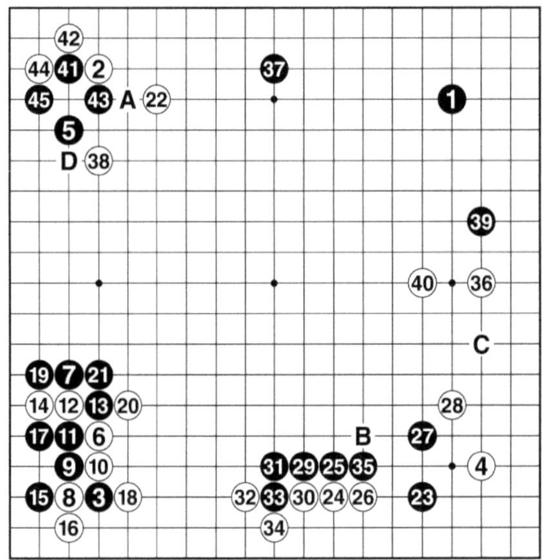

Figur 1 (1 – 45)

Figur 1 – Gegenüberliegende Komoku
Man sagte früher, dass in einer Stellung mit zwei gegenüberliegenden Komoku unterschiedlicher Farbe (so wie Weiß 2 und Schwarz 3 hier) derjenige Spieler einen Vorteil hat, der sich als Erster dem gegnerischen Komoku mit einem Kakari (hier Schwarz 5) annähert. Heutzutage hält man von dieser Einschätzung nicht mehr so viel. Ein beliebte Fortsetzung ist das hohe Kakari auf Weiß 6.

Schwarz 7 bis 21 sind ein bekanntes Joseki. Was ist jedoch mit Weiß 22? Wenn die Idee dahinter ist, Schwarz später auf 38 niederzudrücken, dann ist ein Zug auf A eher angebracht. Und tatsächlich erwies sich die Entscheidung für Weiß 22 als fatal.

Abb. 1: Schwarz spielte 25 unter Berücksichtigung der linken unteren Ecke. Wenn Weiß mit dem Hane auf 1 antwortet, dann

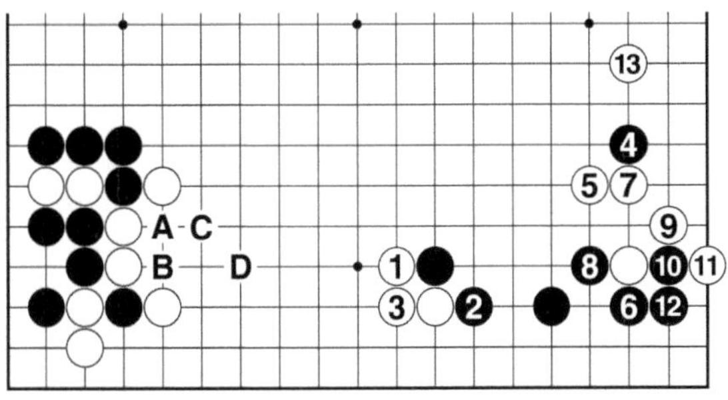

Abbildung 1

blockt Schwarz auf 2 und nimmt anschließend mit 4 den Eckstein in die Zange. Das altmodische Joseki Weiß 5 bis 13 ist jetzt eine wahrscheinliche Fortsetzung, und obwohl sich Weiß mit 1 und 3 gefestigt hat, ist die Stellung am unteren Rand nicht so mächtig, wie man meinen möchte, denn es droht noch immer Schwarz A, Weiß B, Schwarz C und Weiß D.

Weiß antwortet jedoch mit 26 und Schwarz greift auf ein anderes bekanntes Joseki zurück. Schwarz 35 baut eine solch starke Wand, dass Weiß besser daran getan hätte, mit 30 oder 32 einmal selbst auf 35 zu setzen und so eine Schwäche zu erzeugen. Schwarz blockt dann zwar auf B, aber es bleiben Schnitte in der schwarzen Position zurück.

Weiß 36 ist Pflicht, denn Schwarz einen Angriff auf C zu erlauben, wäre grausam. Weiß 38 hat wegen Weiß 22 wenig Kraft, ist aber in der richtigen Brettregion gespielt. Natürlich wird Schwarz jetzt nicht auf D antworten, denn damit würde er in viel zu flacher Form auf seine eigene Stärke zukriechen.

Schwarz 39 ging irgendwie am Thema vorbei, aber auch Weiß 40 ist kein besonders guter Zug. Weiß hätte 40 auf D spielen sollen. Schwarz 41 ergreift die Initiative und kann mit 45 ein Ko in der Ecke anzetteln.

Abb. 2: Streckt Weiß mit 44 auf 1, dann wird Schwarz mit 2 trennen und den einzelnen weißen Stein angreifen. Da dieser Angriff durch die starke Wand in der unteren Ecke unterstützt wird, kann Weiß einen solchen Kampf nicht gutheißen. Einen weißen Zug auf A wird Schwarz weiterhin mit B beantworten.

Abbildung 2

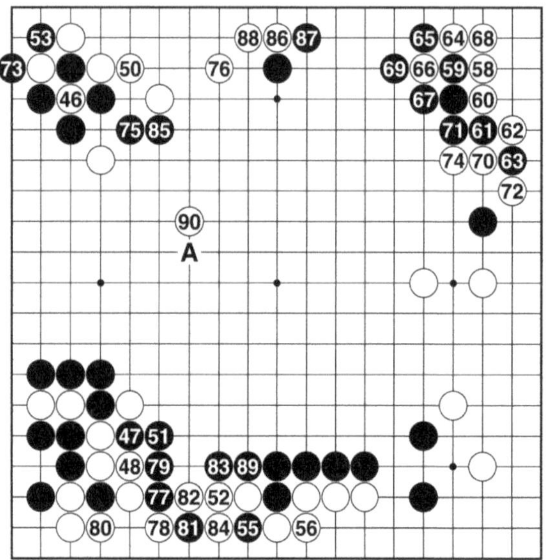

Figur 2 (46 – 90) Ko: 49, 54, 57

Figur 2 – Großer Erfolg

Weiß schlägt das Ko zuerst, verfügt aber kaum über Ko-Drohungen und muss deshalb auf 50 nachgeben. Schwarz hingegen ist gut mit Drohungen ausgestattet und vergrößert den Wert des Ko mit 53 noch weiter.

Es ist nur ein Detail, aber Weiß 56 auf 84 wäre sicherer. So bleibt eine Schwäche zurück, die Schwarz noch ausnutzen kann. Die Züge ab Weiß 58 zeigen, dass Weiß die Hoffnung aufgegeben hat, das Ko doch noch zu gewinnen. Daher muss Schwarz das Ko auch nicht sofort auflösen. Das Doppel-Hane mit Schwarz 61 und 63 ist eine gute Spielweise, Weiß 64 und 66 zeigen ebenfalls gute Spieltechnik.

Abb. 3: Antwortet Schwarz auf Weiß 66 mit dem Verbinden auf 1, dann spielt Weiß 2 bis 6 und die schwarze Ecke ist nicht groß

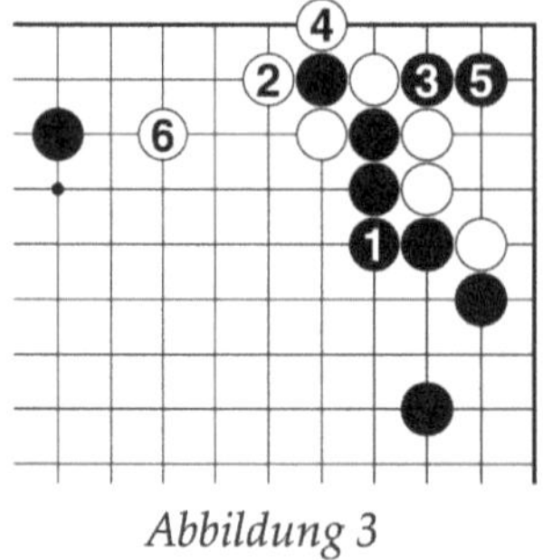

Abbildung 3

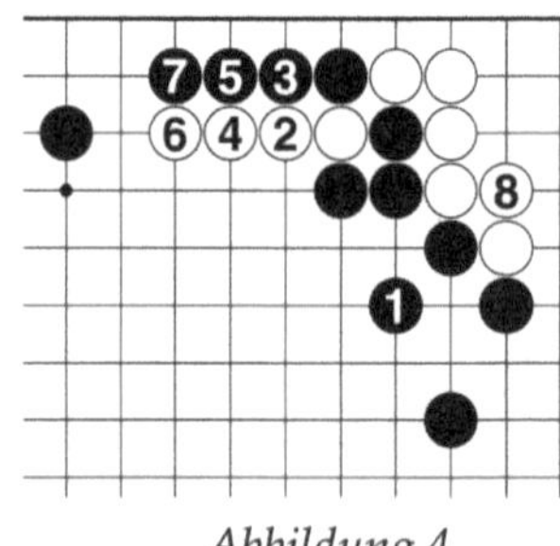

Abbildung 4

genug, um die Schwächung des einzelnen Steins am oberen Rand auszugleichen. Schwarz 67 ist daher die stärkste Antwort, und es ist auch notwendig, dass Schwarz anschließend mit 69 schlägt.

Abb. 4: Deckt Schwarz auf 1, dann spielt Weiß die natürlichen Züge 2 bis 6, die – nachdem er mit 8 in der Ecke lebt – ein unangenehmes Potenzial hinterlassen, das Schwarz gern vermeiden möchte.

Normalerweise ist es nicht gut, das Fangen des schwarzen Steins durch Weiß 70 und 72 zuzulassen, aber in dieser Position ist das ein großer Erfolg für Schwarz, denn er kann Vorhand nehmen und mit 73 das Ko beenden. Weiß 74 ist vermutlich der Zug, der die Partie verliert, denn er lässt Schwarz auf 75 herauslaufen. In Verbindung mit der Stärke unten ist der einzelne weiße Stein wie paralysiert, und auch die weiße Gruppe oben muss mit 76 verteidigt werden. Das ist eindeutig nicht gut für Weiß.

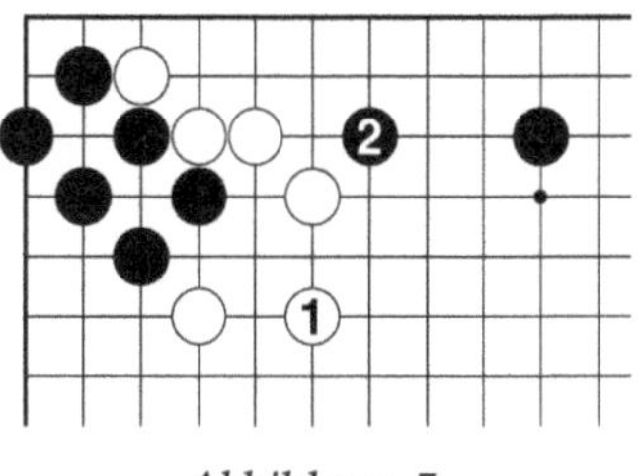

Abbildung 5

Abb. 5: Weiß sollte auf 1 spielen, um die Position zu stabilisieren. Schwarz schiebt erst das Atari auf 74 ein und greift dann mit 2 die gesamte Gruppe an, aber Weiß muss sich vor diesem Kampf nicht fürchten.

Schwarz startet mit 77 eine feine Zugfolge. Obwohl er den Punkt 85 bekommt, ist das Decken auf 89 zu langsam und zu sehr auf solide Stärke bedacht. Stattdessen sollte Schwarz lieber in der Gegend um A spielen. Die Reduktion mit 90 ist der einzige Zug für Weiß, und für Schwarz ist es schmerzhaft zu sehen, dass sein Gegner diesen kritischen Punkt besetzt.

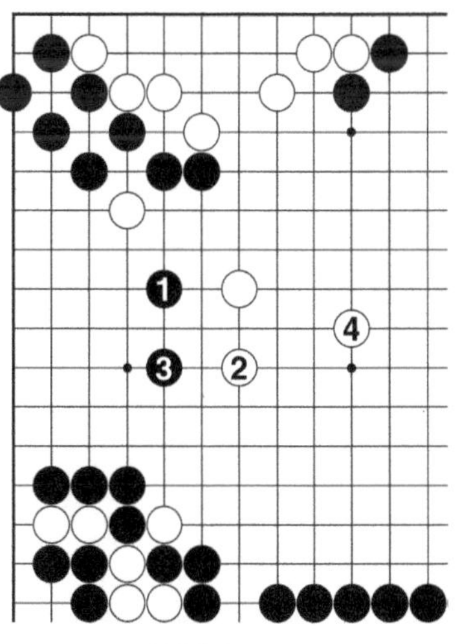

Abbildung 6

Abb. 6: Der nächste Zug ist entscheidend für die Partie. Könnte Schwarz gewinnen, indem er einfach nur mit 1 und 3 Gebiet sichert, dann hätte er keine Probleme. Aber Weiß 4 macht die Gruppe unangreifbar und da Weiß überall sicheres Gebiet hat, kann er diese Partie leicht gewinnen. Die Alternative zu dieser passiven Spielweise ist daher ein Angriff gegen den Stein 90 – wie soll Schwarz ihn angreifen?

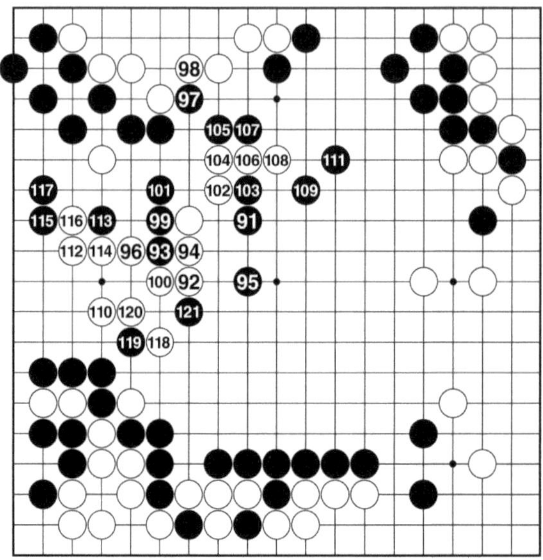

Figur 3 (91 – 121)

Figur 3 – Großer Erfolg

Ich bin sicher, Sie haben die Antwort auch gefunden: das Boshi auf 91 ist der richtige Angriff, um dem weißen Stein den Fluchtweg in die Brettmitte zu versperren. Dieser Zug zielt unter Einbeziehung der ringsum errichteten starken Positionen auf einen alles entscheidenden Kampf ab.

Weiß muss das schwarze Nozoki auf 93 beantworten und Schwarz springt in guter Form auf 95. Weiß 96 zeigt die Not des Weißen, denn er braucht zwei Augen. Es ist offensichtlich, dass er in Schwierigkeiten ist.

Schwarz 99 rettet den einzelnen Stein und während Weiß mit 102 zur Flucht ansetzt, hält Schwarz mit 103, 105 und 107 die Umzingelung aufrecht. Schwarz 109 versperrt den letzten Ausweg, worauf Weiß das Ruder herumreißt, um mit 110 innen irgendwie zwei Augen zu bauen.

Die Fortsetzung mit 111 ist ein schwacher Zug, denn Weiß ist bereits eingeschlossen und daher ist ein zweiter Stein zur Sicherung des Ausgangs unnötig. Dies gestattet Weiß einen weiteren Zug auf 112 zum Ausbau seiner Basis und Schwarz verpasst die Chance, auf die Zielgerade einzubiegen.

Abb. 7: Statt 111 sollte Schwarz mit 1 den wirklich vitalen Punkt besetzen. Wenn Schwarz hier spielt, wird Weiß ziemlich sicher sterben. Läuft Weiß nun mit 2, 4 und 6 weiter, dann hält ihn

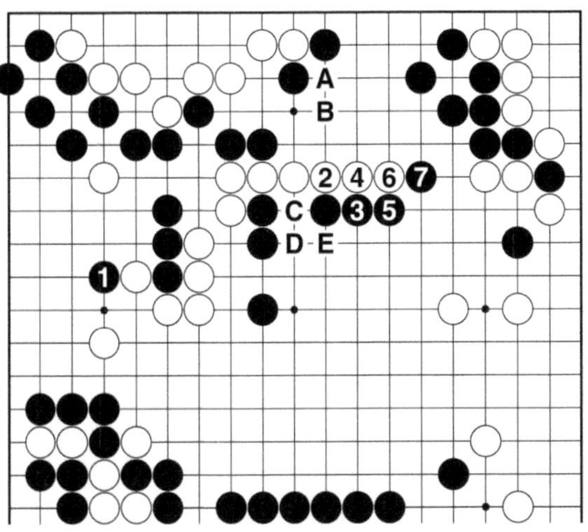

Abbildung 7

Schwarz 7 letzten Endes auf. Den Schnitt auf A kann Schwarz immer mit B beantworten. Spielt Weiß, um Verwirrung zu stiften, mit 2 auf C und folgen Schwarz D sowie Weiß E, dann braucht Schwarz nur auf 3 zurückziehen.

Abb. 8: Davon ausgehend, dass Weiß oben keine zwei Augen bauen kann, bliebe ihm nur ein Versuch am linken Rand, aber auf Weiß 2 und 4 hält Schwarz mit 3 und 5 gegen. Schwarz kann nach 5 nach oben oder unten verbinden. Weiß hat so keine Augen, weder am oberen noch am linken Rand und wäre zur Aufgabe gezwungen.

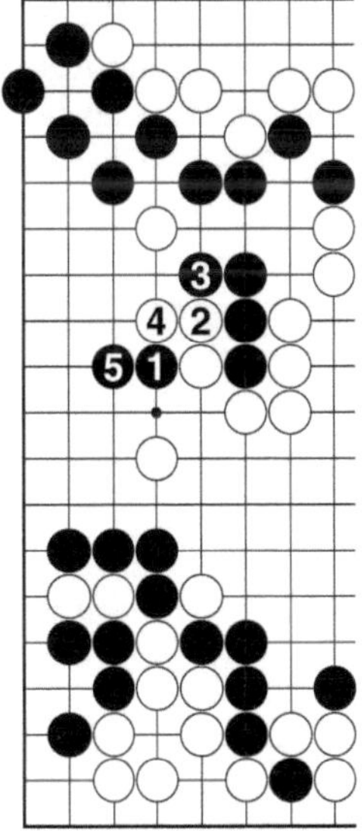

Abbildung 8

Aber Schwarz spielte eben nachlässig 111 und gestattete Weiß eine Gnadenfrist, in der er mit 112 Raum für Augen bildete.

Wenn die weiße Gruppe lebt, dann verliert Schwarz die Partie. Folglich unternahm ich alles Mögliche, um die zwei Augen zu verhindern. Schwarz 115 und 117 nehmen ein Auge am Rand weg, Schwarz 119 und 121 eines in der Brettmitte.

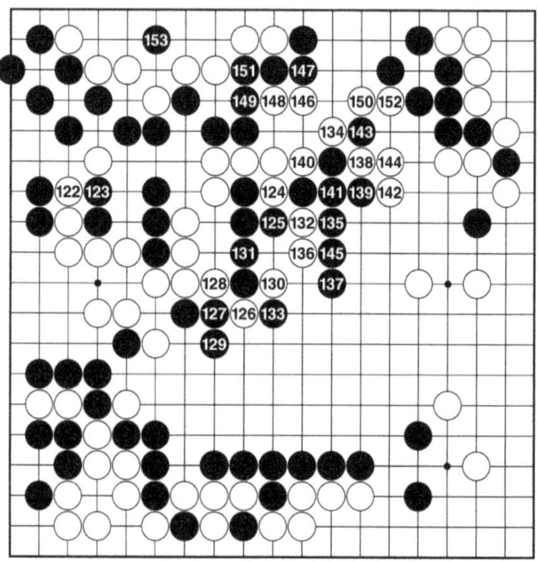

Figur 4 (122 – 153)

Figur 4 – Der Vorhang fällt

Weiß 126 ist ein guter Zug.

Abb. 9: Das Hane auf 1 führt zu nichts, denn nach Schwarz 6 kann Weiß nicht entkommen.

Abb. 10: Antwortet Schwarz auf Weiß 126 mit dem Hane von außen, dann spielt Weiß auf 2. Schwarz 3 ist notwendig, um die Gruppe wirklich zu fangen. Weiß 6 und 8 sind nun Vorhände und wegen der Verbindung auf 8 bringen die Züge 10 bis 14 Leben. Da der Zug Weiß 8 in dieser Sequenz entscheidend ist, muss Schwarz ihn verhindern

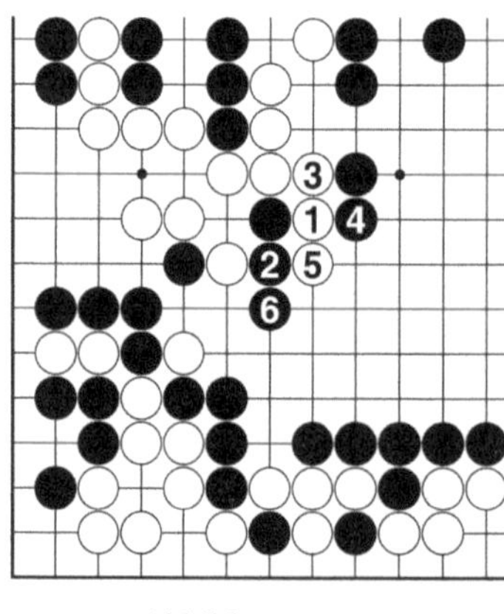

Abbildung 9

Abb. 11: Schwarz 1 statt 5 in der letzten Abbildung ist stärker, aber Weiß 2 bis 8 ermöglichen hier die Flucht. Spielt Schwarz jetzt A, dann springt Weiß auf B.

Schwarz hatte somit keine andere Wahl, als 127 zu spielen.

Weiß 130 und 132 helfen Weiß, die Situation zu verkomplizieren. Schwarz 133 ist die einzig mögliche Antwort.

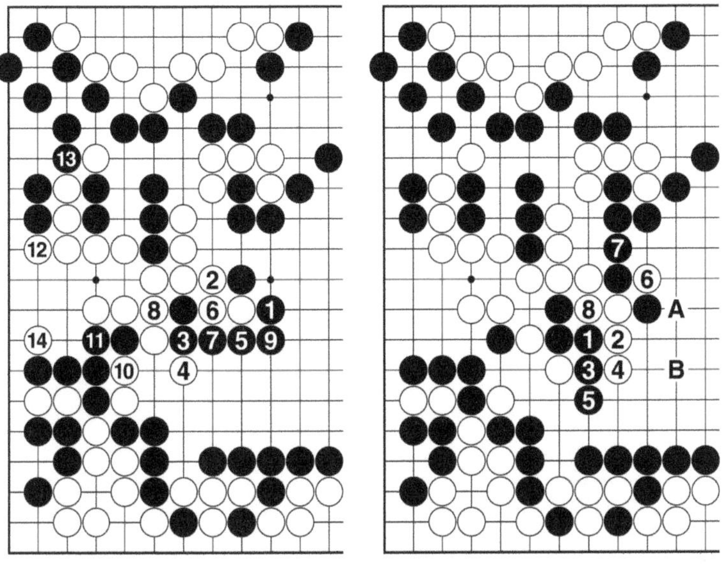

Abbildung 10 *Abbildung 11*

Weiß kann jetzt trotzdem mit 134 anlegen und die schwarzen Träume, die weiße Gruppe zu fangen, sind geplatzt. Doch noch ist nicht alles verloren.

Weiß 142 bringt die Vorstellung zum Ende.

Abb. 12: Weiß hätte leicht leben können: mit 1, 3 und 5. Wenn Schwarz mit 2 auf A schneidet, dann streckt Weiß auf 2. Danach kann er entweder auf B oder C fortsetzen.

Da Weiß jedoch nur das Hane auf 142 spielt und damit den schwarzen Schnitt auf 143 erlaubt, ist der Zug Weiß 145 nicht mehr möglich.

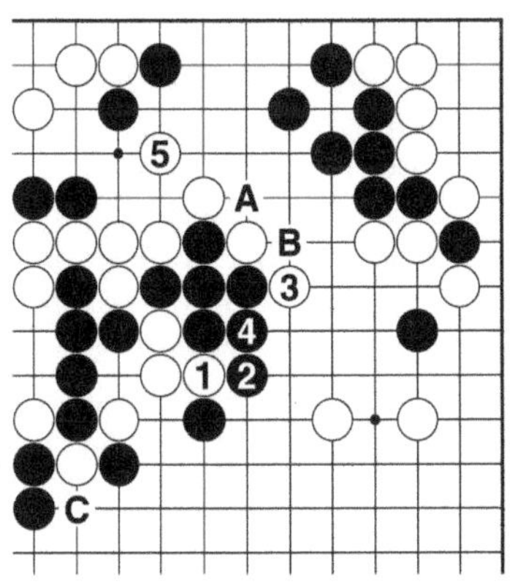

Abbildung 12

Obwohl Weiß am Ende auf 152 lebt, ist plötzlich die kleinere Gruppe am oberen Rand vollständig umschlossen. Schwarz zögert nicht, besetzt den vitalen Punkt 153 und der Vorhang fällt.

153 Züge. Weiß gab auf.

PARTIE 5

Weiß: Kato Masao, 5-Dan
Schwarz: Kodama Kunio, 5-Dan
Oteai 1967

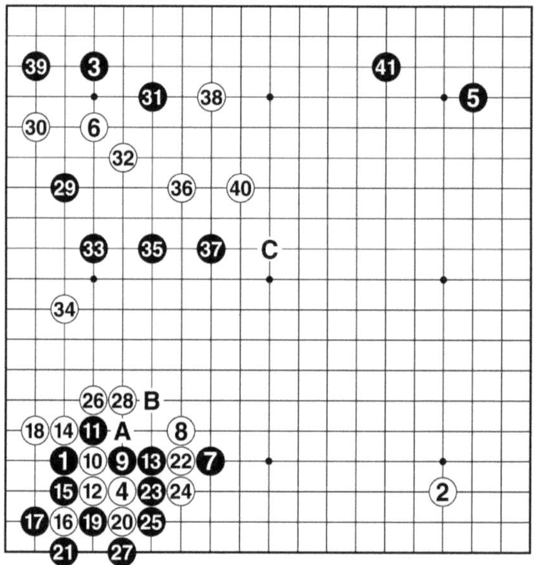

Figur 1 (1 – 41)

Figur 1 – Kajiwaras Joseki
In der Ecke links unten wurde eines der von Kajiwara Takeo entwickelten Josekis gespielt, mit dem Unterschied, dass Schwarz gewöhnlich mit 27 auf A deckt, weil dann der Schnitt auf B noch wirkungsvoller ist. Schwarz 27 ist daher etwas fragwürdig, aber zweifellos Vorhand. Auf den erwarteten Klemmzug Schwarz 29 wollte ich ein aggressives Joseki wählen, um die Stärke in der unteren Ecke ins Spiel zu bringen. Somit ist Weiß 30 die logische Antwort.

Abb. 1: Das Joseki von Weiß 1 bis 14 ist hier eine schlechte Wahl, denn es verschwendet nicht nur die Stärke in der unteren Ecke, sondern unterstützt Schwarz in einem Angriff mit Schwarz A, Weiß B und Schwarz C.

Schwarz 31 bis 33 sind wieder bekannte Züge, auf die Weiß mit 34 reagieren muss, auch wenn die Ausdehnung etwas eng ist.

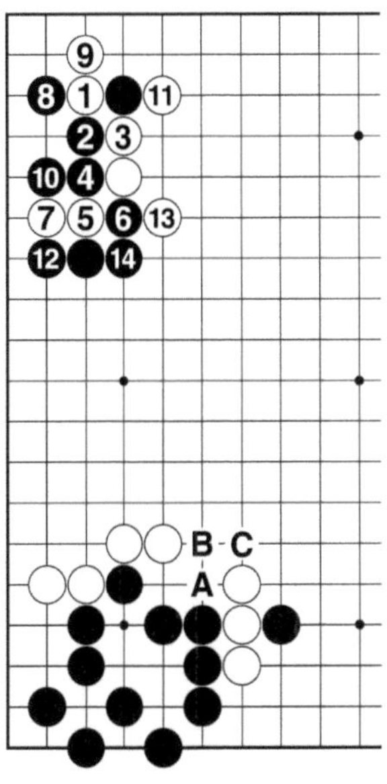

Abbildung 1

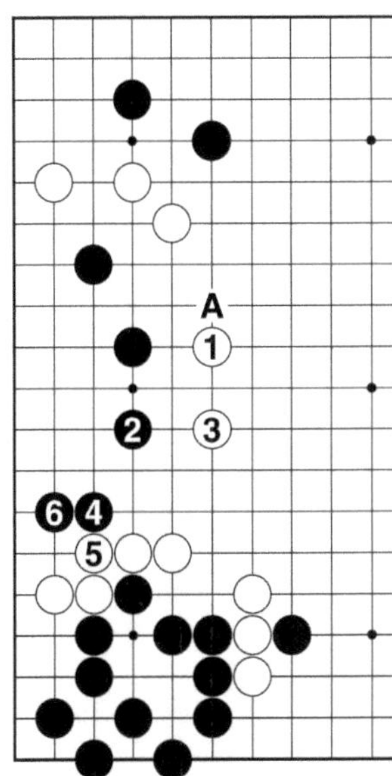

Abbildung 2

Abb. 2: Auf den ersten Blick sehen das Boshi auf 1 und der Sprung auf 3 wie eine gute Kombination aus, aber diese Züge sind hier nicht angebracht, denn Schwarz lebt einfach mit 4 und 6 innerhalb der weißen Umzingelung.

Weiß 34 zwingt Schwarz zur Flucht in die Brettmitte, wo Weiß ihn besser attackieren kann. Schwarz 35 ist der einzige Zug und auch Schwarz 37 ist notwendig, um ein weißes Boshi zu verhindern. Weiß 38 soll die schwarze Reaktion testen, doch Schwarz hat kaum eine andere Wahl, als mit dem faden Zug auf 39 zu verteidigen.

Abb. 3: Wenn Schwarz in der Ecke 1 spielt, dann droht Ungemach von Weiß 4. Leistet Schwarz mit 5 Widerstand, dann verliert er in der Folge bis 14 den Wettlauf um Freiheiten. Mit Schwarz 5 auf 6 zu blocken ist viel zu passiv, um es überhaupt nur in Erwägung zu ziehen.

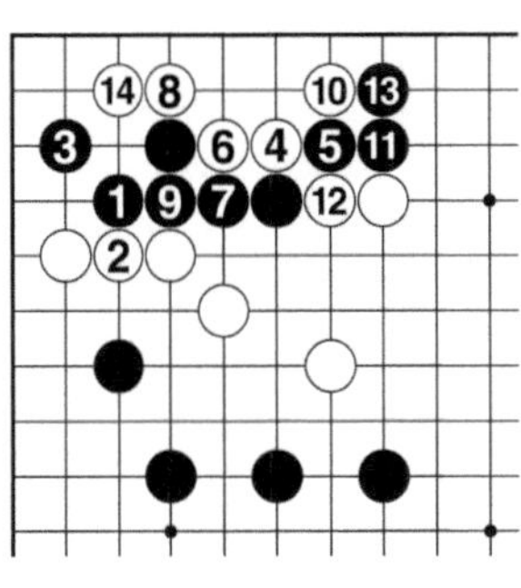

Abbildung 3

Nachdem Weiß mit 40 verteidigt hat, ist nun Schwarz 41 der größte Punkt. Doch dieser Zug vernachlässigt, dass Schwarz noch in der Brettmitte angegriffen werden kann, und sollte daher besser auf C gespielt werden.

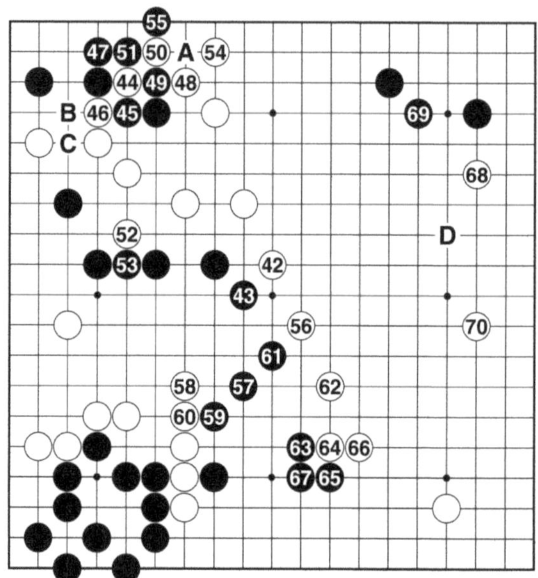

Figur 2 (42 – 70)

Figur 2 – Angriff mit dem Keima

Der weiße Angriff mit dem Keima 42 ist die Strafe dafür, dass Schwarz nicht im Zentrum gespielt hat, und nun muss Schwarz mit 43 in mangelhafter Form loslaufen. Weiß 44 ist Tesuji und nach Schwarz 55 kann Weiß später in Vorhand auf A decken. Beachten Sie, dass der Austausch Schwarz B für Weiß C zwar den Zug auf Weiß 44 verhindert, aber nicht die Sequenz aus Abbildung 3.

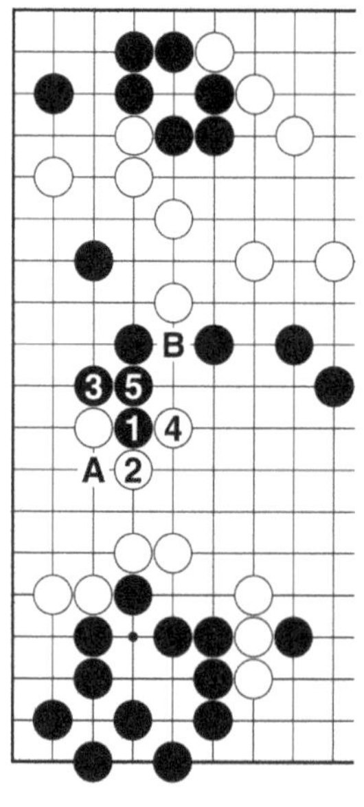

Abbildung 4

Der Zug Schwarz 53 ist schwach, denn er unternimmt nichts, um Augenform zu machen, und sichert gerade einmal die Verbindung.

Abb. 4: Schwarz sollte mit 1 anlegen. Antwortet Weiß mit dem Hane auf 2, dann blockt Schwarz mit 3 und ist schon fast lebendig. Streckt Weiß mit 2 auf A, dann genügt Schwarz 3 ebenfalls. Spielt Weiß selbst auf 3, dann verbindet Schwarz auf 5 und kann so auf B verzichten.

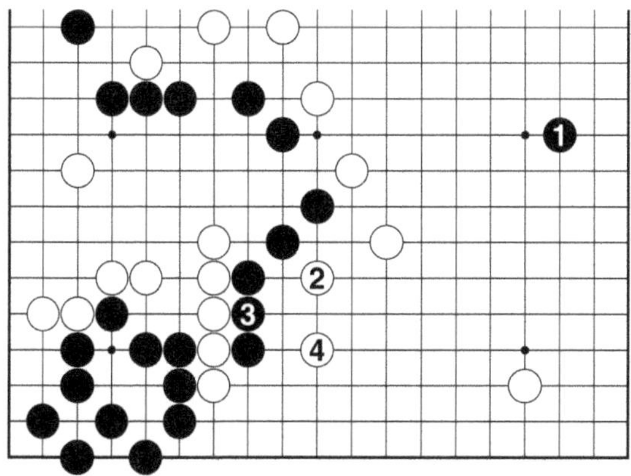

Abbildung 5

Weiß setzt den Angriff im Zentrum mit einem weiteren Keima auf 56 fort. Schwarz muss mit 57 weiterlaufen und Weiß nutzt die Gelegenheit, den Schnitt auf 58 zu decken. Danach treibt Weiß den Schwarzen mit 62, wieder ein Keima, zum unteren Brettrand.

Abb. 5: Schwarz würde mit 63 sicher gern den großen Punkt auf 1 nehmen, aber Weiß 2 und 4 zuzulassen ist zu gefährlich für die schwarze Gruppe. Schwarz muss 63 wie in der Partie spielen.

Weiß festigt mit 64 und 66 die Stellung am unteren Brettrand und rammt dann mit 68 vor der schwarzen Ecke einen Pflock ein. Das ist ein sehr direkter Weg, Profit aus dem Angriff zu schlagen. Weiß D wäre ebenfalls möglich, aber da Schwarz in der Ecke ein Ogeima gespielt hat, liegt es nahe, dessen Schwächen Gewinn bringend auszunutzen.

Schwarz 69 stärkt die Ecke, aber so spielt man, wenn man die Partie schon gewonnen hat. Hier ist dieser Zug fehl am Platz.

Abb. 6: Schwarz sollte auf 1 spielen, von wo er mit einer Ausdehnung auf A oder B fortsetzen kann.

Während Schwarz über die kargen Flächen gejagt wurde, hat Weiß ein großes, ansehnliches Stück Gebiet am rechten Rand abgesteckt. Nun muss er nur noch mit Umsicht weiterspielen, um sein Ziel zu erreichen.

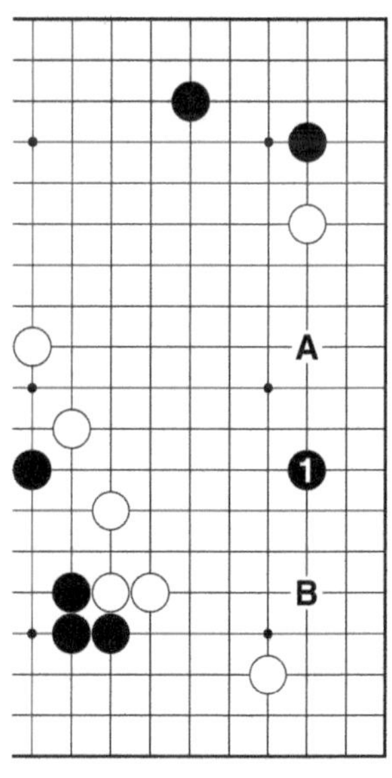

Abbildung 6

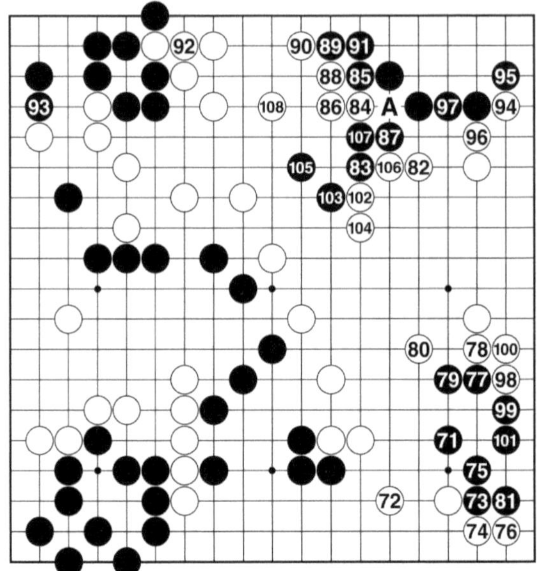

Figur 3 (71 – 108)

Figur 3 – Mit Stärke zu Gebiet

Schwarz kann mit der Invasion auf 71 nicht mehr länger warten. Weiß 72 wechselt zu einer Geben-und-Nehmen-Strategie und lässt Schwarz mit 80 am Rand leben.

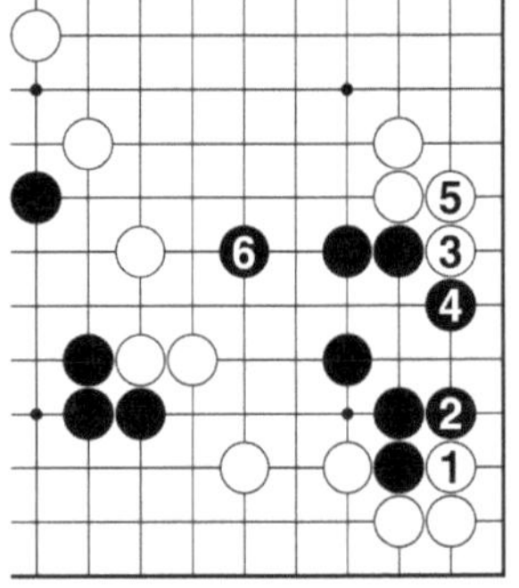

Abbildung 7

Abb. 7: Wollte Weiß seine aggressive Spielweise fortsetzen, dann sind 1, 3 und 5 die Züge, die Schwarz der Basis berauben. Aber es ist nicht absehbar, was nach dem Sprung auf Schwarz 6 noch alles passieren kann.

Weiß 80 und 82 schreiten voran, die Gebietsgrenzen zu festigen und das Spiel zu beenden. Mit 83 will Schwarz das weiße Gebiet reduzieren, doch Weiß kontert mit 84. Der Zug Weiß 88 ist Vorhand, da er auf A abzielt. Mit 102 und 104 sichert Weiß weiter die Grenzen seines Gebietes und liegt nun mit gut fünf Punkten auf dem Brett in Führung.

Wenn man über Stärke verfügt, dann sammelt man die Gebietspunkte ganz natürlich ein. Dafür ist diese Partie ein gutes Beispiel. Es wurde zwar keine Gruppe getötet, aber die Angriffsserie wurde mit einem riesigen Gebiet versilbert.

Züge nach 108 weggelassen. Schwarz gab auf.

PARTIE 6

Weiß: Chino Tadahiko, 7-Dan
Schwarz: Kato Masao, 5-Dan
Oteai 1968

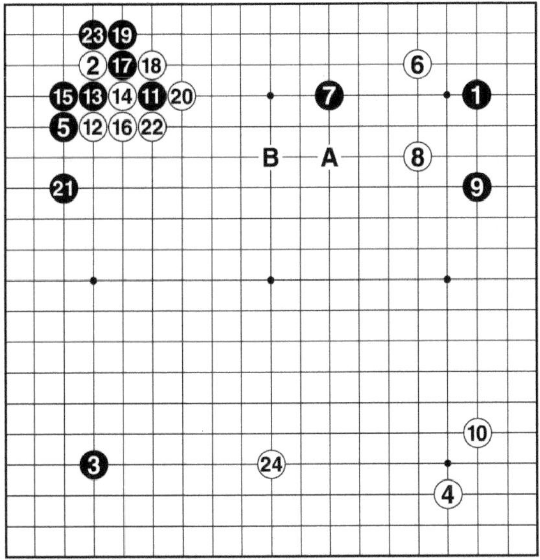

Figur 1 (1 – 24)

Figur 1 – Was ich wollte
Mit Schwarz 11 kam ich zu dem Zug, den ich mir erhofft hatte. Es war mir recht, dass mein Gegner die komplizierten Varianten des Taisha-Josekis vermeiden wollte und nur auf 16 deckte. Dadurch erhielt ich früh sicheres Gebiet in der Ecke.

Weiß 24 ist ein großer Punkt, aber wahrscheinlich wäre es besser gewesen, das Boshi auf A zu spielen, um die Kontrolle am oberen Brettrand zu übernehmen. Schwarz würde erst einen Testzug auf B spielen und dann den Punkt 24 besetzen.

Was passiert, wenn Weiß statt 16 auf 17 verbindet?

Abb. 1 (nächste Seite): Weiß 1 hätte mir sehr gut gefallen. Die Abfolge bis Weiß 11 ist eine Variante des Josekis, aber Schwarz 12 wird nun zu einem sehr gefährlichen Zug, da der markierte Stein bereits an der richtigen Stelle wartet.

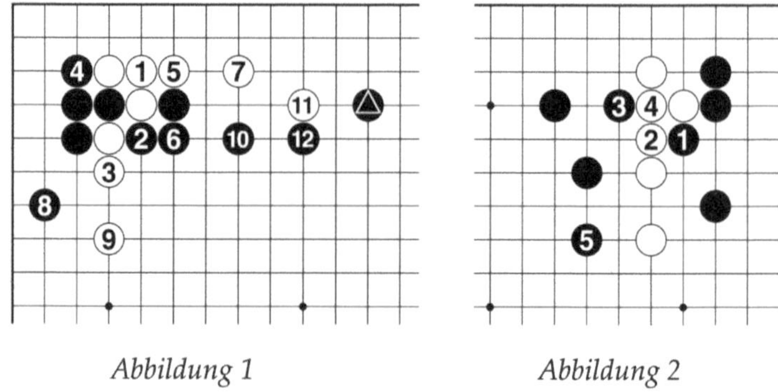

Abbildung 1 *Abbildung 2*

Figur 2 – Beide Seiten überziehen

Weiß 24 bietet Schwarz die Gelegenheit, mit 25 anzugreifen. Doch als der Kampf sich zuspitzt, macht Schwarz einen eklatanten Fehler. Schwarz 29 ist überzogen und missachtet völlig die Lage auf dem Rest des Brettes.

Abb. 2: Wenn Schwarz nur mit 1 und 3 die weiße Verbindung erzwingt und anschließend mit 5 die schwerfällige Gruppe attackiert, dann reduziert er auf ganz einfache Weise die große weiße Stärke in der Ecke links oben.

Weiß 30 zwingt Schwarz ins Brettzentrum zu laufen. Nun kann Weiß mit 34, die volle Kraft des Ponnuki links oben ausnutzend,

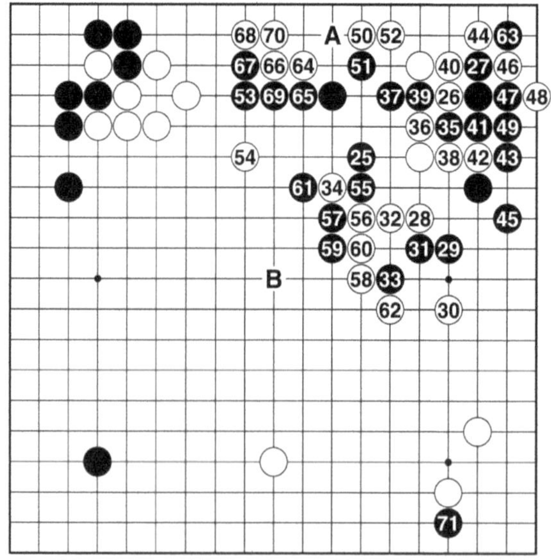

Figur 2 (25 – 71)

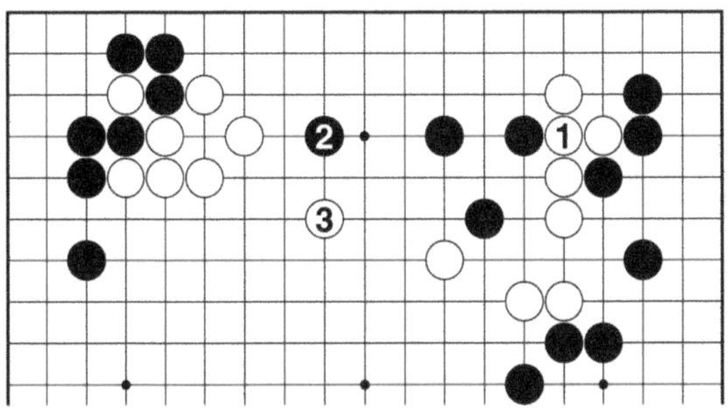

Abbildung 3

die schwarze Gruppe angreifen. Mit 35 und 37 versucht Schwarz, seine Position in Form zu bringen und Augenraum zu schaffen. Aber nun spielt Weiß einen vollkommen überzogenen Zug auf 38.

Abb. 3: Verbindet Weiß einfach und solide auf 1, dann muss Schwarz mit 2 Augenraum schaffen. Weiß 3 blockt den Weg ins Brettzentrum und Schwarz steckt in der Klemme.

Da ein Schlagen auf 41 für Weiß nicht möglich ist, muss er mit 40 decken und die Züge bis 51 folgen einer Einbahnstraße. Weiß ist nun in zwei schwache Gruppen getrennt.

Schwarz 51 ist Vorhand. Schwarz hält den Zug auf A zurück, um später eventuell die Drohung auf 63 spielen zu können.

Nachdem Weiß mit 54 die Flucht ins Brettzentrum verhindern will, kämpft sich Schwarz mit der aggressiven Kombination von 55 und 57 ins Freie. Weiß hat keine Möglichkeit, großen Widerstand zu leisten. Schwarz fängt mit 61 einen Stein und nun sehen die Aussichten in diesem Kampf deutlich besser für ihn aus.

Nachdem Weiß die schwarze Randgruppe mit 62 eingeschlossen hat, kommt die schwarze Vorhand auf 63 zum richtigen Zeitpunkt, denn Weiß muss nun selbst mit 64 bis 70 das Leben für die Gruppe am oberen Rand sichern.

Schwarz 71 ist eine bekannte Taktik, um die Reaktion des Gegners zu testen.

Abb. 4: Zieht Weiß als Antwort auf Schwarz 71 mit 1 zurück, dann testet Schwarz 2 noch einmal die weiße Reaktion. Blockt Weiß mit 3, dann sichert Schwarz 4 fast schon Leben. Schwarz 2 auf 4 könnte auch genügen, aber ein weißer Angriff auf A wäre schon recht gefährlich.

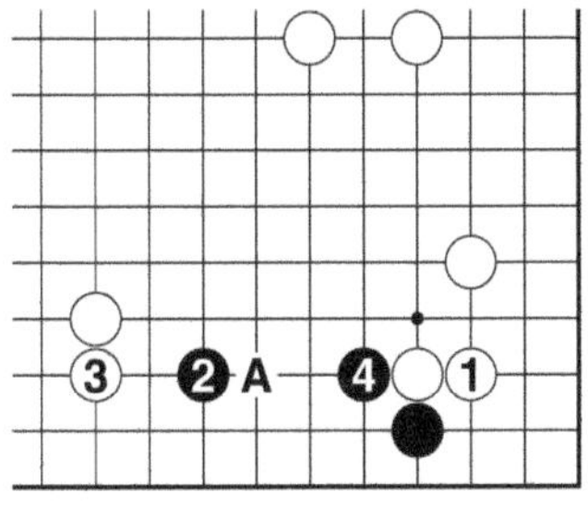

Abbildung 4

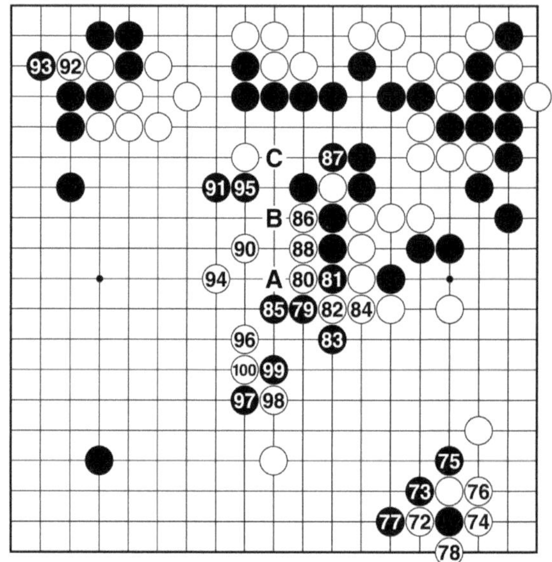

Figur 3 (72 – 100) 89 verbindet

Figur 3 – Leichtsinn

Wenn Weiß auf 72 blockt, muss Schwarz nur darauf achten, mit 73 bis 77 leichte und flexible Form zu machen. Der nächste Zug jedoch, Schwarz 79, geht zu weit und ist fürchterlich übertrieben. Nach dem weißen Schnitt auf 80 hat Schwarz keine gute Fortsetzung.

Abb. 5: Das leichte Reduzieren der weißen Gebietsanlage mit 1 ist die richtige Spielweise. Antwortet Weiß auf 2, dann entkommt Schwarz einfach mit 3.

Weiß 80 ist die gerechte Strafe. Ich frage mich noch heute, was mich damals zu diesem Zug getrieben hat. Schwarz 81 und 83 sind wahrscheinlich das Beste, was man hier noch machen kann. Auch Schwarz 85 ist unvermeidbar. Es wäre schön, wenn Schwarz A den weißen Stein fangen könnte, aber Weiß entkommt mit 88.

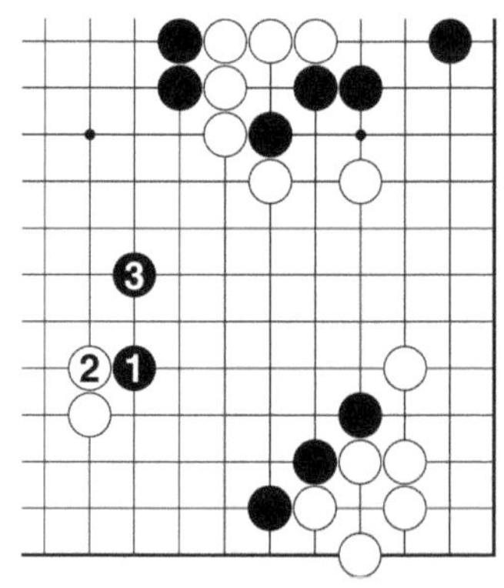

Abbildung 5

Nachdem Weiß die Vorhände 86 und 88 ausgenutzt hat, springt er auf 90 und trennt die beiden schwarzen Gruppen.

Schwarz steht nun ein unschöner Kampf bevor, denn

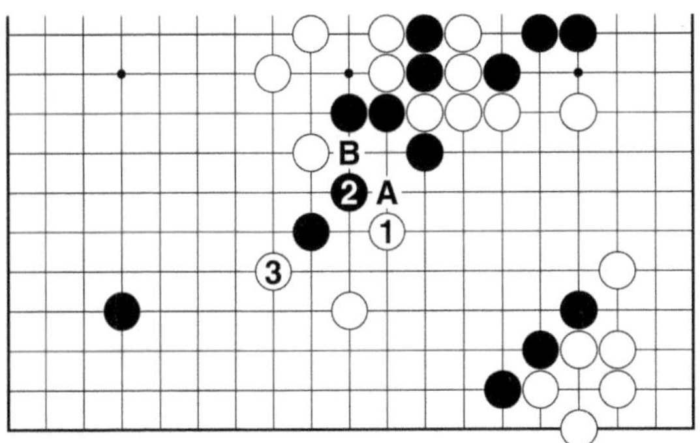

Abbildung 6

die Gruppe im unteren Teil des Bretts lebt noch nicht und die drei schwarzen Steine im Brettzentrum hängen ohne Basis in der Luft. Die höchste Priorität hat jetzt aber, der Gruppe am oberen Rand zu zwei Augen zu verhelfen. All diese Probleme lassen sich auf den überaus leichtsinnigen Zug 79 zurückführen.

Auch Schwarz 91 ist ein merkwürdiger Zug. Ich erwartete, dass Weiß auf 95 antwortet und ich auf B fortsetzen könnte. Aber Weiß verfolgte mit 94 einfach seinen eigenen Plan und zwang mich somit, auf 95 zurückzukommen.

Das gibt Weiß nicht nur die Vorhand, sondern auch die Chance, mit 96 noch schärfer anzugreifen, als er es womöglich geplant hatte. Schwarz 91 hätte daher auf C gespielt werden sollen, um so schnell wie möglich das Leben der Gruppe zu sichern. Weiß müsste dann immer noch mit 94 verteidigen und Schwarz hätte Zeit gewonnen, um seine drei Steine mit 98 zu retten. Es wäre noch immer ein gefährlicher Kampf, aber ein Zug mehr in dieser Brettregion, hätte schon etwas von der Spannung herausgenommen.

Der Ausgang der Partie hängt jetzt davon ab, ob das Opfern der Mittelgruppe ausreichende Kompensation bringt oder nicht. Schwarz 97 ist der erste Schritt in Richtung eines entsprechenden Handels. Aber sind Weiß 98 und 100 nicht ein wenig kleinlich und zu sehr auf das Fangen der Mittelgruppe bedacht?

Abb. 6: Ich nahm an, dass Weiß ruhig auf 1 spielen würde. Das ist gut genug. Da Schwarz keine bessere Alternative hat, muss er auf 2 antworten, aber Weiß 3 ist ein kraftvoller Angriff. Darüber hinaus bleiben ihm die Züge A und B, die entweder die Gruppe rechts unten großräumig fangen oder die beiden schwarzen Steine in der Brettmitte einschließen. Weiß ist hier ganz klar im Vorteil.

Weiß 98 und 100 waren wirklich ein Glück für mich. Schwarz kann sich nun aus seiner Lähmung befreien.

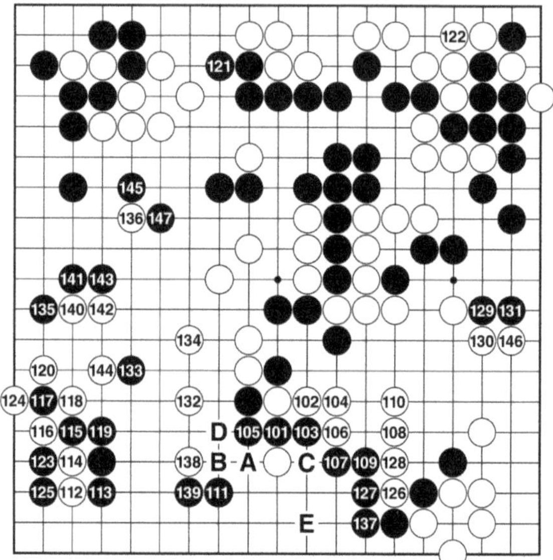

Figur 4 (101 – 147)

Figur 4 – Angriff

Nach Schwarz 103 ist Weiß 104 erzwungen.

Abb. 7: Schneidet Weiß erst auf 1, bevor er auf 3 streckt, dann spielt Schwarz die Kombination von 4 und 6 und ermöglicht so die guten Fortsetzungen auf A und B, die die weiße Stellung zusammenbrechen lassen.

Da Weiß zu sehr um die Brettmitte besorgt ist, gelingt es Schwarz, ein großes Stück vom unteren Rand zu erbeuten. Vergleichen Sie dies mit Abbildung 6 – der Unterschied ist enorm. Der Angriff mit Kontaktzügen und Schnitten führt häufig nicht, wie man sich erhofft, zu einem starken, kraftvollen Angriff, sondern zu einer

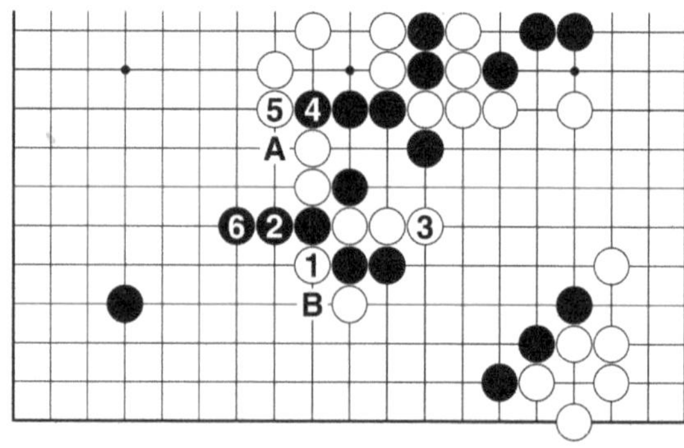

Abbildung 7

komplizierten Umkehrung der Situation und man findet sich plötzlich selbst mit dem Rücken zur Wand stehend wieder. Diese Partie ist ein gutes Beispiel dafür; Weiß hat offensichtlich den falschen Plan für seinen Angriff gewählt.

Zum restlichen Verlauf der Partie gibt es nicht mehr viel zu sagen, außer dass Schwarz 137 ein großer Zug ist. Ohne diese Verbindung kann Weiß auf A spielen und wenn Schwarz dann auf B blockt, folgen Weiß C, Schwarz D und schließlich ruiniert Weiß E die schwarze Stellung.

Züge nach 147 weggelassen. Weiß gab auf.

PARTIE 7

Weiß: Magari Reiki, 8-Dan
Schwarz: Kato Masao, 7-Dan
Oteai 1973

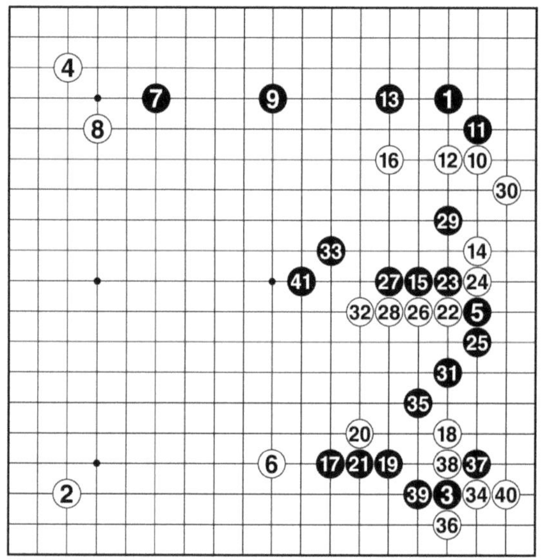

Figur 1 (1 – 41)

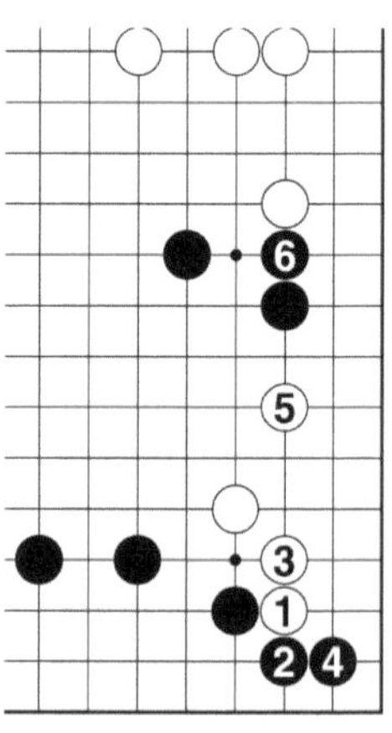

Abbildung 1

Figur 1 – Chinesische Eröffnung
Diese Partie war eine besonders wichtige für mich: wenn ich sie gewinne, dann würde ich den 8. Dan errungen haben.

Schwarz spielt mit 5 die Chinesische Eröffnung, die auf den Ausbau einer stattlichen Gebietsanlage mit 15 und 17 abzielt und sich nicht mit dem kleinlichen Absichern einer Ecke aufhält. Sobald Weiß sich der Ecke unten rechts annähert, wird er sofort angegriffen; Schwarz übernimmt so die Initiative.

Aber Weiß kommt nicht umhin, sich mit 18 auf die schwarze Strategie

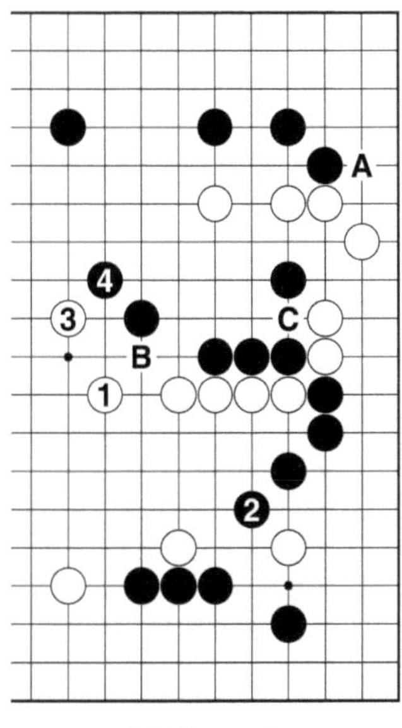

Abbildung 2

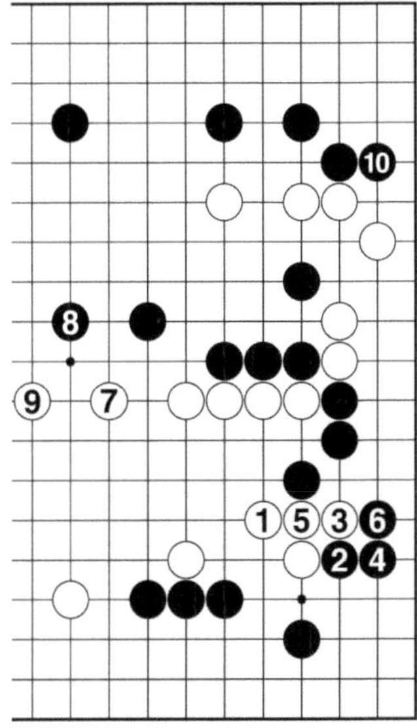

Abbildung 3

einzulassen. Obwohl die Züge 20 und 22 plump aussehen, sind sie recht natürlich.

Abb. 1: Wenn Weiß mit 1 bis 5 nur eine kleine Basis errichtet, ist er zwar sicher, aber er hat kein Potenzial kreiert, das er später ausnutzen könnte. Nach Schwarz 6 sehen die beiden weißen Gruppe recht dünn und für Angriffe anfällig aus.

Dennoch, Weiß 22 führt zu einem Kampf, der Schwarz nicht ungelegen kommt. Weiß 34 ist fragwürdig.

Abb. 2: Mit Weiß 1 einfach herauszuspringen ist ein natürlicher Zug, aber keine echte Alternative, denn er erlaubt Schwarz, mit 2 zu viel Gebiet zu nehmen. Weiß 3 sieht als Fortsetzung gut aus, aber Schwarz 4 droht einen weiteren schwarzen Zug auf A an, der die weiße Gruppe gefährlich nah an den Abgrund bringt. Da Schwarz B eine Vorhand ist, hat Weiß C keine Wirkung.

Abb. 3: Wahrscheinlich ist Weiß 1 der richtige Zug. Die Sequenz bis 6 ist eine Einbahnstraße, danach kann Weiß auf 7 und 9 herausspringen. Am Ende spielt Schwarz auf 10, was die obere weiße Gruppe unter starken Druck setzt.

Schwarz 35 vermeidet es, auf den weißen Plan einzugehen und überlässt die Ecke Weiß, der sie mit den Zügen 36 und 40 sichert.

Schwarz nimmt im Gegenzug den wichtigen Angriffspunkt 41 ein, um die weiße Mittelgruppe zu attackieren.

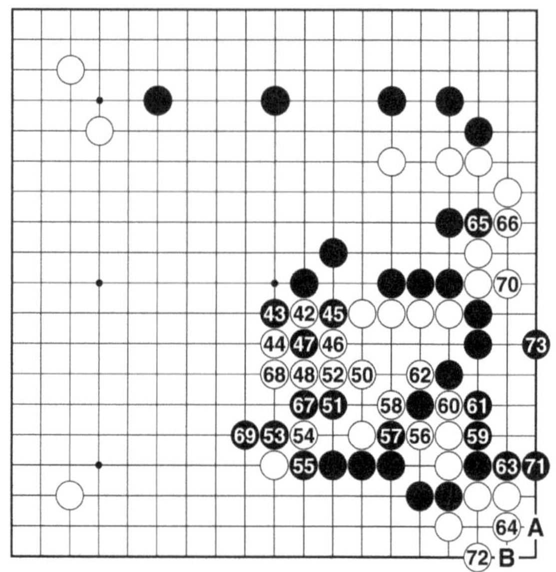

Figur 2 (42 – 73)
49 auf 42

Figur 2 – Im Brettzentrum

Nach Schwarz 41 ist Weiß gezwungen, mit 42 und 44 seine Gruppe zum Leben zu bringen.

Abb. 4: Läuft Weiß mit 42 auf 1 davon, dann ist Schwarz 2 ein kraftvoller Angriff. Alternativ ist ein Angriff mit dem Keima auf A möglich.

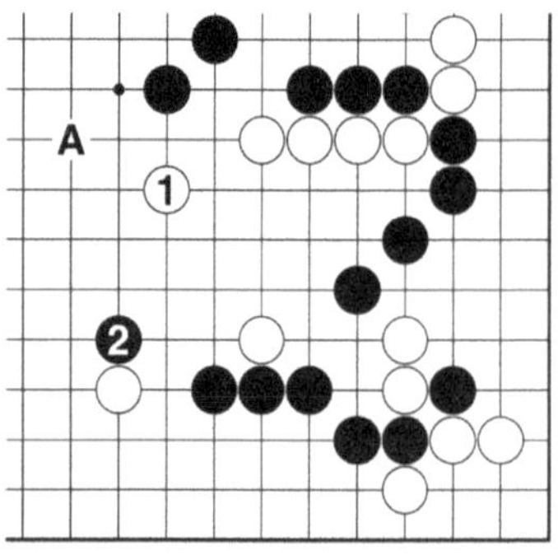

Abbildung 4

Weiß 46, das dem Gegner mit dem Schlagen auf 47 ein Ponnuki überlässt, kann man nicht unbedingt als den üblichen Zug bezeichnen, aber Weiß muss hier etwas Ungewöhnliches versuchen.

Das Nozoki auf 51 und das Abschneiden von Weiß 6 mit 53 stellen die stärkste Kombination für Schwarz dar.

Abb. 5: Mit 51 auf 1 zu schneiden wirft die guten Chancen auf einen effektiven Angriff weg. Weiß kann nicht nur mit 2 und 4 einfach verbinden und seine Gruppe in Sicherheit bringen, darüber hinaus droht auch ein weißer Schnitt auf A, der die vier schwarzen Steine bedroht.

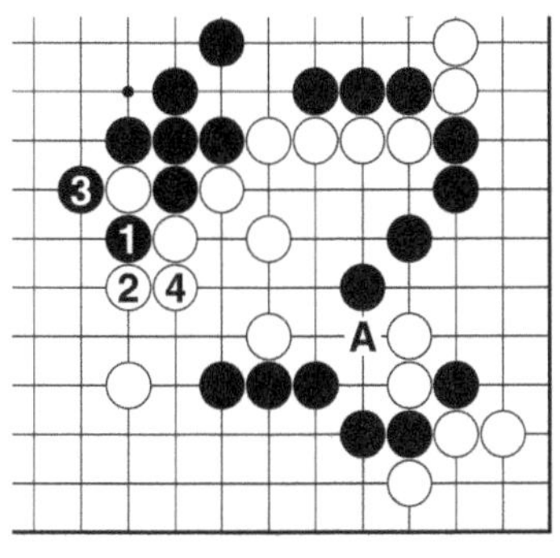

Abbildung 5

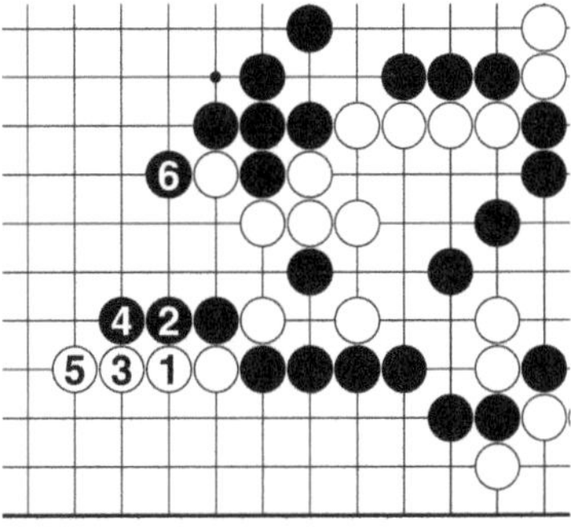

Abbildung 6

Schwarz 53 ist also der entscheidende Schlag, doch Weiß 54 leistet keine wirkliche Gegenwehr.

Abb. 6: Wenn Weiß mit 1 streckt, dann schiebt Schwarz mit den Zügen 2, 4 und 6 (oder einer ähnlichen Abfolge) und die weiße Mittelgruppe ist sehr wahrscheinlich tot.

Weiß besinnt sich daher und geht mit dem Schnitt auf 56 und 58 zum Gegenangriff über. Natürlich hat Schwarz die schönen Vorhandzüge 59 und 61. Es wäre ein fataler Fehler, mit Schwarz 59 auf 62 verbinden und Weiß den Zug 59 zu überlassen.

Schwarz 69 ist ein schöner Zug, der Weiß getrennt hält und Schwarz die Führungsposition in der Partie bewahrt. Die schwarze Gruppe am rechten Brettrand sieht etwas anfällig für einen gegnerischen Angriff aus, aber hier muss man sich noch keine Sorgen machen.

Abb. 7: Die Hoffnung, dass Weiß die schwarze Gruppe töten könnte, indem er auf 1 mitten hineinspielt, ist unbegründet, denn Schwarz kontert mit 4. Weiß 5 ist hier kein Tesuji, denn Schwarz 6 und 8 sichern zwei Augen und bringen die Gruppe zum Leben.

In der Partie streckt Weiß daher nur auf 70, wonach Schwarz, der erst den Vorhandzug 71 gegen die Ecke spielt, mit 73 in Nachhand lebt. Antwortet Weiß nicht mit 72, dann entsteht ein Ko in der Ecke, das Schwarz auf A oder B beginnt.

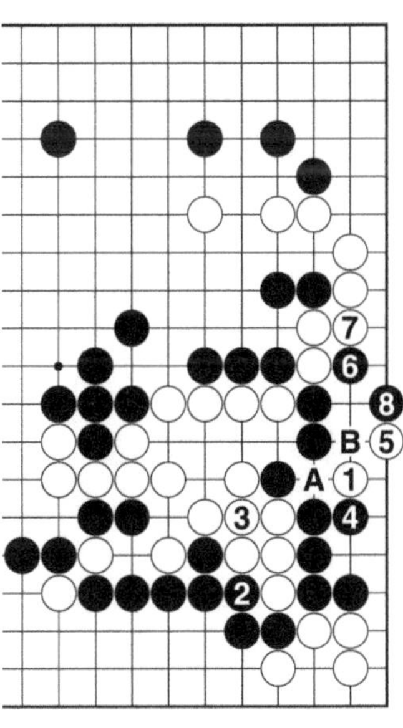

Abbildung 7

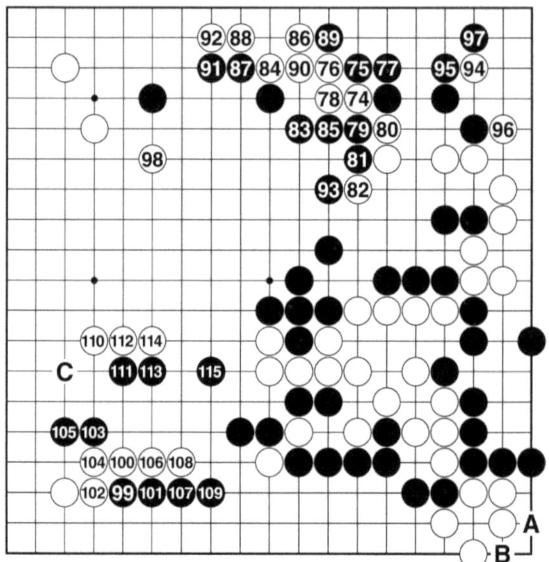

Figur 3 (74 – 115)

Figur 3 – Schlüsselpunkt

Wissend, dass er zurückliegt, versucht Weiß mit 74 und 76 Komplikationen hervorzurufen. Schwarz 75 und 77 sind eine umsichtige Antwort.

Abb. 8: Spielt Schwarz das Atari auf 1, bevor er auf 3 verbindet, dann läuft er Gefahr, Weiß in der Folge bis 8 zuviel Profit zu überlassen. Da die weiße Gruppe am rechten Rand jederzeit mit A oder B leben kann, zieht Schwarz keinen Nutzen aus dieser Variante.

Abb. 9: Das Atari von oben mit anschließender Verbindung, bringt ebenfalls nur Verluste.

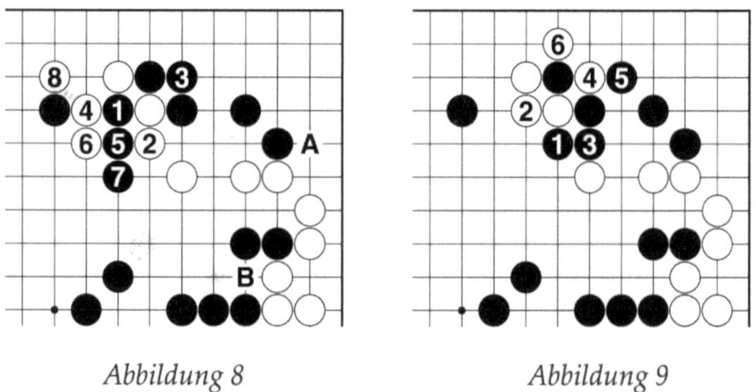

Abbildung 8 *Abbildung 9*

Schwarz 79 wird mit der Absicht gespielt, die Situation zu klären. Weiß lebt am oberen Rand mit den Zügen bis 92 und kann darüber hinaus das Leben seiner Gruppe am rechten Rand mit den Vorhandzügen 94 und 96 sichern. Doch in der Zwischenzeit baut Schwarz immer stärkeren Einfluss zur Brettmitte auf und kann so seinen Vorsprung behaupten.

Weiß 98 ist ein guter und großer Punkt.

Antwortet Weiß auf den schwarzen Angriff 99 mit einem Zug auf 103, dann wird Schwarz mit C von der offenen Seite attackieren. Weiß auf 105 wäre vielleicht sicherer, aber zu langsam. Einen solchen Zuge würde man nur spielen, wenn man sich sicher ist, die Partie schon gewonnen zu haben.

Schwarz 103 und 105 besetzen Schlüsselpunkte, denn sie sind vitale Angriffspunkte. Obwohl Weiß mit dem Klemmzug auf 110 einen Gegenangriff spielt, entkommt Schwarz mit 111 und 113. Das bedeutet, dass Weiß weiterhin auf zwei Seiten attackiert wird – ein klassischer Doppelangriff.

Schwarz 115 ist jedoch ein überaus schwacher Zug.

Abb. 10: Schwarz 1 ist eindeutig solider. Weiß ist jetzt gezwungen, mit 2 und 4 in der Ecke zu leben, und Schwarz 5 zwingt Weiß noch zur Sicherung der Mittelgruppe mit 6. Anschließend folgt die Invasion auf 7. Das ist ein bedeutender Unterschied zur tatsächlichen Entwicklung in der Partie.

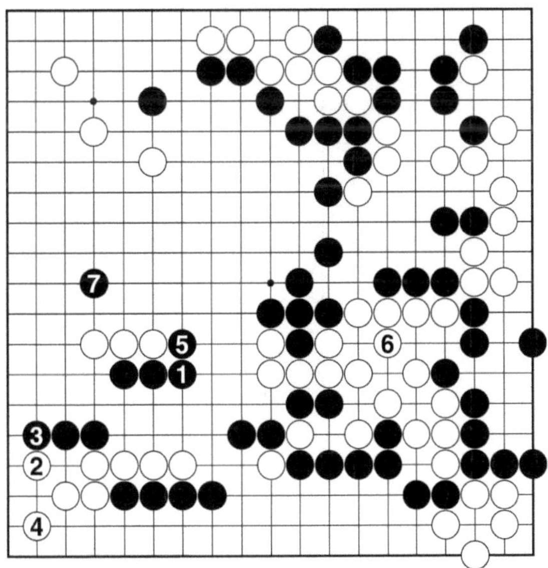

Abbildung 10

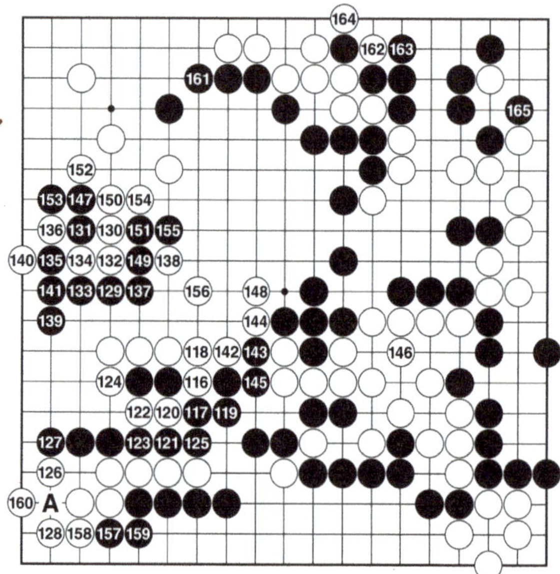

Figur 4 (116 – 165)

Figur 4 – Schlüsselpunkt

Schwarz 125 ist ebenfalls ein ängstlicher Zug. Schwarz hätte auf 126 spielen können, um die weiße Gruppe in der Ecke zu fangen. Wenn Weiß daraufhin auf 125 schneidet, dann beginnt ein Wettlauf um Freiheiten, den Schwarz mit dem Strecken auf A für sich entscheidet.

Bis hierher hatte ich nur wenige Fortschritte gemacht, aber mit der Invasion auf 129 lag ich noch immer in Führung.

Weiß 130 und 132 sind die einzig möglichen Antworten. Spielt Weiß 132 auf 147, dann streckt Schwarz zufrieden auf 134 zurück. Spielt Weiß 134 auf 137, dann ist zwar die Mittelgruppe gesichert, aber Schwarz wird auf 147 strecken. Einen solchen Verlust kann Weiß nicht zulassen. Schwarz 139 ist ein Zug, der für die Sicherheit Sorge trägt und eine Verbindung am linken Brettrand vorbereitet.

Abb. 11: Stattdessen könnte Schwarz auch mit dem Zug auf 1 den Gegner zwingen, mit der Mittelgruppe zu leben und dann mit 3 und 5 schneiden. Aber natürlich sind Schwarz 143 und 147 weniger kompliziert.

Abb. 12: Schwarz 2 bis 8 zeigen, dass Weiß 148 auf 1 ein Fehler gewesen wäre.

Nach dem Blocken auf 165 liegt Schwarz bereits mit mehr als zehn Punkten auf dem Brett in Führung.

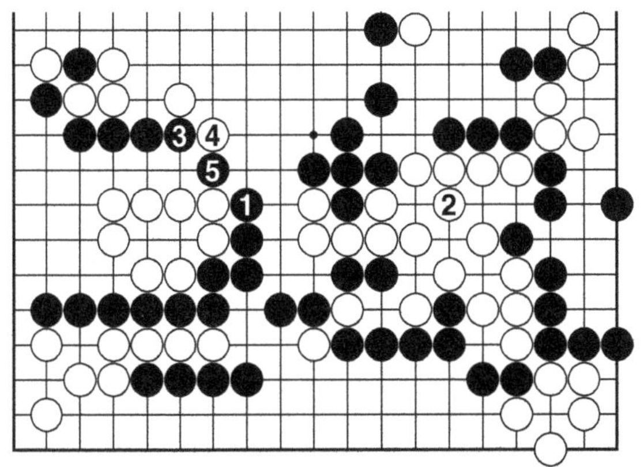

Abbildung 11

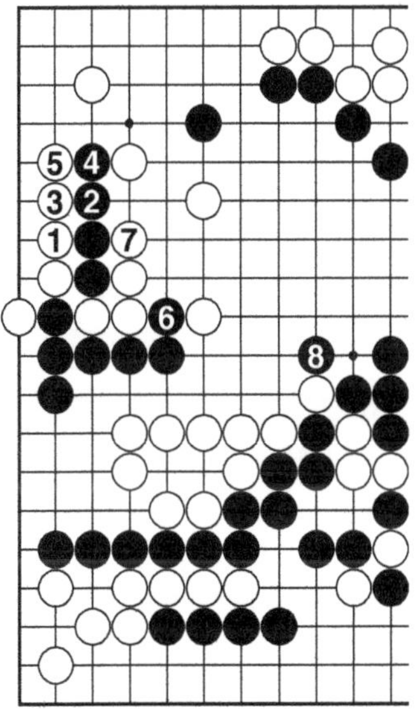

Abbildung 12

187 Züge. Weiß gab auf.

PARTIE 8

Weiß: Kato Masao, 5-Dan
Schwarz: Takagi Shoichi, 5-Dan
Oteai 1968, keine Komi

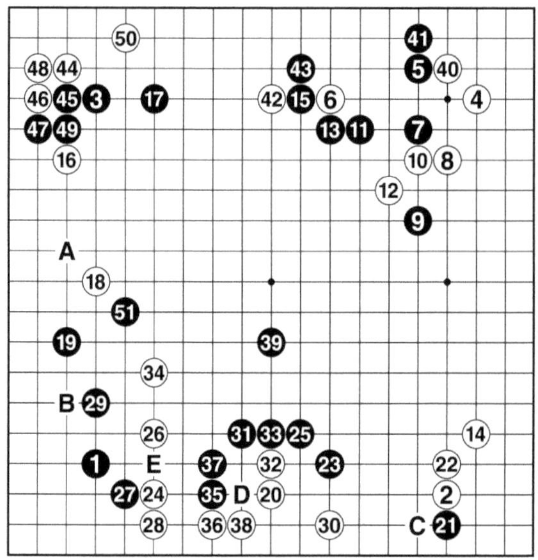

Figur 1 (1 – 51)

Figur 1 – Schwarz bestimmt das Tempo
Es gibt keine Komi in dieser Partie. So erklärt sich das solide Hane von Schwarz 15.

Anstatt Weiß 18 ist die Abfolge Weiß 46, Schwarz 44 und Weiß A auch ein gutes Joseki, aber sie überlässt Schwarz die Vorhand, um auf 20 zu spielen. Weiß spielt 18 auf der vierten Linie und droht, die Ecke mit einem Zug auf B in guter Form anzugreifen. Schwarz ist daher gezwungen, Weiß B mit 19 zu verhindern, und so kann Weiß den großen Punkt 20 einnehmen.

Schwarz 21 soll die Reaktion von Weiß testen. Weiß hat hier verschiedene Varianten zur Verfügung.

Abb. 1: Weiß 1 ist eine Möglichkeit. Entscheidet sich Schwarz sofort dafür hinauszulaufen, dann verhindert Weiß 3 eine Ausdehnung, und Weiß 5 und 7 greifen nicht nur Schwarz weiter

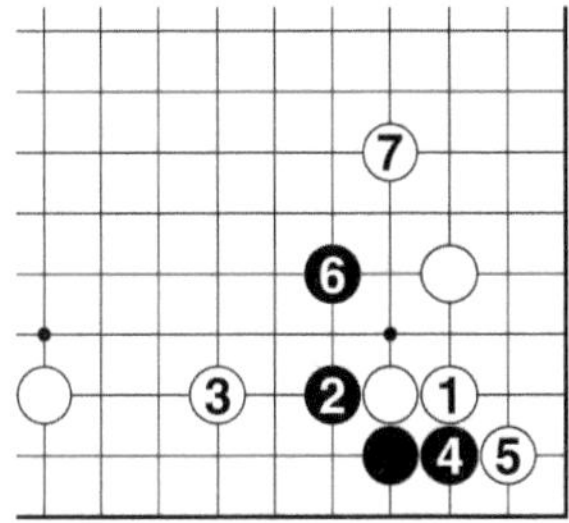

Abbildung 1

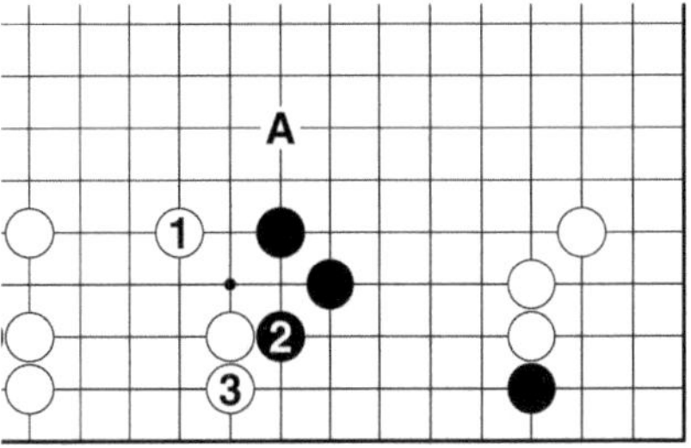

Abbildung 2

an, sondern gleichzeitig wird auch der rechte Rand ausgebaut. In der Partie hat Weiß mit 22 geantwortet. Da Schwarz nun nur in schwerfälliger Form loslaufen könnte, reduziert er auf 23 die weiße Anlage in leichter Form.

Der Diagonalzug Schwarz 25 als Reaktion auf Weiß 24 ist ein sehr solider und umsichtiger Zug, der die weiße Stärke am rechten Rand berücksichtigt. Weiß hätte 24 auch auf C spielen können, das ist ein großer Punkt, aber Schwarz würde auch dann auf 25 antworten.

Die Züge Weiß 26 bis Schwarz 29 sind recht eindeutig und logisch in ihrer Abfolge, aber Weiß 30 ist fragwürdig.

Abb. 2: Es ist besser, mit Weiß 1 gute Form zu machen, und wenn Schwarz auf 2 anlegt, mit 3 zu strecken. Das lässt noch immer die Möglichkeit eines Gegenangriffs mit einem Boshi auf A zu.

Da Weiß mit 30 tief abtaucht, ist es für Schwarz nur folgerichtig, den Punkt 31 zu besetzen. Weiß ist am unteren Rand zusammengestaucht und steht schon jetzt recht schlecht da. Die folgenden Züge illustrieren deutlich, wie grausam sich ein Fehler in der Eröffnung rächen kann.

Ich wollte das Nozoki auf 32 nicht spielen, aber um Schwarz D zu vermeiden, blieb mir nichts anderes übrig. Schwarz drückt Weiß mit 35 und 37 noch tiefer an den Rand und nimmt mit 39 den schönen Formpunkt in dieser Stellung.

Die weißen Züge 40 und 42 sowie die Invasion auf 44 sollen den Eindruck vermitteln, dass die Partie im von Weiß vorgegebenen Tempo gespielt wird, aber tatsächlich ist es Schwarz, der hier das Tempo bestimmt.

Schwarz 51 grätscht in die weiße Stellung hinein und ist ein ernster Doppelangriff. Das direkte Angriffsziel sind die beiden weißen Steine am linken Rand, aber auch der Schnitt auf E wird als mögliches Angriffsziel vorbereitet.

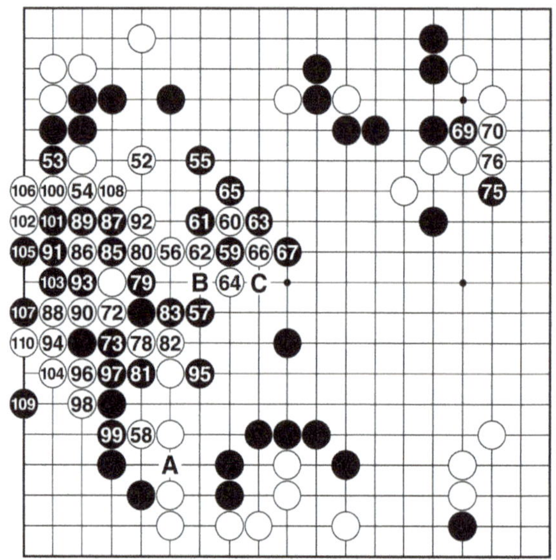

Figur 2 (52 – 110) Ko: 68, 71, 74, 77, 84

Figur 2 – Wenig Hoffnung

Schwarz 55 und 57 verstärken den Angriff und machen die feindlichen Absichten deutlich. Weiß 58 auf 59 würde zwar die Wucht des Angriffs brechen, aber dann schneidet Schwarz auf A zwei weiße Steine ab.

So blockt Schwarz 59 nun den Fluchtweg in die Brettmitte und das ist für Weiß ebenso schmerzhaft wie gefährlich. Daher versucht Weiß jetzt, mit 60 Augen zu bauen, aber Schwarz 61 und 63 sind eine Standardtechnik, auf die Weiß 64 nur noch eine verzweifelte Antwort darstellt.

Abb. 3: Folgt Weiß der Faustregel, vor dem Opfer noch einmal zu strecken, dann verbindet Schwarz auf 2 und nach der Abfolge bis Schwarz 8 gibt es keine Hoffnung mehr für ein weißes Leben.

Deckt Schwarz mit 67 auf 60, dann verbindet Weiß auf B und es scheint, als ob Weiß noch eine Chance hätte. Deshalb

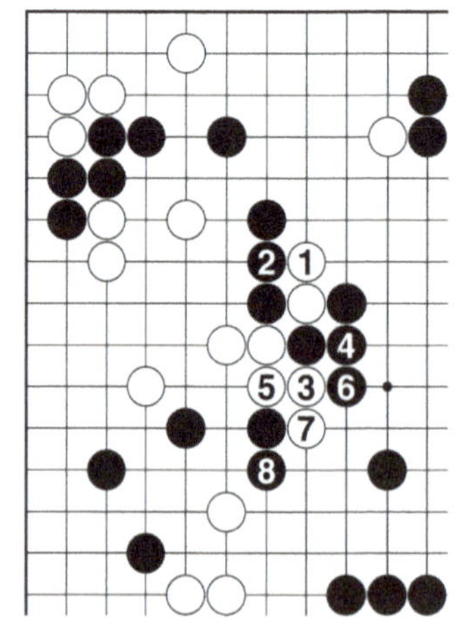

Abbildung 3

entscheidet sich Schwarz für das Ko. Zu meinem Bedauern hatte ich mit Weiß 72 und 78 nur zwei lokale Drohungen.

Das Schneiden mit der Sequenz von Schwarz 79 bis 85 sieht überzogen aus. Schwarz sollte statt 79 einfach das Ko auf C beenden. Das würde Weiß zwar erlauben, auf 83 zu verbinden, aber der Profit, den Schwarz aus dem Angriff ziehen konnte, sollte mehr als ausreichend sein.

Nach dem Schnitt 85 bleiben Weiß nur 86 und 88 als einzige Antwort. Das Ko im Zentrum ist nur mehr ein unbedeutendes Problem – jetzt geht es um den Wettlauf am linken Brettrand, denn dieser wird die Partie entscheiden. Schwarz hätte sich das alles ersparen können, aber vermutlich hat er sich irgendwo verrechnet.

Nach Weiß 94 ist Schwarz 95 erzwungen.

Abb. 3: Antwortet Schwarz mit 1, dann gewinnt er zwar den Wettlauf am Brettrand, aber Weiß bekommt gute Vorhandzüge auf der Außenseite und wird dann mit 4 bis 14 fortsetzen. Jetzt ist es ein Leichtes für Weiß zu leben. Schwarz dagegen wird die Partie verlieren, weil er sich erst einmal um die Gruppe unten kümmern muss, die durch die letzte Sequenz geschwächt worden ist.

Schwarz 95 ist daher richtig. Weiß opfert die drei Steine und vermehrt mit 96 und 98 seine Freiheiten, so dass der Wettlauf in einem Annäherungs-Ko zu seinen Gunsten endet. Mit der fast toten Gruppe noch einen dicken schwarzen Steinklumpen zu fangen, das wäre ein Erfolg.

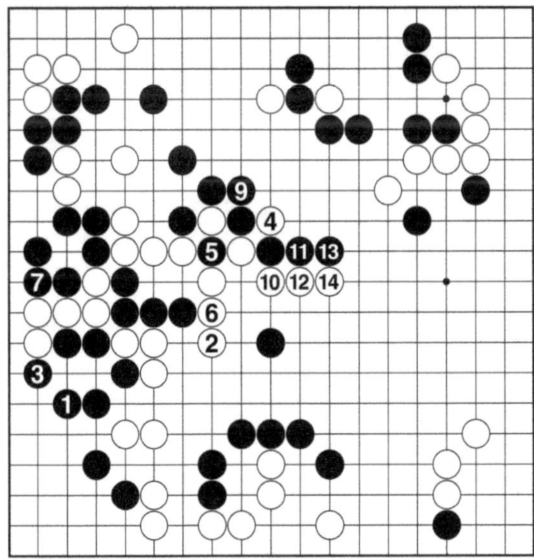

Abbildung 4 (8: Ko)

Abb. 5: Weiß kann mit 96 auf 1 die drei weißen Steine retten, aber dann führt der Wettlauf am Brettrand in ein für ihn ungünstiges Ko, das Schwarz auch noch zuerst schlägt.

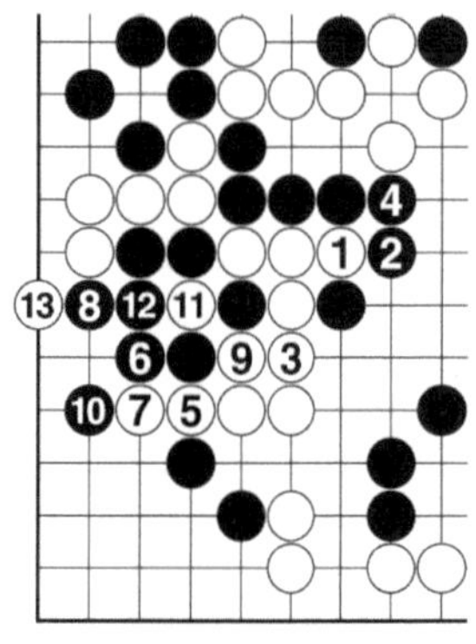

Abbildung 5

Figur 3 – Schwarz ist zu aggressiv
Schwarz muss mit 111 zuerst die drei weißen Steine fangen. Weiß schlägt nun mit 112 das Ko, obwohl er aufgrund der Außenfreiheiten keine Eile damit haben müsste.

Das Ko wird jetzt weitergekämpft, aber Schwarz hat keine echte Chance, das Annäherungs-Ko in ein direktes Ko zu verwandeln und gleichzeitig dem Weißen das Gebiet am rechten Rand streitig zu machen. Nachdem er das Potenzial der Ko-Drohungen mit 129 und 133 erhöhen konnte, besetzt er mit 143 die erste Außenfreiheit. Weiß 184 bis 188 fangen die Gruppe am rechten Rand und entscheiden die Partie. Selbst wenn Schwarz mit 193 ein direktes Ko erwirkt, so bleiben ihm keine Drohungen mehr. Schwarz verliert, weil er im Mittelspiel zu aggressiv war.

Züge nach 196 weggelassen. Schwarz gab auf.

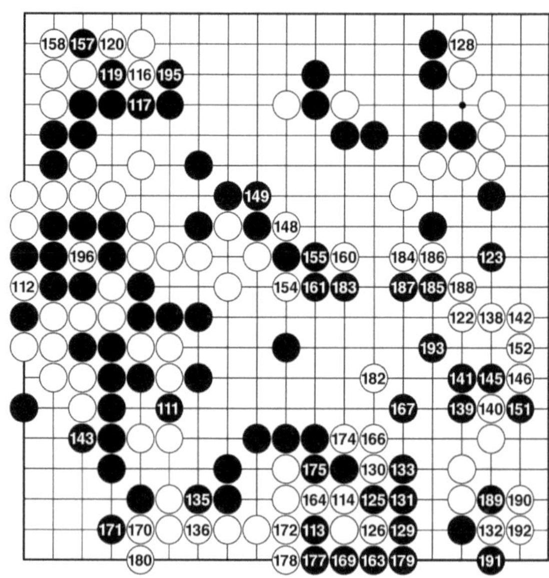

Figur 2 (111 – 196) Ko: 115, 118, 121, 124, 127, 134, 137, 144, 147, 150, 153, 156, 159, 162, 165, 168, 173, 176, 181, 194

GLOSSAR

Aji	wörtlich: „Geschmack". Möglichkeiten, die in einer Stellung vorhanden sind. Bei der Ausnutzung dieser Möglichkeiten kommt es meist auf den richtigen Zeitpunkt an.
Atari	Ein Stein oder eine Gruppe von Steinen mit nur noch einer Freiheit. Er/sie können im nächsten Zug geschlagen werden.
Boshi	„Kappe"; Ein Zug, der im Ein-Punkt-Abstand über einer gegnerischen Gruppe oder über einem einzelnen Stein gespielt wird.
Hane	Diagonalzug eines Steins, der um einen gegnerischen Stein oder eine gegnerische Kette umbiegt.
Fuseki	Eröffnung.
Honinbo	1. Bedeutendste Go-Schule in der Edo-Periode. Das Oberhaupt dieser Schule führte ebenfalls den Namen Honinbo als Titel. 2. Der drittwichtigste der sieben großen Titel in Japan. Er wird seit 1939 von der Mainichi Shinbun gesponsert. In den Vorkämpfen wird der Herausforderer ermittelt, der im Finale gegen den Titelverteidiger antritt.
Joseki	Ein formelhaftes Abspiel. Es wird meistens in der Ecke gespielt, kann aber auch am Rand oder in der Mitte gespielt werden. Das Resultat ist normalerweise lokal ausgeglichen.
Kakari	Eckangriff durch Annähern an einen gegnerischen Stein, der die Ecke vorläufig besetzt hält.
Keima	Kleiner Rösselsprung; Zug, der diese Form bezogen auf einen eigenen Stein herstellt.
Kikashi	Spezieller Vorhandzug, der vom Gegner beantwortet werden muss. Typischerweise werden Kikashi-Steine leicht behandelt, werden also später häufig für ein höheres Ziel geopfert.
Ko	Stellung, in der wiederholendes Schlagen eines einzelnen Steines möglich ist. Die Ko-Regel verbietet daher, in einem Ko sofort zurückzuschlagen.
Komi	Anzahl von Punkten, die bei Gleichaufpartien der Spieler mit den weißen Steinen dafür erhält, dass Schwarz die Partie eröffnet. Komi sind häufig ungerade, um ein Unentschieden zu vermeiden. Zu Katos Zeiten betrug das Komi fünf, heutzutage sechs oder sieben Punkte.
Komoku	Der 3-4-Punkt in der Ecke.

Kosumi	Diagonalzug in Relation zu einem der eigenen Steine.
Mane-Go	Spiegel-Go. Einer der Spieler kopiert den anderen, indem er jeweils den spiegelsymmetrischen Zug spielt.
Meijin	Historisch wurde der Titel des Meijin an den stärksten Spieler der Edo-Periode verliehen. Heute ist er unter den sieben Turniertiteln in Japan derjenige mit dem zweithöchste Prestige nach dem Kisei.
Moyo	Potentielle Gebietsanlage.
Nihon Kiin	Größte Vereinigung professioneller Go-Spieler in Japan.
Nozoki	„Spähzug"; Zug, der einen Schnitt androht oder auf eine Lücke in der gegnerischen Stellung abzielt.
Ogeima	Großer Rösselsprung; Zug, der diese Form bezogen auf einen eigenen Stein herstellt.
Oteai	Das Oteai war lange Zeit das Einstufungsturnier der Profis, die im Nihon Kiin bzw. Kansai Kiin organisiert sind.
Ponnuki	Form von vier Steinen einer Farbe um einen Schnittpunkt herum.
Seki	Position, in der zwei gegnerische Gruppen leben, weil sie sich nicht fangen können; lokales Patt.
Shibori	Eine Zugfolge, in der durch das Opfern von Steine der Gegner in eine klumpige und uneffektive Form gezwungen wird.
Taisha	Name eines Joseki, das für seine vielen und komplizierten Varianten bekannt ist.
Tenuki	„Anderswo", fernbleiben; In einer lokalen Stellung nicht mehr weiterspielen, sondern – den letzten Zug des Gegners ignorierend – in einer anderen Gegend des Brettes fortsetzen.
Tesuji	Ein technisch guter Zug, der in einer lokalen Situation das Optimum darstellt, um ein bestimmtes Ziel (Verbinden, Fangen, Leben usw.) erreichen kann.
Treppe	Eine Technik, mit der eine Gruppe gefangen wird, die nur noch zwei Freiheiten hat. Man spielt immer wieder Atari und treibt die Gruppe so an den Rand oder auf einen eigenen Stein zu, wo sie dann gefangen wird.
Tsume-Go	Problem-Go.

Lehrstunden in den Grundlagen des Go

Kageyama Toshiro 7-Dan

Viele Go-Bücher versprechen, die Grundlagen des Go zu erklären; hier ist eines, das dieses Versprechen wirklich hält.

Kageyamas Themen sind das Verbinden, gute und schlechte Form, wie die Steine „laufen" sollten, der Unterschied zwischen Gebiet und Einflusssphäre, wie man dicke Positionen und Mauern nutzt, wie man seine Lesefähigkeit trainiert, wie man ein Leben-und-Tod-Problem richtig angeht – eben all jene Dinge, die so grundlegend sind, dass andere Autoren sie komplett weglassen. Kageyama geht auch auf die richtigen Lernmethoden ein, zum Beispiel wie man Josekis studiert.

„Was mich vom Amateur zum Profi gemacht hat, war das wirkliche Durchdringen der Grundlagen", schreibt Kageyama. Die Essenz von sieben Jahren als Amateur und zweiundzwanzig Jahren Wettkampferfahrung als Profi sind in dieses Buch eingeflossen. Und es ist voll von Ratschlägen, die jeder Go-Spieler nützlich finden wird.

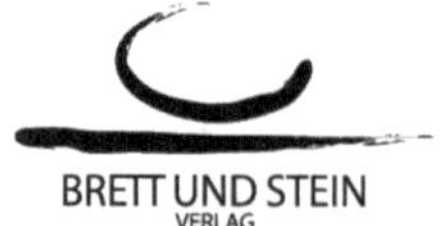
BRETT UND STEIN VERLAG

ISBN 978-3-940563-05-7